U0456320

中 国 式
现代化丛书
ZHONGGUOSHI
XIANDAIHUA CONGSHU

探索与前行：
中国特色社会主义市场经济体制构建之路

张　衔　唐　永　齐鹏飞　范静媛　著

四川大学出版社
SICHUAN UNIVERSITY PRESS

图书在版编目（CIP）数据

探索与前行：中国特色社会主义市场经济体制构建
之路 / 张衔等著 . -- 成都：四川大学出版社，2025.
1. -- （中国式现代化丛书）. -- ISBN 978-7-5690-7635-
6

Ⅰ . F123.9

中国国家版本馆 CIP 数据核字第 2025QJ5792 号

书　　名：探索与前行：中国特色社会主义市场经济体制构建之路
　　　　　Tansuo yu Qianxing: Zhongguo Tese Shehui Zhuyi Shichang Jingji Tizhi
　　　　　Goujian zhi Lu
著　　者：张　衔　唐　永　齐鹏飞　范静媛
丛 书 名：中国式现代化丛书

出 版 人：侯宏虹
总 策 划：张宏辉
丛书策划：李志勇　蒋姗姗
选题策划：蒋姗姗　袁霁野
责任编辑：袁霁野
责任校对：张桐恺
装帧设计：墨创文化
责任印制：李金兰

出版发行：四川大学出版社有限责任公司
　　　　　地址：成都市一环路南一段 24 号（610065）
　　　　　电话：（028）85408311（发行部）、85400276（总编室）
　　　　　电子邮箱：scupress@vip.163.com
　　　　　网址：https://press.scu.edu.cn
印前制作：四川胜翔数码印务设计有限公司
印刷装订：成都市新都华兴印务有限公司

成品尺寸：170 mm×240 mm
印　　张：14
字　　数：269 千字

版　　次：2025 年 3 月 第 1 版
印　　次：2025 年 3 月 第 1 次印刷
定　　价：62.00 元

本社图书如有印装质量问题，请联系发行部调换

扫码获取数字资源

四川大学出版社
微信公众号

前　言

　　我国是一个拥有 5000 年文明历史的古国，曾长期位于世界前列，但近代以来，我国屡遭西方列强的侵略与欺压，积贫积弱，民不聊生。中国共产党团结带领全国各族人民推翻"三座大山"，着手恢复国民经济，依托苏联援建的 156 项重点工程，通过"一化三改"建立社会主义计划经济体制，超额完成"一五"计划任务，奠定了新中国工业的基石。凭借辽阔国土、充裕人口和较完备的矿产资源，新中国经过四个"五年计划"，在改革开放之前建立起了独立且比较完整的工业体系和国民经济体系。但随着经济的发展，计划经济体制也暴露了一些弊端。面对国际和国内环境的深刻变化，我国抓住有利契机，实行改革开放政策，将工作重心转移到经济建设上来。如今，我国已成为世界第二大经济体、第一大工业国与第一大货物贸易国，四成以上主要工业产品产量位居世界第一，占据全球钢铁产量半壁江山。我国的电力、铁路、通信、航空航天、互联网、电子信息、新能源等现代基础性产业逐渐升至世界第一方阵。超大规模市场与全球最完整工业体系使我国产业系统的向心力越来越强，强力回应了"万物互联"时代的需求，创造了中国经济发展的世界奇迹。

　　纵观中国共产党百余年发展历程，尤其是新中国七十余年的发展历程，中国共产党对市场与政府关系的探索构成了我国经济体制改革的逻辑主线。对这一历史探索过程的梳理与研究无疑具有重要价值：一方面，本研究系统总结中国共产党带领中国人民将市场经济与社会主义制度相结合并成功建立中国特色社会主义市场经济体制的经验与规律，将其上升为"系统化的经济学说"，对不断开拓新时代马克思主义政治经济学新境界，推进我国经济理论创新，构建我国经济学自主知识体系，增强"理论自信"具有重要理论价值。另一方面，中国特色社会主义市场经济体制的探索、建立、完善与深化，是中国共产党立足我国具体国情，结合国际经济发展实际的伟大实践成果和重要经验，为我国经济发展做出的巨大贡献，有助于推进中华民族伟大复兴。同时，中国特色社会主义市场经济体制的探索历程，将为世界上众多发展中国家或不发达国家的制度改革与经济发展提供重要借鉴，为世界经济发展贡献"中国方案"。

本书较好呈现了我国经济体制转轨的全过程。在写作逻辑上，本书体现出三个特征：一是注重长视角、大视野，将"中国共产党对社会主义市场经济体制的探索"提前至计划经济时期，重视对基本国情与外部环境的介绍。二是坚持史论结合，将中国共产党的改革实践与经典理论、学者争鸣相结合。三是突出理论探索的过程，包括社会主义计划经济下的探索，社会主义市场经济体制的初步探索、基本形成、不断完善和深化改革。本书共分为七章，各章主要内容如下。

第一章，社会主义制度和社会主义计划经济体制的建立。新中国成立初期，工农业生产遭战争严重破坏，人民生活困苦不堪，中国共产党在土地改革与没收官僚资本的基础上，推进国民经济恢复工作。面对西方的全面封锁压迫，新中国进行了抗美援朝的卫国之战，"一边倒"向苏联社会主义阵营，引进"156项"重点工程，通过"一化三改"建立社会主义制度。这是一套能支撑资源倾斜配置、优先发展重工业的社会主义计划经济体制。在资本主义工商业的社会主义改造中，中国共产党成功践行了"赎买"政策，发展了马克思主义理论，建立了具有中国特色的社会主义计划经济体制，这是后来市场化改革成功的关键。

第二章，社会主义计划经济体制下的探索。在社会主义计划经济体制下，我国国民经济与工农业快速发展，建立了独立且比较完整的工业体系和国民经济体系，人口素质显著提升，科技取得标志性突破，但是计划经济体制的一些弊端也逐渐暴露。为此，毛泽东、陈云、李富春等党和国家领导人都进行了诸多理论探索，特别是在毛泽东主持下进行了两次扩大地方与企业权力的改革运动，这是后来中国"渐进式"改革成功的重要原因。另外，这一时期我国经济学界在关于社会主义商品生产的论争中，提出了诸多"真知灼见"，为经济体制的改革提供了理论依据与指导。

第三章，社会主义市场经济体制的初步探索。"文化大革命"导致我国经济主要比例关系失调、经济管理体制僵化，经济发展十分缓慢。同时，高度集中的计划经济体制已不再适应我国生产力的发展。面对这样的国情，我国实施改革开放政策，开始探索将社会主义与市场经济相结合的发展路径。学术界主要针对社会主义商品经济的存在原因、商品经济与计划经济的关系两个方面展开讨论。党和国家在学术界的讨论以及对我国发展经验的总结基础上，逐渐形成了公有制基础上有计划的商品经济理论，正式确立了构建社会主义市场经济体制的目标，推动了我国社会主义经济的发展。

第四章，社会主义市场经济体制的基本形成。20世纪90年代初，由于国际国内形势的深刻变化，我国的经济体制改革与对外开放实践面临困境，改革开放在理论上遭遇诸多质疑与难题。1992年邓小平的南方谈话从根本上厘清了计划经济、市场经济与社会主义的关系，回答了困扰各方多年的"姓资姓社"问题，推动改革开放进入了新的阶段。学术界从社会主义经济与社会主义市场经济、如何理解社会主义市场经济、如何建设社会主义市场经济体制三方面对社会主义市场经济建设进行了深入讨论。党中央也围绕推动社会主义市场经济体制基本框架形成、培育和发展社会主义市场体系、转变政府职能三个方面，不断推动我国社会主义市场经济体制的形成。

第五章，社会主义市场经济体制的不断完善。步入21世纪，经济全球化趋势的不断加强，世界经济格局向多极化方向发展、国内经济发展中呈现出的新问题与新矛盾，对我国社会主义市场经济体制不断完善提出了新的要求。对此，学术界从我国经济发展中呈现出的问题出发，围绕非公有制经济发展、国有资产管理体制改革、收入差距扩大问题、市场与政府关系四个方面对完善我国社会主义市场经济体制展开理论层面的讨论。党中央也从我国实际经验出发，围绕现代市场体系、宏观调控体系、现代产权制度、农村土地承包经营体制、社会保障体系五个方面完善我国社会主义市场经济体制。

第六章，社会主义市场经济体制的深化改革。党的十八大以来，我国经济发展进入新常态，我国经济发展的环境、条件、任务、要求等都发生了新的变化，社会主义市场经济体制改革因此进入了深化阶段。学术界针对深化市场经济体制改革的必要性、目标、重难点、实现路径四个方面进行了理论探索。党中央以对"经济新常态"的基本认识为出发点，提出要坚持和完善基本经济制度，厘清政府与市场的关系，精准定位了政府与市场在经济发展中的作用，同时提出立足新发展阶段、贯彻新发展理念、构建新发展格局，并通过深化党和国家机构改革、深化医药卫生体制改革、创新社会治理方式等，全面深化社会主义经济体制改革，促进我国经济的高质量发展。

第七章，社会主义市场经济体制总述。本章从全局的角度出发，回顾中国社会主义市场经济体制改革主要成果。改革开放后，我国社会主义市场经济体制改革逐步经历了探索、形成、完善、深化阶段。伴随着经济体制的变动，我国所有制结构也在逐渐演变，从单一公有制转变为多元化的所有制结构，形成了以公有制为主体、多种所有制经济共同发展的所有制结构。与此相适应，形成了按劳分配为主体，多种分配方式并存的初次分配制度，以及以共同富裕为目的的再分配制度。党和国家不断深化分配制度改革方向，以解决我国各阶段发展中收入分配制度存在的问题。此外，政府与市场关系的认识与调整也是我国社会主义市场经济体制改革中的重要一环。在经济体制改革的整个过程中，党和国家不断调整政府与市场在经济发展中的地位与作用，逐步明晰了"使市场在资源配置中起决定性作用和更好发挥政府作用"这一市场与政府关系，体现了我们党对政府职能以及市场决定资源配置这个市场经济规律的深刻认识。同时，党和国家实施了一系列重要举措，不断推动着"有效市场"与"有为政府"的有机结合。在面对持续变化的国际形势下，我国对外开放政策也在不断调整，不仅建立了高水平开放政策保障机制，自贸试验区、贸易港等对外开放高地，推动建设更高水平开放型经济新体制；而且还积极参与全球经济治理，为构建"人类命运共同体"贡献了中国智慧。纵观我国社会主义市场经济体制改革历程，改革成效显著，这是马克思主义中国化时代化的重大成果，也是中国共产党集体智慧的结晶。

本书受到四川省 2020—2021 年度重点图书出版规划项目的资助。四川大学经济学院师生共同参与了本书的编写工作。张衔、骆桢、李亚伟（北京大学）共同讨论了写作大纲，张衔主持了全书内容设计、修改和统稿工作，唐永参与了全书内容修改、统稿及部分内容撰写工作，齐鹏飞和范静媛参与了部分内容的撰写和修改工作，王毓颖、邓海燕、邓康侯、冯赟翔、吕含笑、刘尧晨、刘玲、李佩桓、李菲、李璇、杨慧、张羽丰、张琳洁、栾浩、薛鹏琼、薛蔚然参与了资料收集与整理工作。同时，四川大学出版社在本书撰写和出版过程中给予大力支持和帮助，在此谨致谢意。

编者

2023 年 5 月

目录
CONTENTS

第一章

社会主义制度和社会主义计划经济体制的建立

第一节　新中国成立初期的经济社会情况

新中国成立初期，新生的人民政权面临着错综复杂的国内形势与国际环境。从国内来看，近百年的战争摧残和帝国主义、封建主义、官僚资本主义三重压迫，使我国工农业生产遭到了严重的破坏，生产力水平低下，人民生活苦不堪言。从国际来看，以美国为首的西方资本主义阵营对华采取政治孤立、经济封锁和军事威胁的政策，并悍然出兵朝鲜，威胁中国安全。如何巩固新生的人民政权，迅速恢复和发展国民经济成为新中国的核心任务。

一、工农业生产状况

中国是一个典型的农业国，在 1949 年的国民收入中，有 68.4% 来自农业，只有 12.6% 来自工业；[1] 在 1949 年的人口构成上，乡村总人口占比 89.4%，市镇总人口占比只有 10.6%。[2]

在抗日战争全面爆发前的 1936 年，是旧中国生产力发展的鼎盛时期，但分散的、个体的农业和手工业却占到了国民经济的 90%，近代工业只占到了 10% 左右，产业工人仅有 300 万左右，不到总人口的 1%。在工业总产值中，轻工业占 70% 以上，重工业占比不到 30%。[3] 在 1949 年的工农业结构中，工业增加值/净产值在工农业总增加值/净产值中占比 15.5%，其中，轻工业增加值占工农业总增加值的 11%，重工业增加值占工农业总增加值的 4.5%。[4]

原煤、原油、钢、生铁等主要工业品的产量在 20 世纪 40 年代初期达到了新中国成立以前的最高水平。[5] 但即使是在产量较高的年份，中国的工业生产和同期的美国、英国以及日本仍相去甚远。由于战争的连续破坏，到 1949 年

---

① 国家统计局国民经济平衡统计司：《国民收入统计资料汇编 1949—1985》，中国统计出版社 1987 年版，第 11 页。

② 中国社会科学院，中央档案馆：《1949—1952 中华人民共和国经济档案资料选编》（综合卷），中国城市经济社会出版社，第 22 页。

③ 刘日新：《新中国经济建设简史》，黑龙江人民出版社，第 33～34 页。

④ 董志凯，吴江：《新中国工业的奠基石——156 项建设研究》，广东经济出版社，第 8 页。

⑤ 国家经济贸易委员会：《中国工业五十年第 1 部》，中国经济出版社，第 8 页。

主要工业产品的产量普遍下降，其中生铁和钢的产量下降得最多，1949年生铁产量仅仅是最高年产量的13.9%，钢产量仅及17.1%。

横向比较来看，1949年的美国工业品的产量是中国同时期同类产品产量的几倍、几十倍甚至几百倍，特别是在原油产量上，美国的年产量是中国的两千多倍，同时期的印度有九项工业品产量高于我国，见表1-1。中国落后的工业生产水平还伴随着工业畸形发展、布局不合理、技术水平落后等其他问题。

表1-1　1949年中国主要工业产品产量与1949年以前中国最高产量、美国、印度的比较①

产品名称	1949年以前最高产量		1949年产量		美国		印度	
	年份	产量	产量	占最高年产量(%)	1949年产量	为中国的倍数	1949年产量	为中国的倍数
纱	1933	44.5万吨	32.7万吨	73.5	171万吨	5.23	62万吨	1.9
布	1936	27.9亿米	18.9亿米	67.7	76.8亿米	4.05	34.6亿米	1.83
火柴	1937	860万件	672万件	78.1	—	—	—	—
原盐	1943	392万吨	299万吨	76.3	1413万吨	4.73	202万吨	0.68
糖	1936	236万吨	20万吨	48.8	199万吨	9.95	118万吨	5.9
卷烟	1947	236万箱	160万箱	67.8	770万箱	4.81	44万箱	0.28
原煤	1942	0.62亿吨	0.32亿吨	51.6	4.36亿吨	13.63	0.32亿吨	1
原油	1943	32万吨	12万吨	37.5	24892万吨	2074.83	25万吨	2.08
发电量	1941	60亿吨	43亿吨	71.7	3451亿吨	80.26	49亿吨	1.14
钢	1943	92.3万吨	15.8万吨	17.1	7074万吨	447.72	137万吨	8.67
生铁	1943	180万吨	25万吨	13.9	4982万吨	199.28	164万吨	6.56
水泥	1942	229万吨	66万吨	28.8	3594万吨	54.45	214万吨	3.24
平板玻璃	1941	129万标准箱	108万标准箱	83.7	—	—	—	—
硫酸	1942	13万吨	4万吨	22.2	1037万吨	259.25	10万吨	2.5
纯碱	1940	10.3万吨	8.8万吨	85.4	355万吨	40.34	1.8万吨	0.2
烧碱	1941	1.2万吨	1.5万吨	125	202万吨	134.67	0.6万吨	0.4
金属切削机床	1941	0.54万台	0.16万台	29.6	11.6万台	72.5	—	—

① 中华人民共和国国家统计局：《中国统计年鉴（1983）》，中国统计出版社，第279＋242～248页。《国外经济统计资料》编辑小组：《国外经济统计资料（1949—1979）》，中国统计出版社，第81～145页。

农业生产因遭受长期战争的破坏，1949 年中国的粮食与棉花产量分别只有 1936 年的 75.5％和 52.4％，见表 1－2。主要农作物的产量多年徘徊不前，粮食亩产明显低于其他国家。[①] 新中国成立之初，有 80％的人口从事农业生产，且绝大多数是以个体劳动为主要生产方式的小农，由于没有机械化农具和化肥等生产资料，生产技术落后，生产力水平低下，需从国外进口大批粮食和棉花。1949 年，全国亩产粮食平均仅为 137 斤，棉花平均仅为 22 斤。[②] 人均占有粮食 209 公斤，棉花 0.8 公斤，油料 4.73 公斤。[③]

表 1－2　1949 年中国主要农产品产量与 1949 年以前最高产量比较[④]

产品名称	单位	1949 年以前最高产量		1949 年产量	
		年份	产量	产量	占最高年产量（％）
粮食	万吨	1936	15000	11318	75.5
棉花	万吨	1936	84.9	44.4	52.4
花生	万吨	1933	317.1	126.8	40
油菜籽	万吨	1934	190	73.4	38.5
芝麻	万吨	1933	99.1	32.6	32.9
黄红麻	万吨	1945	10.9	3.7	33.9
桑蚕茧	万吨	1931	22.1	3.1	14
茶叶	万吨	1932	22.5	4.1	18.2
甘蔗	万吨	1940	565.2	264.2	46.7
烤烟	万吨	1948	17.9	4.3	24
大牲畜年底头数	万头	1935	7151	6002	83.9
猪年底头数	万头	1934	7853	5775	73.5
水产品	万吨	1936	150	45	30

---

① 吴承明，董志凯：《中华人民共和国经济史（1949—1952）》，社会科学文献出版社，第 36 页。

② 郭德宏，王海光：《中华人民共和国专题史稿》（第 1 卷），四川人民出版社，第 149 页。

③ 中华人民共和国国家统计局：《中国统计年鉴（1981）》，中国统计出版社，第 89+143～144 页。

④ 中华人民共和国国家统计局：《中国统计年鉴（1981）》，中国统计出版社，第 158～164+177～178+181+185 页。

二、人民生活状况

"中国的半殖民地经济结构，是服从于帝国主义的意志的"，[1] 新中国成立时，由于帝国主义的封锁导致外国原材料供应减少，加上城乡交流不畅通，导致城市出现了"原料缺乏、生产降低、销路减少、商户歇业、大量失业"的问题。例如，"上海在解放初期，存粮只够半月之用，燃煤只够五天至七天之用，私营纱厂存棉只够一月之用"[2]，迫切需要供应大量粮食、原材料、燃料来维持人民生活。另外，生产设备落后以及管理制度不科学，导致我国产品成本高昂，1950 年广州市工商业情况报道"工业用电每度为 1.45 单位，折合当时人民币约 9.280 元"。此外，在国民党统治的最后时期，连年战争加上恶性通货膨胀造成巨大的经济灾难，大量工厂停工破产，失业人口剧增。根据联合国亚太事务委员会的统计，1949 年中国人均国民收入只有 27 美元，远远低于同期亚洲的平均水平（44 美元）。[3]

在中国广大农村地区，由于社会秩序和交通运输尚未完全恢复、国营贸易机构不健全、人民币在农村难以流通，使得农民在生产和生活上有很大困难。一份来自湖南的农村每户每年各类商品需要量的材料显示，在一年（1949 年）需要的商品总量中，生活资料占比为 86.7%，其中最高为食物类，仅仅是为果腹的大米杂粮就占到了食物量的 78%，生产资料占比为 13.3%，并且以手工业原料和原始肥料为主。[4]

三、国际外部环境

第二次世界大战结束以后，国际形势发生了深刻的变化。与战前相比，资本主义势力受到严重削弱，社会主义力量显著增长。战后，美国和苏联成为世界的两大强国，分别成为资本主义和社会主义两大阵营的领导者，世界逐渐形成以美苏两个超级大国相互对峙为特征的两极格局。经历了抗日战争和三年的

---

① 中共中央文献编辑委员会：《周恩来选集》（上卷），人民出版社，第 360 页。
② 中国社会科学院，中央档案馆：《中华人民共和国经济档案资料选编（1949—1952 商业卷）》，中国物资出版社，第 4 页。
③ 白永秀：《中国共产党经济思想 90 年》，人民出版社，第 31 页。
④ 中国社会科学院，中央档案馆：《中华人民共和国经济资料选编（1949—1952 商业卷）》，中国物资出版社，第 22～23 页。

内战，百废待兴的新中国亟须一个和平的国际国内环境，但在当时却是一种奢望。在这种严重对峙的两极体系下，"美国和苏联都不承认在这种国际体系中实行中立的可能性"①，因而中国没有所谓的"第三条道路"可走。新中国成立前夕，中国共产党面临的现实问题是：新中国诞生后如何迅速与一些国家建立外交关系，获得国际承认；如何防止帝国主义武装干涉，保障国家的安全；如何获得战后经济恢复的必要国际援助；等等。

当时国家安全的最大威胁来自美国的干涉与侵略。中国共产党在抗战尚未结束时，就意识到了之后可能产生的美国干涉问题。《解放日报》从1944年底开始关注英国干涉希腊的问题，已表明中国共产党对美国干涉中国的高度警惕。② 根据与美国多年打交道的经验，中国共产党形成了一个基本认识："美国的帝国主义者，其实际政策，是用'和平'方式进攻美国人民和压迫一切资本主义国家与殖民地半殖民地国家……把各国变成美国的殖民地或附属国。"③在国内战争转入反攻阶段后，美国对华政策开始从军事斗争向政治斗争转变，采取了一面支持国民党继续抵抗，一面使革命温和化的两种斗争方式。新中国成立后，美国这种威胁就变成支持国民党残余进行"内外勾结式"的袭扰。为了巩固新生的人民政权，维护国家安全，中国共产党必然要将反对帝国主义的行动坚持到底。1949年12月31日，中共中央发布《告前线将士和全国同胞书》，热烈祝贺1949年取得的伟大胜利，并提出1950年的主要任务，即要真正实现全国解放，歼灭国民党最后的残余势力，以"完成统一中国的事业，不让美国帝国主义侵略势力在我们的领土上有任何立足点"④。1949年上半年，中共中央在外交方面首先确定的重要政策是：不承认国民党政府同各国建立的旧的外交关系，对于驻在旧中国的各国使节，只当作普通侨民对待，不当作外交代表对待，以便在新的基础上同各国建立新的外交关系。

在考虑新中国的对外关系时，中国共产党一直把同苏联的关系置于首位。这不仅因为长期以来苏联对于中国共产党领导的革命运动给予同情和支持，而且因为第二次世界大战结束后在美苏冷战和第三次国内革命战争的相互作用

---

① 李侃如：《治理中国：从革命到改革》，胡国成、赵梅译，中国社会科学出版社，第98页。

② 山极晃：《中美关系的历史性展开（1941—1979）》，鹿锡俊译，社会科学文献出版社，第138页。

③ 中共中央党校教材审定委员会：《中共中央文件选编》（第十六册），中共中央党校出版社，第718页。

④ 中国社会科学院、中央档案馆：《中华人民共和国经济档案资料选编（1949—1952综合卷）》，中国城市经济社会出版社，第7页。

下，美国已同中国共产党处于尖锐对立状态。1950 年朝鲜战争爆发，以美国为首的西方资本主义国家对中国封锁禁运，迫使中国实行"一边倒"的外交政策；与此同时苏联开始向新中国提供大规模的援助，这对新中国的发展建设和政权巩固有重要作用；苏联的社会主义建设，无论从理论上还是实践上，都对新中国有巨大的榜样作用。这样的国际环境，是新中国从新民主主义向社会主义过渡的一个重要原因。①

四、国民经济的恢复与初步发展

1949—1952 年，中国共产党和政府通过制度变革和一系列扶持农业发展的措施，促进农业经济恢复发展。1950 年 6 月，中央人民政府委员会第八次会议通过《中华人民共和国土地改革法》，宣布在全国范围内废除地主阶级封建剥削的土地所有制，实行农民的土地所有制。同时，政府加大对农业的投资和物资供应，带领人民兴修水利、改良农业生产技术、开垦荒地和开展城乡交流，并提高农产品收购价格。②

经过三年的恢复和发展，我国农村经济基本回到历史最高水平，全国农林牧副渔总产值由 1949 年的 326 亿元，增加至 1952 年的 461 亿元。粮食、棉花、糖油料、黄红麻、烤烟等主要农作物的播种面积和总产量都有了大幅提高。1949 年全国粮食总产量为 11318 万吨，1952 年增至 16391.5 万吨，超过历史最高水平 9.3%。粮食、棉花、烤烟、黄红麻、甘蔗等农产品产量相继超过新中国成立前的最高年产量。③

中国近代工业虽然产值占国民经济的比重很低，却极为集中，最多的最主要的资本集中在帝国主义及其附属的官僚资产阶级手里。以民族资产阶级为代表的私人资本在近代工业中占据第二位。中华人民共和国成立前后，党和政府在取消帝国主义特权的同时，还立即进行了没收官僚资本的工作，人民解放军每解放一个城市，没收官僚资本的工作就立即进行，社会主义国营经济的力量也越来越壮大。据统计，1949 年，社会主义国营工业在全国大型工业总产值所占比重为 41.3%（在全国工业总产值中占 26.2%）。国营经济已经拥有全国电力产量的 58%，原煤产量的 68%，棉纱产量的 49%。国营经济还掌握了全

① 赵士刚：《新民主主义向社会主义提前过渡原因研究述评》，《中共党史资料》，2007 年第 4 期，第 175～189 页。

② 武力：《中华人民共和国经济简史》，中国社会科学出版社，第 35～37 页。

③ 郑有贵：《中华人民共和国经济史（1949—2012）》，当代中国出版社，第 16 页。

国铁路和大部分现代交通运输事业。企业收归国有之后，企业内部进行了民主改革和生产革命，以巩固其中的社会主义生产关系，发挥工人阶级的生产积极性和创造性。在广大人民群众中开展了劳动竞赛、合理化建议活动和增产节约运动，推行了经济核算制。

采取上述措施之后，新中国工业生产迅速恢复和发展。"如果各项工矿业产品在新中国成立前产量最高的一年作为 100，那么 1952 年有保证可以达到的预计产量就是：生铁为 104，钢锭为 155，煤为 90，电力为 115，石油为 136，水泥为 148，木材为 136。由此可见，在许多基本工矿业产品中，除了煤，我们都已超过了中国历史上的最高纪录。其他许多消费资料和生活资料的工业品的 1952 年的预计产量，也达到或超过了历史上的最高纪录。按照同样的计算方法，面纱为 144，棉布为 161，面粉为 106，食糖为 100，纸张为 234，卷烟为 145，火柴为 111，等等"[1]。1950—1952 年全国工业总产值的年平均增长速度达到了 34.8%。纱、原油、原煤、钢、生铁、水泥、烧碱、切削机床等工业品的产量与 1949 年相比显著提升。随着工业生产的快速发展，工农业产值占比也发生了明显变化，见表 1-3。

表 1-3　1949 年、1952 年、1957 年、1959 年中国工农业产值占比变化表（%）[2]

		1949 年	1952 年	1957 年	1959 年
按总产值计算	工业	30.1	41.5	56.5	67.6
	农业	69.9	58.5	43.5	32.4
按净产值计算	工业	15.5	23.2	38.1	49.4
	农业	84.5	76.8	61.9	50.6

新中国成立后，为了克服严重的财政经济困难，党和政府对全国财政经济工作进行了统一领导，对资本主义工商业进行了整改提升。完成上述工作后，国民经济得到了进一步的恢复与发展，国家财政经济状况取得了根本性好转。国民总收入从 1949 年的 358 亿元增加到 1952 年的 589 亿元，财政收入则从 1950 年的 65.2 亿元增加到 1952 年的 183.7 亿元，实现盈余 7.7 亿。这就为大规模的社会主义经济建设和社会主义改造工作，即向社会主义过渡创造了条件。

---

① 中国社会科学院、中央档案馆：《中华人民共和国经济资料选编（1949—1952 综合卷）》，中国城市经济社会出版社，第 845 页。

② 苏星，杨秋宝：《新中国经济史资料选编》，中共中央党校出版社，第 284 页。

第二节　社会主义制度的建立

一、过渡时期总路线

1875 年，马克思在《哥达纲领批判》中写道："在资本主义社会和共产主义社会之间，有一个从前者变为后者的革命转变时期。同这个时期相适应的也有一个政治上的过渡时期，这个时期的国家只能是无产阶级的革命专政。"[①] 1919 年，列宁在《无产阶级专政时代的经济和政治》中进一步指出："在资本主义和共产主义之间有一个过渡时期，这在理论上是毫无疑义的。这个过渡时期不能不兼有这两种社会经济结构的特点或特性。这个过渡时期不能不是衰亡着的资本主义与生长着的共产主义彼此斗争的时期。"[②] 1949 年 3 月，中国共产党在西柏坡召开七届二中全会，提出了中国由农业国转变为工业国，由新民主主义社会转变为社会主义社会的发展方向。从新中国建立到 1952 年底，国民经济恢复工作基本完成，新民主主义社会向社会主义社会的过渡需求更加迫切。在 1952 年 12 月召开的中共中央政治局会议上，毛泽东提出了党在过渡时期的总路线和总任务，即 "从中华人民共和国成立，到社会主义改造的基本完成，这是一个过渡时期。党在这个过渡时期的总路线和总任务，是要在一个相当长的时期内，逐步实现国家的社会主义工业化，并逐步实现对农业、手工业和资本主义工商业的社会主义改造"[③]。过渡时期总路线也被简称为 "一化三改"。

关于社会主义工业化与 "三大改造" 的关系，也有具体论述。1953 年 9 月 25 日，《人民日报》正式公布了毛泽东提出的过渡时期的总路线，指出要在一个相当长的历史时期内，基本上实现国家工业化和对农业、手工业、资本主义工商业的社会主义改造。实现国家工业化是国民经济发展的基本要求，又是实现三大改造的物质基础；而实现对农业、手工业和资本主义工商业社会主义

---

① 中共中央马克思恩格斯列宁斯大林著作编译局：《马克思恩格斯文集》（第 3 卷），人民出版社，第 445 页。
② 中共中央马克思恩格斯列宁斯大林著作编译局：《列宁全集》（第 37 卷），人民出版社，第 263 页。
③ 赵德馨：《中华人民共和国经济专题大事记 1949—1966》，河南人民出版社，第 108 页。

改造又是实现国家工业化的必要条件。两者互相依赖、相辅相成。社会主义建设和生产资料所有制的社会主义改造并举，是这条总路线的基本特点。1953年12月，毛泽东在《革命的转变和党在过渡时期的总路线》一文中进一步指出："党在过渡时期总路线的实质，就是使生产资料的社会主义所有制成为我国国家和社会的唯一的经济基础。我们所以必须这样做，是因为只有完成了由生产资料的私人所有制到社会主义所有制的过渡，才利于社会生产力的迅速向前发展，才利于在技术上起一个革命，把在我国绝大部分社会经济中使用简单的落后的工具农具去工作的情况，改变为使用各类机器直至最先进的机器去工作的情况，借以达到大规模地出产各种工业和农业产品，满足人民日益增长的需要，提高人民的生活水平，确有把握地增强国防力量，反对帝国主义的侵略，以及最后地巩固人民政权，防止反革命复辟这些目的。"[1] 1954年12月，湖北人民出版社出版的面向乡村干部的《党在过渡时期的总路线的教材》一书中，将社会主义工业化与社会主义改造比喻为一只鸟的身体和翅膀，"社会主义工业化好比是鸟的身体，社会主义改造好比是鸟的两翼。只有身体没有两翼不行；反过来说，只有两翼没有身体就更是不行。身体和两翼是不能缺少一样的，但身体是起着决定的作用"[2]。

二、社会主义工业化及优先发展重工业

（一）我国社会的主要矛盾与社会主义工业化

近代，我国屡遭西方"坚船利炮"的欺凌，国土与主权逐步沦丧，成为半殖民地半封建国家。其重要原因在于我国是落后的农业国，缺乏强大的现代工业，尤其是重化工业，不能独立地生产先进武器，也不能进行有效的基础设施建设。抗日战争时期，面对日本帝国主义的全民侵略，毛泽东指出："要打倒日本帝国主义，必需（须）有工业；要中国的民族独立有巩固的保障，就必需（须）工业化。我们共产党是要努力于中国的工业化的。"[3] 并认为"中国落后的原因，主要的是没有新式工业。日本帝国主义为什么敢于这样地欺负中国，就是因为中国没有强大的工业，它欺侮我们的落后。因此，消灭这种落后，是

---

① 中共中央文献研究室：《毛泽东文集》（第6卷），人民出版社，第316页。
② 湖北人民出版社编：《党在过渡时期的总路线教材》，湖北人民出版社，1954年，第11页。
③ 中共中央文献研究室：《毛泽东文集》（第3卷），人民出版社，第146页。

我们全民族的任务。"① 1956 年 9 月，中共八大召开，正确分析了我国国内的主要矛盾"已经是人民对于建立先进的工业国的要求同落后的农业国的现实之间的矛盾，已经是人民对于经济文化迅速发展的需要同当前经济文化不能满足人民需要的状况之间的矛盾"。② 在我国社会主义制度已经建立的情况下，这个矛盾的实质就是，先进的社会主义制度同落后的社会生产之间的矛盾。解决这个矛盾的办法就是发展社会生产力，实行大规模的经济建设。为此，中共八大做出了党和国家的工作重点必须转移到社会主义建设上来的重大战略决策，大会上还通过了第二个五年计划的建议，规定了党和全国人民当前的主要任务是：集中力量发展社会生产力，实现国家工业化，逐步满足人民日益增长的物质和文化需要。中共八大是中国共产党执政后的第一次代表大会，大会把经济建设作为党和国家工作重点转移的重大战略决策，把工业化作为解决社会主要矛盾的主要手段，第一次把工业、农业、交通运输业和国防现代化写入了党章。

（二）重工业在社会主义工业化中的地位

一方面，经济是一个"循环流"，如生产钢需要煤，开采煤需要钢，运输煤需要铁路、火车，而生产火车、铺设铁路又需要钢，火车的开动依赖于煤或电，电力的生产又依赖于煤，各个产业之间存在着复杂而紧密的投入产出关系。另一方面，工业革命以来，尤其是在第二次工业革命中兴起的电力工业、石油工业、汽车工业在整个产业系统中的地位越来越重要，作为其基础的钢铁工业、煤炭工业也突飞猛进，人类开始真正步入"电气时代""钢铁时代""化学时代""机器时代"。可见，重工业是现代产业系统的基础，包括原料工业（钢铁、有色金属、化工等）、能源工业（煤炭、石油、电力等）、机器工业（矿山机械、工程机械、农业机械、机床、精密仪器等）、运输工业（火车、汽车、飞机、轮船等）、设施工业（建筑、铁路、公路、机场、港口、通信等）和军事工业（兵器、航空航天、舰船、电子、核能等）。

国家计委主任李富春在 1955 年的《关于发展国民经济的第一个五年计划的报告》中也指出："社会主义工业化是我们国家在过渡时期的中心任务，而社会主义工业化的中心环节，则是优先发展重工业。只有建立起强大的重工业，即建立起现代化的钢铁工业、机器制造工业、电力工业，燃料工业、有色金属工业、基本化学工业等，我们才可能制造现代化的各种工业设备，使重工业本身和轻工业得到技术的改造；我们才可能供给农业以拖拉机和其他现代化

① 中共中央文献研究室：《毛泽东文集》（第 3 卷），人民出版社，第 147 页。
② 中共中央文献研究室：《建国以来重要文献选编》（第 9 册），中央文献出版社，第 293 页。

的农业机械，供给农业以足够的肥料，使农业得到技术的改造；我们才可能生产现代化的交通工具，如火车头、汽车、轮船、飞机等，使运输业得到技术的改造；我们也才可能制造现代化的武器，来装备保卫祖国的战士，使国防更加巩固。同时，只有在发展重工业的基础上，我们才能够显著地提高生产技术，提高劳动生产率，能够不断地增加农业和消费品工业的生产，保证人民的生活水平的不断提高。由此可见，优先发展重工业的政策，是使国家富强和人民幸福的唯一正确的政策，实行这个政策，将为我国社会主义建立起强大物质基础。"①

重工业在现代产业系统及社会主义工业化中的基础地位，也体现在《中华人民共和国发展国民经济的第一个五年计划》文件中。文件指出"以重工业为主的工业基本建设的目的，是要把我国国民经济从技术极端落后的状况推进到现代化技术的轨道上，而为我国的工业、农业和运输业创造现代化的技术基础。为此目的，工业的基本建设计划就要建立由现代先进技术装备起来的新的工业，同时要用现代先进的技术来逐步地改造原有的工业。这种建设计划是我国五年计划的中心，而在苏联援助下的 156 个单位的建设，又是工业建设计划的中心。这种基本建设代表着我国人民的长远利益"②。在钢铁工业的建设上，"第一个五年计划必须集中较大的财力和人力来建设钢铁工业，以求能够用较短的时间建立起我国工业化的基础。……钢铁工业的发展，需要扩大耐火材料的生产。……必须努力地进行钢铁原料基地的建设。……为着供应钢铁工业所需要的锰金属，五年内将建设两个锰矿企业"③。在有色金属工业的建设上，"工业的发展，需要增加各种有色金属的生产。……关于铜的建设……这些企业全部建成以后，将给铜的冶炼工业奠定基础，我国铜的电解能力和压延能力就能够逐步地适应机器制造工业部门发展的需要。……铝是现代工业不可缺少的金属"④。在电力工业的建设上，"为着适应工业发展特别是新工业地区建设

① 《关于发展国民经济的第一个五年计划的报告》，中华人民共和国国务院公报，1955 年第 15 期，第 633 页。

② 《中华人民共和国发展国民经济的第一个五年计划（1953—1957）》，中华人民共和国国务院公报，1955 年第 15 期，第 531 页。

③ 《中华人民共和国发展国民经济的第一个五年计划（1953—1957）》，中华人民共和国国务院公报，1955 年第 15 期，第 540~541 页。

④ 《中华人民共和国发展国民经济的第一个五年计划（1953—1957）》，中华人民共和国国务院公报，1955 年第 15 期，第 542~543 页。

的需要，必须努力地发展电力工业，建设新的电站和改建原有的电站"①。在机器制造工业的建设上，"五年内，机器制造业建设的部署是以发展冶金设备、发电设备、采矿设备、运输机械和农业机械的制造为重点，并适当地发展炼油和化工设备、金属切削机床和电气的制造"②。在化学工业的建设上，"化学工业是促进农业和其他工业发展的重要因素。第一个五年计划期间，应该在积极地发展化学肥料工业和适当地发展酸、碱、橡胶、染料等工业的方针下，建设我国的化学工业"③。这都表明，经济是一个"循环流"，各产业之间存在着上下游的投入产出关系，而重工业在整个产业系统中处于基础地位，所谓社会主义工业化其实就是重工业化。

（三）优先发展重工业的理论基础

1. 列宁的"生产资料优先增长理论"

19世纪90年代，俄国民粹派理论家对资本主义能否在俄国发展起来普遍持怀疑态度，他们认为，资本主义的发展需要广大的国内市场，而俄国农民的经济情况导致国内市场缺失："但能否设想靠着半赤贫农民的自然经济的可怜残余，就能在我国（俄国）发展起像我们在西欧看到的那种强大的资本主义生产呢？单是由于群众的贫困化，我国的资本主义就是一种软弱无力、没有根基、不能囊括国内全部生产、不能成为我国社会经济基础的东西，这难道还不明显吗？"④ 据此，俄国民粹派认为，马克思的理论并不适用于俄国。为了驳斥这种观点，俄国马克思主义者格·勃·克拉辛写了《市场问题》一文，该文通过对马克思《资本论》第2卷中的社会资本再生产理论的进一步数学推导，得出"积累的进行既不依赖消费品生产的运动，也不依赖任何个人消费。……资本主义社会，典型的是为积累而积累，……典型的正是为生产资料而生产生产资料"⑤ 的结论。但是，克拉辛的推导缺乏依据，其结论也很不严谨。为此，列宁于1893年秋又专门写了《论所谓市场问题》一文进行纠正与剖析。列宁依据马克思在《资本论》第1卷中所证明的技术进步表现于可变资本与不

① 《中华人民共和国发展国民经济的第一个五年计划（1953—1957）》，中华人民共和国国务院公报，1955年第15期，第543~544页。

② 《中华人民共和国发展国民经济的第一个五年计划（1953—1957）》，中华人民共和国国务院公报，1955年第15期，第551页。

③ 《中华人民共和国发展国民经济的第一个五年计划（1953—1957）》，中华人民共和国国务院公报，1955年第15期，第554页。

④ 中共中央马克思恩格斯列宁斯大林著作编译局：《列宁全集》（第1卷），人民出版社，第56页。

⑤ 中共中央马克思恩格斯列宁斯大林著作编译局：《列宁全集》（第1卷），人民出版社，第63~64页。

变资本的比值（v/c）逐渐缩小，将扩大再生产的情况设定为技术不断进步，将（v/c）逐渐缩小的变化代入马克思的两部类扩大再生产公式，并作严谨的数学推理，得出"增长最快的是制造生产资料的生产资料生产，其次是制造消费资料的生产资料的生产，最慢的是消费资料的生产"[①] 的结论。列宁这一理论思想被后人称之为"生产资料优先增长理论"，它成为后发国家选择优先发展重工业的重要理论依据。

2. 有泽广巳的"倾斜生产方式"理论

有泽广巳是日本著名的经济学家和统计学家，被誉为"日本核能之父"。他曾于 1926 年 3 月至 1927 年 8 月在德国留学，其间阅读了大量马克思、恩格斯和列宁的著作，见证并系统研究了德国的战后经济。第二次世界大战后，有泽广巳在日本倡导并实施的"倾斜生产方式"对战后日本经济的发展做出了卓越贡献。1945 年 8 月 15 日，日本宣布无条件投降，战败后的日本经济处于"瘫痪"状态，如何救活日本经济、恢复社会生产，成为当时日本政经界面临的难题。1946 年 8 月，有泽广巳首次提出迂回生产政策，其核心是"倾斜生产方式"。"'倾斜生产方式'的构想是将有限的物资投入煤、铁、钢（以后加上化肥、电力、外贸）部门促使重点产业首先复兴，再带动整个工矿业的恢复，以此来重新启动经济的发展。"[②] 这一构想主要是用来解决当时争论的一个问题，即"煤炭的增产要以钢铁的增产为前提，而钢铁的生产要以煤炭生产为前提"。"倾斜生产方式"则提出，通过"进口重油—增产钢铁—向煤矿倾斜供应钢铁—增产煤矿—向钢铁产业供应煤矿"[③] 的方式，扩大煤炭和钢铁生产的相互循环，等生产恢复到一定水平后，再依次向其他部门分配，最终实现经济的全面复苏。这一构想可以归纳为以下四点：（1）贯彻的前提是"生产民主化"，劳动者"参与生产""参与经营"，从而保证稳定的社会环境；（2）依靠必要的若干数量的外援，并把国内所有的财力、物资、电力集中管理，有计划地向煤炭和钢铁两大部门倾斜投入；（3）通过这一资源倾斜，力图实现第一期目标，即生产 3000 万吨煤炭；（4）这一计划的终止期是 1947 年底，争取用一年的时间，使生产恢复到战前水平的 50％。[④] 1946 年 12 月 27 日，日本吉田内阁通过了"增产煤炭非常对策"的阁议，将煤炭和钢铁这两大支柱产业列为优先考虑的经济恢复项目。虽然煤炭生产目标的完成晚了原定计划半年，但日本

[①]　中共中央马克思恩格斯列宁斯大林著作编译局：《列宁全集》（第 1 卷），人民出版社，第 66 页。

[②]　张开：《国外马克思主义政治经济学人物谱系》，人民出版社，第 567 页

[③]　张开：《国外马克思主义政治经济学人物谱系》，人民出版社，第 568 页。

[④]　张开：《国外马克思主义政治经济学人物谱系》，人民出版社，第 568 页。

仅用一年半到两年的时间便将经济恢复到近乎战前的水平，这不得不说是一个奇迹，而"倾斜生产方式"的构想、制定以及实施为这一奇迹提供了重要的理论前提。[1] 有泽广已的"倾斜生产方式"，即在保证基本粮食需求的情况下，优先恢复重工业，然后在生产力恢复的基础上再惠及其他行业，这与列宁的生产资料优先增长理论有"异曲同工"之妙。由此也可以为发展中国家（尤其是大国）工业化提供一条思路，即在保证基本消费品需求的情况下，先通过"倾斜生产方式"（或"资源倾斜配置""生产资料优先增长"）建立重工业体系，使自身具备现代化的生产能力，再通过改革将重工业惠及消费品行业，满足人们差异化、多样化需求，最终实现经济的良性循环。

3. 毛泽东的"大仁政"与"小仁政"思想

1953 年 9 月 12 日，毛泽东在总结抗美援朝胜利的原因和意义时，针对"仁政"问题进行了一番说明和解释，他说："所谓仁政有两种：一种是为人民的当前利益，另一种是为人民的长远利益，例如抗美援朝、建设重工业。前一种是小仁政，后一种是大仁政。两种必须兼顾，不兼顾是错误的。那末（么）重点放在什么地方呢？重点应该放在大仁政上。现在，我们施仁政的重点应当放在建设重工业上。要建设，就要资金。所以，人民的生活虽然要改善，但一时又不能改善很多。就是说，人民生活不可不改善，不可多改善；不可不照顾，不可多照顾。照顾小仁政，妨碍大仁政，这是施仁政的偏向。"[2] 这就明确指出了新中国成立初期经济发展的重点，即在完成抗美援朝后，集中国内资源，优先发展重工业，这才是"大仁政"。优先发展重工业，在当时的国际环境下，为的是国家的长治久安，为的是人民的长远利益和根本利益，其直接原因有两个：一是朝鲜战争爆发及由此带来的更加严峻的国际形势，国家安全备受威胁，很难按照过去的新民主主义经济发展思路和路径去实践；二是重工业强大的苏联给予全面的援助，需要倾斜资源进行重工业项目的配套建设。

（四）156 项重点工程

我国大规模工业化建设的开始，是第一个五年计划时期苏联帮助我们设计的 156 项重点工业项目，"它是中国工业化的奠基石与里程碑"[3]，也是"一五"计划的主要建设任务。在 1955 年发布的《中华人民共和国发展国民经济

---

① 张开：《国外马克思主义政治经济学人物谱系》，人民出版社，第 568 页。
② 中共中央文献研究室：《毛泽东年谱（1949—1976）》（第 2 卷），中央文献出版社，第 163~164 页。
③ 董志凯，吴江：《新中国工业的奠基石——156 项建设研究》，广东经济出版社，第 1 页。

的第一个五年计划》中，"由于赣南电站改为成都电站，航空部陕西422厂统计了两次，造成两项重复计算。因此实为154项。在154个项目中，有第二汽车制造厂、第二拖拉机制造厂因厂址未定，山西潞安一号立井、山西大同白土窑立井因地质问题未建，总共4个项目未建。实际施工的项目为150个"①，见表1-4。在实际实施的150项重点工程中，煤炭、电力、钢铁、有色、石油、化工等原料与能源项目就有79个；机械项目24个；军工项目44个。原料与能源、机械、军工这三项都属于重工业，合计共147个，占150个项目总数的98%，充分体现了重工业优先发展的战略。

表1-4   "156项"重点工程中施工的150项名单

编号	项目总称	建设性质	地点	建设规模	类别
1	鹤岗东山1号立井	续建	鹤岗	90万吨	煤炭
2	鹤岗兴安台10号立井	续建	鹤岗	150万吨	煤炭
3	辽源中央立井	续建	辽源	90万吨	煤炭
4	阜新平安立井	续建	阜新	150万吨	煤炭
5	阜新新邱一号立井	新建	阜新	60万吨	煤炭
6	阜新海州露天矿	续建	阜新	300万吨	煤炭
7	兴安台洗煤厂	新建	鹤岗	150万吨	煤炭
8	城子河洗煤厂	新建	鸡西	150万吨	煤炭
9	城子河9号立井	新建	鸡西	75万吨	煤炭
10	山西潞安洗煤厂	新建	潞南	200万吨	煤炭
11	焦作中马村立井	新建	焦作	60万吨	煤炭
12	兴安台二号立井	新建	鹤岗	150万吨	煤炭
13	大同鹅毛口立井	新建	大同	120万吨	煤炭
14	淮南谢家集中央洗煤厂	新建	淮南	100万吨	煤炭
15	兴化湾沟立井	新建	兴化	60万吨	煤炭
16	峰峰中央洗煤厂	新建	峰峰	200万吨	煤炭

① 董志凯，吴江：《新中国工业的奠基石——156项建设研究》，广东经济出版社，第153页。

编号	项目总称	建设性质	地点	建设规模	类别
17	抚顺西露天矿	改建	抚顺	300万吨	煤炭
18	抚顺龙凤矿	改建	抚顺	90万吨	煤炭
19	抚顺老虎台矿	改建	抚顺	80万吨	煤炭
20	抚顺胜利矿	改建	抚顺	90万吨	煤炭
21	双鸭山洗煤厂	新建	双鸭山	150万吨	煤炭
22	铜川玉石凹立井	新建	铜川	120万吨	煤炭
23	峰峰通顺三号立井	新建	峰峰	120万吨	煤炭
24	平顶山2号立井	新建	平顶山	90万吨	煤炭
25	抚顺东露天矿	新建	抚顺	700万立方米	煤炭
26	阜新热电站	扩建	阜新	15万千瓦	电力
27	抚顺电站	扩建	抚顺	15万千瓦	电力
28	重庆电站	新建	重庆	2.4万千瓦	电力
29	丰满水电站	扩建	丰满	42.25万千瓦	电力
30	大连热电站	扩建	大连	2.5万千瓦	电力
31	太原第一热电站	新建	太原	7.4万千瓦	电力
32	西安热电站1－2期	新建	西安	4.8万千瓦	电力
33	郑州第二热电站	新建	郑州	1.2万千瓦	电力
34	富拉尔基热电站	新建	富拉尔基	5万千瓦	电力
35	乌鲁木齐热电站	新建	乌鲁木齐	1.9万千瓦	电力
36	吉林热电站	扩建	吉林	10万千瓦	电力
37	太原第二热电站	新建	太原	5万千瓦	电力
38	石家庄热电站1－2期	新建	石家庄	4.9万千瓦	电力
39	鄂县热电站1－2期	新建	鄂县	10万千瓦	电力
40	兰州热电站	新建	兰州	10万千瓦	电力
41	青山热电站	扩建	武汉	11.2万千瓦	电力
42	个旧电站1－2期	新建	个旧	2.8万千瓦	电力

续表1-4

编号	项目总称	建设性质	地点	建设规模	类别
43	包头四道沙河热电站	新建	包头	5 万千瓦	电力
44	包头宁家壕热电站	新建	包头	6.2 万千瓦	电力
45	佳木斯纸厂热电站	新建	佳木斯	2.4 万千瓦	电力
46	株洲热电站	新建	株洲	1.2 万千瓦	电力
47	成都热电站	新建	成都	5 万千瓦	电力
48	洛阳热电站	新建	洛阳	7.5 万千瓦	电力
49	三门峡水利枢纽	新建	陕县	110 万千瓦	电力
50	北京热电站	新建	北京	10 万千瓦	电力
51	鞍山钢铁公司	改建	鞍山	铁 250 万吨钢 320 万吨钢材 250 万吨	钢铁
52	本溪钢铁公司	改建	本溪	铁 110 万吨	钢铁
53	富拉尔基特钢厂1-2 期	新建	富拉尔基	钢 16.6 万吨	钢铁
54	吉林铁合金公司	新建	吉林	铁合金 4.35 万吨	钢铁
55	武汉钢铁公司	新建	武汉	生铁 150 万吨钢 150 万吨钢材 110 万吨	钢铁
56	包头钢铁公司	新建	包头	生铁 160 万吨钢 150 万吨	钢铁
57	热河钒钛矿	新建	承德	钛镁 0.7 万吨钒铁 0.1 万吨	钢铁
58	抚顺铝厂1-2 期	改建	抚顺	铝锭 3.9 万吨铝 0.12 万吨	有色金属
59	哈尔滨铝加工厂1-2 期	新建	哈尔滨	铝材 3 万吨	有色金属
60	吉林电缆厂	新建	吉林	石墨制品 2.23 万吨	有色金属
61	株洲硬质合金厂	新建	株洲	硬质合金 500 吨	有色金属
62	杨家杖子钼矿	新建	杨家杖子	钼矿 0.47 万吨	有色金属
63	云南锡业公司	新建	个旧	锡 3 万吨	有色金属
64	江西大吉山钨矿	新建	赣南	1600 吨/每日	有色金属
65	江西西华山钨矿	新建	大余	1856 吨	有色金属
66	江西肖美山钨矿	新建	定南	1570 吨	有色金属

编号	项目总称	建设性质	地点	建设规模	类别
67	白银有色金属公司	新建	白银	电铜3万吨硫酸2.5万吨	有色金属
68	洛阳有色金属加工厂	新建	洛阳	铜材6万吨	有色金属
69	东川矿务局	新建	东川	2万吨/日	有色金属
70	会泽铅锌厂	新建	会泽	铅1.5万吨锌3万吨	有色金属
71	吉林染料厂	新建	吉林	合成燃料及中间体7395吨	化工
72	吉林氮肥厂	新建	吉林	合成氨5万吨 硝酸铵9万吨	化工
73	吉林电石厂	新建	吉林	电石6万吨	化工
74	太原化工厂	新建	太原	硫酸4万吨	化工
75	兰州合成橡胶厂	新建	兰州	合成橡胶1.5万吨	化工
76	太原氮肥厂	新建	太原	合成氨5.2万吨 硝酸铵9.8万吨	化工
77	兰州氮肥厂	新建	兰州	合成氨5.2万吨 硝酸铵9.8万吨	化工
78	兰州炼油厂	新建	兰州	190万吨	石油
79	抚顺第二制油厂	改建	抚顺	70万吨	石油
80	哈尔滨锅炉厂1-2期	新建	哈尔滨	4080吨/每年	机械
81	长春第一汽车厂	新建	长春	3万辆	机械
82	沈阳第一机床厂	新建	沈阳	车床4000台	机械
83	哈尔滨量具刃具厂	新建	哈尔滨	量刃具512万付	机械
84	沈阳风动工具厂	改建	沈阳	各种风动工具2万台	机械
85	沈阳电缆厂	改建	沈阳	各种电缆3万吨	机械
86	哈尔滨仪表厂	新建	哈尔滨	电气仪表10万只汽车仪表5万套电度表60万只	机械
87	哈尔滨汽轮机厂1-2期	新建	哈尔滨	汽轮机60万千瓦	机械
88	沈阳第二机床厂	改建	沈阳	各种机床4497台	机械
89	武汉重型机床厂	新建	武汉	机床380台	机械

续表1-4

编号	项目总称	建设性质	地点	建设规模	类别
90	洛阳拖拉机厂	新建	洛阳	拖拉机1.5万台	机械
91	洛阳滚珠轴承厂	新建	洛阳	滚珠轴承1000万套	机械
92	兰州石油机械厂	新建	兰州	石油设备1.5万吨	机械
93	西安高压电瓷厂	新建	西安	各种电瓷1.5万吨	机械
94	西安开关整流器厂	新建	西安	高压开关1.3万套	机械
95	西安绝缘材料处	新建	西安	各种绝缘材料6000吨	机械
96	西安电力电窗容器厂	新建	西安	电力电容器6.1万只	机械
97	洛阳矿山机械厂	新建	洛阳	矿山机械设备2万吨	机械
98	哈尔滨电机厂汽轮发电机车间	新建	哈尔滨	汽轮发电机60万千瓦	机械
99	富拉尔基重机厂	新建	富拉尔基	轧机炼钢炼铁设备6万吨	机械
100	哈尔滨碳刷厂	新建	哈尔滨	电刷及碳素制品100吨	机械
101	哈尔滨滚珠轴承厂	改建	哈尔滨	滚珠轴承655万套	机械
102	湘潭船用电机厂	新建	湘潭	电机11万千瓦	机械
103	兰州炼油化工机械厂	新建	兰州	化工设备2.5万吨	机械
104	佳木斯造纸厂	新建	佳木斯	水泥纸袋5万吨	轻工
105	华北制药厂	新建	石家庄	青霉素链霉素等115吨 淀粉1.5万吨	医药
106	太原制药厂	新建	太原	磺胺1200吨	医药
107	黑龙江120厂	改建	哈尔滨	/	航发、传动系统
108	黑龙江122厂	改建	哈尔滨	/	轰炸机、直升机、运输机
109	辽宁410厂	改建	沈阳	/	航空涡轮喷气发动机
110	辽宁112厂	改建	沈阳	/	歼击机、地对空导弹
111	江西320厂	改建	南昌	/	教练机、强击机、军用摩托
112	湖南331厂	改建	株洲	/	航发、摩托发动机、空空导弹

编号	项目总称	建设性质	地点	建设规模	类别
113	陕西113厂	新建	西安	/	航空动力控制
114	陕西114厂	新建	西安	/	飞机作动系统
115	陕西115厂	改建	兴平	/	航空电气
116	陕西212厂	新建	兴平	/	航空仪表
117	陕西514厂	新建	兴平	/	航空机轮及刹车系统
118	陕西422厂	新建	兴平	/	资料不详
119	北京774厂	改建	北京	/	电子管制造与研发
120	北京738厂	新建	北京	/	电话交换机、计算机
121	陕西853厂	新建	路南	/	无线电器材
122	陕西782厂	新建	宝鸡	/	军用雷达
123	四川784厂	新建	成都	/	军用雷达
124	四川715厂	新建	成都	/	电子元器件、无线电器材
125	四川788（773）厂	新建	成都	/	电子管、显像管
126	陕西786厂	新建	西安	/	炮瞄雷达、制导雷达
127	四川719厂	新建	成都	/	无线电、航空通信设备
128	山西785厂	新建	太原	/	军品科研与生产
129	山西616厂	新建	大同	/	特种车辆柴油机
130	山西743厂	新建	太原	/	火车车轴、高射炮
131	山西245厂	新建	太原	/	化学材料、TNT炸药
132	山西763厂	新建	太原	/	化工、炮弹装药
133	山西908厂	新建	太原	/	活性炭、防毒面具
134	内蒙古447厂	新建	包头	/	高射炮
135	内蒙古617厂	新建	包头	/	重型车辆
136	陕西847厂	新建	西安	/	兵器装备、航空装备
137	陕西248厂	新建	西安	/	光电

编号	项目总称	建设性质	地点	建设规模	类别
138	陕西803厂	新建	西安	/	军品开发、机电
139	陕西844厂	新建	西安	/	机械、镀膜
140	陕西843厂	新建	西安	/	机械、军品生产
141	陕西804厂	新建	西安	/	机电、雷管
142	陕西845厂	新建	鄠县	/	化学
143	甘肃805厂	新建	郝家川	/	含能材料、特种化工
144	山西884厂	新建	太原	/	水雷、水下兵器
145	北京211厂	新建	北京	/	航空航天研制生产
146	辽宁111厂	改建	沈阳	/	航空航天
147	辽宁431厂	新建	葫芦岛	/	船舶重工
148	河南407厂	新建	洛阳	/	柴油机、军舰柴油机
149	陕西408厂	新建	兴平	/	海洋装备
150	山西874厂	新建	侯马	/	船舶机械装备

资料来源：根据董志凯《新中国工业的奠基石——156项建设研究》（2004）、《中华人民共和国发展国民经济的第一个五年计划》（1955）及网络资料整理所得。

三、三大改造

通过前文的分析，我们可以说，社会主义工业化就是重工业化，而重工业化也是赢得国家自立、民族自强的根本。但是，重工业体系的建立需要持续大量的投资，需要长期的资本积累。不同于西方发达资本主义国家通过几百年的殖民掠夺与资本原始积累，最终完成工业革命并确立对世界的统治，对于第二次世界大战后摆脱了殖民地、半殖民地地位的新兴发展中国家来说，其各行各业（包括农业）都远远落后于发达资本主义国家，基础设施匮乏，并且面临不公正不合理的世界经济秩序与国际不平等交换，只能依附于发达国家或处于世界经济体系的边缘，被锁死在产业链底端或长期摆脱不掉落后农业国面貌。因此，在条件可能的情况下，如何通过国家力量来克服资本的逐利性，建立一套持续支持重工业优先发展的倾斜生产方式，就成为所有发展中国家的关键考量

（特殊小国除外），也是这些国家实现工业化、现代化的唯一途径。中国式现代化道路的实践，正是通过对农业、手工业和资本主义工商业的社会主义改造，从而能够建立起一套支撑资源倾斜配置、进行倾斜生产的计划经济体制，保证了重工业的优先发展，构建起了独立的比较完整的工业体系与国民经济体系，最后再通过市场化改革调整产业结构，逐渐发挥出重工业体系的作用，以此赢得了中国经济发展的世界奇迹。

（一）对农业的社会主义改造

新中国成立后，中国共产党按照《中国人民政治协商会议共同纲领》"有步骤地将封建半封建的土地所有制改变为农民的土地所有制"[①] 的规定，在新解放区进行了土地改革的准备工作。1950 年 6 月 28 日，中央人民政府委员会通过《中华人民共和国土地改革法》，宣布"废除地主阶级封建剥削的土地所有制，实行农民的土地所有制，藉以解放农村生产力。发展农业生产，为新中国的工业化开辟道路"[②]。随后，从 1950 年冬到 1953 年春，拥有 3 亿人口的新解放区逐步完成了土地改革。但是，由于我国人口众多，获得土地的农民生产规模依然很小，并且严重缺乏耕牛、农具等生产资料。这种分散的农民个体经济非常脆弱，容易产生新的阶层分化，也不利于农业的现代化发展，更无法满足社会主义工业化的需求。

1951 年 9 月，中共中央召开第一次互助合作会议，通过《中共中央关于农业生产互助合作的决议（草案）》，并于 12 月 15 日将之作为正式决议发给各级党委试行。对于农民的互助合作运动，决议坚持了"自愿互利"的原则，批评了"强迫"与"放任自流"两种错误倾向。在国民经济恢复发展时期，农业生产合作社的数量并不算多，发展水平也比较低。截至 1952 年底，全国农户总数为 11368.3 万户，参加互助合作组织，并在当年实际投入生产和参加秋收分配的农户为 4542.3 万户，约占总户数的 39.96%。其中互助组 802.6 万个，参与农户 4534.7 万户，平均每组 5.65 户；初级社 3634 个，参与农户 57188户，平均每社 15.74 户；高级社 10 个，参与农户 1840 户，平均每社184 户。[③]

1953 年 12 月 16 日，中共中央通过了《中国共产党中央委员会 关于发展农业生产合作社的决议》，决议指出："引导农民在生产上逐步联合起来的具

---

① 赵德馨：《中华人民共和国经济专题大事记 1949—1966》，河南人民出版社，第 83 页。
② 赵德馨：《中华人民共和国经济专题大事记 1949—1966》，河南人民出版社，第 89 页。
③ 赵德馨：《中华人民共和国经济专题大事记 1949—1966》，河南人民出版社，第 266 页。

体道路，就是在共同劳动的基础上，由具有社会主义萌芽的互助组，到具有更多的社会主义因素的土地入股的农业社，然后到完全的社会主义集体公有制的更高级的农业生产合作社（也就是集体农庄）。这就是社会主义合作化的发展道路。"[1]

初级农业生产合作社的特点是土地入股，统一经营。在初级农业合作社里，土地仍然是农民的私有财产，牲畜和大农具也归农民所有，但由合作社统一使用。在产品分配方面，扣除补偿生产资料的消耗以及向国家缴纳的税款和社内公积金以后，剩余部分用作劳动报酬和土地、牲畜等其他生产资料的报酬。初级农业生产合作社内部，通过有计划的分工分业劳动，合理地统一使用劳动力，大大提高了劳动生产率。但是在其内部仍存在社会主义因素和私有经济之间的矛盾，土地、农具、牲畜的私有制影响到更大范围的合理利用。中国共产党认为，由于初级农业生产合作社内部存在着这些问题，所以当社会生产力发展到一定水平及其他条件成熟时，初级农业生产合作社就需要逐步过渡到高级农业生产合作社。

高级农业生产合作社是在自愿互利的基础上组织起来的社会主义的集体经济组织。在高级合作社中，社员的土地转为农业合作社集体所有，并取消土地报酬，组织集体劳动，实行"各尽其能，按劳分配"的政策。由于废除土地和其他生产资料的私有，也就不能再凭借生产资料取得报酬，所以初级社转变为高级农业社时，必须贯彻社员自愿互利原则。在转化为高级社以后，对于不能担负主要劳动的社员，合作社会予以照顾；对于完全丧失劳动力，历来靠土地收入维持生活的社员，应当用公益金维持他们的生活，在必要的时候，也可以暂时给予适当的土地报酬。社员私有的耕畜、大型农具，以及社员经营家庭副业不需要而合作社需要的副业工具转为合作社集体所有，要按当地的正常价格，议定价款的数目，分期付给本主。[2]

我国农业合作化运动的发展，到 1955 年下半年出现了高潮。据统计，1955 年 6 月全国已有农业生产合作社 63.4 万个，1955 年 10 月底，就发展到 128 万个，入社农户 3813 万户。[3] 从 1956 年开始，农业合作化运动的趋势是向高级社发展，这一年中，农业生产合作社的总数逐月减少，但高级社的数量逐月增加，入社农户也继续增加，特别是参加高级社的农户比重大大提高。到

---

① 赵德馨：《中华人民共和国经济专题大事记 1949—1966》，河南人民出版社，第 270 页。

② 孙健：《中华人民共和国经济史（1949—90 年代初）》，中国人民大学出版社，第 153 页。

③ 孙健：《中华人民共和国经济史（1949—90 年代初）》，中国人民大学出版社，第 154 页。

1956 年底，入社农户已达到 11783 万户，占全国农户总数的 96.3％，其中参加高级社的农户数占全国农户数的 87.8％。[①] 这种情况说明，我国农业合作化运动已基本完成，即完成了对农业的社会主义改造。对农业的社会主义改造过程中，国家采取了吸收富农参加农业生产合作社的做法来消灭富农阶级。合作社根据富农的情况，允许他们在完全放弃剥削的条件下加入合作社，有的可以立即取得社员资格，有的则须经过一段时期的集体劳动，由社员大会批准入社。富农分子和地主分子，在合作社和社员们一起进行生产劳动的过程中，被改造成为自食其力的劳动者。

（二）对手工业的社会主义改造

手工业在国民经济中占有重要地位，在发展生产满足城乡居民需要（尤其是农具和农民日用品）以及供应出口贸易等方面，也都有着重要的作用。1952 年底国民经济恢复完成时，手工业生产总值为 73.1 亿元，占工农业总产值的 8.8％。全国手工业从业人数 736.4 万人。新中国成立以来，党和政府积极扶持手工业生产，引导手工业走互助合作道路。1953 年党在过渡时期总路线中，提出了对于手工业进行社会主义改造的任务。第一个五年计划中规定："采用说服、示范和国家援助的办法，逐步地把手工业者引向合作化的道路，使手工业生产合作社成为国营工业的得力助手。"[②] 在具体执行过程中，手工业合作化的发展，就是按照计划中所规定的，由低级形式向高级形式逐步过渡的。具体的发展道路，是从供销合作社入手逐步发展到生产合作：即从手工业供销小组、到手工供销合作社，最后是手工生产合作社。

手工供销小组是通过向国营商业和供销社购买原料，摊销成品或者接受加工订货组织起来的，是手工业合作化的低级形式。手工业者加入供销社后，仍然占有自己的生产资料，独立生产，自负盈亏。成立手工业供销小组，并没有改变个体手工业者原来的生产关系，不过它已经同社会主义经济发生了联系，本身也有若干公共财产的积累，带有一些社会主义因素。

手工业供销小组进一步发展就是手工业供销合作社。最初在手工业供销合作社中，生产工具仍归社员私有，分散生产，只是统一领取原料、统一交付成品。后来随着生产的发展，在生产过程中的某一环节开始集中生产，也有的按生产技术进行简单的分工协作。这样，手工业供销合作社逐渐向手工业生产合

① 史敬棠：《中国农业合作化运动史料》（下册），生活·读书·新知三联书店，第 990～991 页。
② 《中华人民共和国发展国民经济的第一个五年计划（1953—1957）》，中华人民共和国国务院公报，1955 年第 15 期，第 568 页。

作社转化。

在手工业生产合作社中，社员的生产资料已经折价归合作社所有，进行集体生产，有更多的公共积累。手工业生产合作社是生产资料集体所有制的单位，实行统一经营，统一计算盈亏。合作社的收入，除向国家缴纳税金外，社内还要提取一部分做公积金和公益金，其余以工资或劳动分红形式，在社员中间实行按劳分配。在初级形式的手工业生产合作社中，社员私有的生产资料还没有转为合作社所有，而是用租借或者入股分红的办法由合作社统一使用，不过由于个体手工业者的生产工具一般都比较简单，实现生产资料公有化比较容易。

在第一个五年计划执行过程中，对手工业的社会主义改造也提前完成了。1952年底，参加手工业合作社的从业人员为22.8万人，占全部手工业从业人员的3.1%；个体手工业从业人员为713.6万人，占全部手工业从业人员的96.9%。到1956年合作化手工业从业人员增长到603.9万人，占全部手工业从业人员的71.7%，手工业生产总值达到117亿元，1957年底达到133.7亿元。

（三）对资本主义工商业的社会主义改造

国家对于私人资本主义工商业进行社会主义改造是通过国家资本主义道路进行的，国家资本主义的发展经过了初级形式和高级形式两个发展阶段。

初级形式的国家资本主义基本上是资本主义经济，但它已经同社会主义国营经济建立了较密切的联系，社会主义国营经济与资本主义企业通过订立合同在企业外部的流通过程中建立了联系。1953年7月起，党和政府采取了一系列措施，对主要的物资和工业原料进行控制。由于国家掌握了工业原料，并对原料实行统一的分配，因此国家就可以按照统筹兼顾的原则，对各种经济成分进行全面的生产安排。这时私营企业的绝大部分产品由国家进行加工订货或统购包销，特别是加工订货形式较为普遍。与此同时，国家加强了计划管理和合同管理，督促企业家改善经营管理，限制资本家对工人的剥削。

高级形式的国家资本主义就是公私合营，个别企业的公私合营就是在原有私营企业中加入国家的公股，并由国家派干部负责企业的领导和管理。这时社会主义经济成分同资本主义经济成分的联系已经由企业外部的流通领域，进入到企业内部的生产领域，从而使企业的生产关系发生了重大变化。同时，分配虽然仍按照"四马分肥"的原则进行，但是由于企业是公私共有，资本家只能按照私股所占的比例取得一定的股息和红利，而不是像初级形式国家资本主义那样占有全部盈利的1/4，资本家剥削的剩余价值受到了更大的限制。

公私合营的规模扩展到全行业的时候，对资本主义进行社会主义改造有决定性意义。实行全行业公私合营后，对资本家的"赎买"政策由分配利润制度改为定息制度，即资本家按照合营前的资本总额，在一定年限内每年领取5%的定息。定息制度下，资本家对企业的生产资料已经没有过问权，企业的生产资料完全由国家统一使用和支配。国家对于资本主义工商业全行业的合营能够顺利进行，还因为农业合作化的高潮到来，割断了资本主义同农村经济的联系，迫使资产阶级不得不进一步接受社会主义的改造。

在商业方面对于批发商、进出口商和零售商采取了不同的改造形式。国家已经控制了主要商品的货源，因而对于批发商采取了"流""转""包"三种改造形式。"流"就是在国营商业委托下，批发商可以进行代理批发。"转"就是把原有批发商的经营和人员转到其他经济部门。"包"就是把私营批发商吸收到国营企业中来。委托经营和公私联营是国家对于进出口商进行社会主义改造的初级形式。对私营零售商进行社会主义改造，采取了安排与改造相结合的政策，改造的形式主要有：批购、经销、代销、专业代销。自1954年起，社会主义商业不论在批发方面或零售方面都占有主导地位。

私营工商业转变为国家资本主义的初级形式后，资本主义工商业受到了一定程度的改造，但矛盾仍然存在。企业仍属于资本家所有，企业的经营管理基本上仍是按照资本主义的方式进行，因此许多行业的供产销之间、国营和私营之间、大企业和小企业之间、地区和地区之间都存在着矛盾，这些矛盾的存在成为提高企业劳动生产率和发展社会生产力的障碍。随着第一个五年计划工业建设的迅速发展，社会主义国营经济飞速壮大，特别是1955年下半年农业合作化高潮的到来，资本主义工商业的社会主义改造也在全国达到了高潮。"到1956年底，已经实现公私合营的工业企业，占年初原有私营工业企业户数和职工数的99%，占总产值的99.6%。"[①]

国家在对资本主义工商业实行社会主义改造的过程中，把对企业的改造和对人的改造结合进行。在改造企业的同时对资本家也采取相应教育，逐步地使他们由剥削者改变为自食其力的劳动者。在对人改造的同时，国家还对资本家做出妥善的安排，资方人员凡能工作的，都由国家有关部门分配工作，不能工作的给予安置或救济，保障他们的生活。这种对资本家给予的"定息"或者安排的各种照顾，都是"赎买"形式，国家就是通过这些方式对资本主义工商业进行社会主义改造并获得成功的。

---

① 曾壁钧，林木西：《新中国经济史（1949—1989）》，经济日报出版社，第71页。

（四）中国共产党的贡献

"赎买"政策的思想来自马克思、恩格斯和列宁。1847 年 10 月底至 11 月，恩格斯为共产主义者同盟撰写了纲领草案——《共产主义原理》，以问答的方式设计了 25 个问题，在回答第 16 个问题"能不能用和平的办法废除私有制"时，恩格斯答道："但愿如此，共产主义者当然是最不反对这种办法的人。"① 在回答第 18 个问题"这个革命的发展过程将是怎样的"时，提到"一部分用国家工业竞争的办法，一部分直接用纸币赎买的办法，逐步剥夺土地所有者、工厂主、铁路所有者和船主的财产"②。1894 年，恩格斯在《法德农民问题》中说："我们的党一旦掌握了国家政权，就应该干脆地剥夺大土地占有者，就像剥夺工厂主一样。这一剥夺是否要用赎买来实行，这大半不取决于我们，而取决于我们取得政权时的情况，尤其是也取决于大土地占有者先生们自己的态度。我们决不认为，赎买在任何情况下都是不容许的；马克思曾向我讲过（并且讲过好多次！）他的意见：假如我们能赎买下这整个匪帮，那对于我们最便宜不过了。"③ 俄国十月革命胜利后，列宁主张把剥夺和赎买"两种办法结合起来"。1918 年，他在《论"左派"幼稚性和小资产阶级性》中写道："一方面对不文明的资本家，对那些既不肯接受任何'国家资本主义'，也不想实行任何妥协，继续以投机和收买贫民等方法来破坏苏维埃措施的资本家，无情地加以惩治；另一方面对文明的资本家，对那些肯接受并能实施'国家资本主义'，能精明干练地组织真正以产品供应千百万人的大企业而对无产阶级有益的资本家谋求妥协或向他们进行赎买。"④ 但是，马克思、恩格斯、列宁关于对资产阶级实行和平赎买的设想，在苏联、东欧等社会主义国家的实践中都没有成功。"十月革命以后，列宁还想用和平的方法，用赎买的方法，实行社会主义改造，消灭资本主义。但是，资产阶级勾结十四个国家，发动了反革命的武装暴动和武装干涉。在俄国党的领导下，进行了三年的武装斗争，才巩固了十月革命的胜利。"⑤ 而以毛泽东为核心的中国共产党第一代中央领导集体，

① 中共中央马克思恩格斯列宁斯大林著作编译局：《马克思恩格斯文集》（第 1 卷），人民出版社，第 684 页。
② 中共中央马克思恩格斯列宁斯大林著作编译局：《马克思恩格斯文集》（第 1 卷），人民出版社，第 686 页。
③ 中共中央马克思恩格斯列宁斯大林著作编译局：《马克思恩格斯文集》（第 4 卷），人民出版社，第 529 页。
④ 中共中央马克思恩格斯列宁斯大林著作编译局：《列宁全集》（第 34 卷），人民出版社，第 284 页。
⑤ 中共中央文献研究室：《毛泽东文集》（第 8 卷），人民出版社，第 112 页。

从我国实际出发，将马克思、恩格斯和列宁和平"赎买"的设想成功地变成了现实。这是中国共产党做出的伟大贡献，发展了马克思列宁主义理论，并具有一定的世界意义。"赎买"政策在中国能够成功实践，其原因是多方面的。

首先，以毛泽东为代表的党和国家领导人有和平"赎买"的强烈愿望。1955年10月，毛泽东《在资本主义工商业社会主义改造问题座谈会上的讲话》中指出："我们现在对资本主义工商业的社会主义改造，实际上就是运用从前马克思、恩格斯、列宁提出过的赎买政策。它不是国家用一笔钱或者发行公债来购买资本家的私有财产（不是生活资料，是生产资料，即机器、厂房这些东西），也不是用突然的方法，而是逐步地进行，延长改造的时间，比如讲十五年吧，在这中间由工人替工商业者生产一部分利润。……对资本主义工商业，是采取一九四九年对官僚资本那样全部没收、一个钱不给这个办法好呢，还是拖十五年、十八年，由工人阶级替他们生产一部分利润，而把整个阶级逐步转过来这个办法好呢？这是两个办法：一个恶转，一个善转；一个强力的转，一个和平的转。我们现在采取的这个方法，是经过许多的过渡步骤，经过许多宣传教育，并且对资本家进行安排，应该说，这样的办法比较好。"①

其次，中国在解放战争后已没收了官僚资本，国营企业在工业生产上占据了压倒性优势。毛泽东在《读苏联〈政治经济学教科书〉》的谈话中指出："解放以后，民族资产阶级走上社会主义改造的道路，这是逼出来的。我们打倒了蒋介石，没收了官僚资本，完成了土地改革，进行了'三反'、'五反'，实现了合作化，从一开始就控制了市场。这一系列的变化，一步一步地逼着民族资产阶级不能不走上接受改造的道路。另一方面，《共同纲领》规定了各种经济成分各得其所，使资本家有利可图的政策；宪法又给了他们一张选票、一个饭碗的保证，这些又使他们感到接受改造就能保持一定的地位，并且能够在经济上、文化上发挥一定的作用。"② 并讲到"教科书关于中国资本主义所有制转变为全民所有制的问题，说得不对。它只说了我们对民族资本主义的改造政策，没有说我们对官僚资本的没收政策"③。

再次，中国民族资产阶级力量薄弱，并具有一定爱国传统。毛泽东讲道："中国的资产阶级和俄国的资产阶级不同。我们历来把中国资产阶级分为两部分，一部分是官僚资产阶级，一部分是民族资产阶级。我们把官僚资产阶级这

① 中共中央文献研究室：《毛泽东文集》（第6卷），人民出版社，第499页。
② 中共中央文献研究室：《毛泽东文集》（第8卷），人民出版社，第114页。
③ 中共中央文献研究室：《毛泽东文集》（第8卷），人民出版社，第114页。

个大头吃掉了，民族资产阶级这个小头，想反抗也没有力量。他们看到中国无产阶级力量强大，同时我们又采取适当的政策对待他们，所以在民主革命胜利后，他们就有可能接受社会主义改造。"① 另外，近代，以张謇为代表的民族资产阶级普遍具有"实业救国"的思想，却在国民党反动派官僚资本的兼并收割下备受压迫，共产党在解放战争之前就赢得了相当多的民族资产阶级的支持。

最后，中国共产党对资本主义工商业的改造采取了循序渐进的政策。"我们是经过了三个步骤，即加工订货、统购包销、公私合营，来实现对它的社会主义改造。就每个步骤来讲，如加工订货，也是逐步前进的。公私合营也经过了从单个企业的公私合营到全行业公私合营的过程。由于我们的国家一方面掌握了原料，另一方面又控制着市场，同时又对资本家贷给流动资金，这样就使民族资本家不能不接受改造。实行这样的改造政策，不仅生产没有受到破坏，而且有些私营工厂在过去几年中还进行了部分的扩建。资本家由于在过去几年中有利可图，有些人也还自愿地向工厂进行投资。我们在处理资产阶级的问题上，有很丰富的经验，创造了许多新的经验。例如，公私合营以后给资本家定息，就是一个新经验。"②

中国共产党成功实践了通过"赎买"政策对资本主义工商业进行社会主义改造，继承并发展了马克思主义理论，具有重要世界意义。毛泽东曾自豪地说道："我国的社会主义改造，包括工商业的社会主义改造，不仅有全国的意义，还有国际的意义。整个世界都是要走社会主义道路的，在私营工商业的社会主义改造方面，我们在世界上是走在前面的，中国的资本家将来是先进者，我这个支票也是可以开的。中国人是要走在前面的。（周恩来：是对比较落后的国家来说。）当然，我不是讲一切国家都会走我们的方向，而是讲比较落后的国家会跟我们学的。"③

---

① 中共中央文献研究室：《毛泽东文集》（第8卷），人民出版社，第111页。
② 中共中央文献研究室：《毛泽东文集》（第8卷），人民出版社，第115页。
③ 中共中央文献研究室：《毛泽东文集》（第6卷），人民出版社，第502页。

第三节 社会主义计划经济体制的建立

一、社会主义计划经济体制的理论依据

1917年11月7日，俄国十月革命胜利，建立了人类历史上第一个社会主义国家，开辟了人类历史的新纪元。但是，创立科学社会主义理论的马克思、恩格斯，其主要著作《资本论》研究的是"资本主义生产方式以及和它相适应的生产关系和交换关系"①。对于未来的共产主义社会，马克思、恩格斯主要是在《哥达纲领批判》《反杜林论》两本著作中做了一些构想。这些构想成为社会主义制度及社会主义计划经济体制建立的主要依据。

（一）消灭私有制，生产资料社会占有

马克思、恩格斯认为："那时，资本主义的占有方式，即产品起初奴役生产者而后又奴役占有者的占有方式，就让位于那种以现代生产资料的本性为基础的产品占有方式：一方面由社会直接占有，作为维持和扩大生产的资料，另一方面由个人直接占有，作为生活资料和享受资料。"②"资本主义生产方式日益把大多数居民变为无产者，从而就造成一种在死亡的威胁下不得不去完成这个变革的力量。这种生产方式日益迫使人们把大规模的社会化的生产资料变为国家财产，因此它本身就指明完成这个变革的道路。无产阶级将取得国家政权，并且首先把生产资料变为国家财产。"③"国家真正作为整个社会的代表所采取的第一个行动，即以社会的名义占有生产资料，同时也是它作为国家所采取的最后一个独立行动。那时，国家政权对社会关系的干预在各个领域中将先后成为多余的事情而自行停止下来。那时，对人的统治将由对物的管理和对生

---

① 马克思：《资本论》（第1卷），人民出版社，第8页。
② 中共中央马克思恩格斯列宁斯大林著作编译局：《马克思恩格斯文集》（第9卷），人民出版社，第296页。
③ 中共中央马克思恩格斯列宁斯大林著作编译局：《马克思恩格斯文集》（第9卷），人民出版社，第297页。

产过程的领导所代替。"①

(二)商品、货币消失，对生产进行社会的有计划的调节

一是商品交换消失。"在一个集体的、以生产资料公有为基础的社会中，生产者不交换自己的产品；用在产品上的劳动，在这里也不表现为这些产品的价值，不表现为这些产品所具有的某种物的属性，因为这时，同资本主义社会相反，个人的劳动不再经过迂回曲折的道路，而是直接作为总劳动的组成部分存在着。"② 二是货币资本完全消失。"如果我们设想一个社会不是资本主义社会，而是共产主义社会，那么首先，货币资本会完全消失，因而，货币资本所引起的交易上的伪装也会消失。"③ "在公社和它的成员之间的交易中，这种货币决不是货币，决不执行货币的职能。它成为纯粹的劳动券，用马克思的话来说，它只证明'生产者个人参与共同劳动的份额，以及他个人在供消费的那部分共同产品中应得的份额'，在这一职能中，它也'同戏票一样，不是"货币"'。"④ 价值不复存在，"企图用制造'真正的价值'的办法来废除资本主义的生产形式，这等于企图用制造'真正的'教皇的办法来废除天主教，或者等于用彻底实现某种最全面地表现生产者受自身产品奴役的经济范畴的办法，来建立生产者最终支配自身产品的社会"⑤。三是对生产进行社会的有计划的调节。"当人们按照今天的生产力终于被认识了的本性来对待这种生产力的时候，社会的生产无政府状态就让位于按照社会总体和每个成员的需要对生产进行的社会的有计划的调节。"⑥ "一旦社会占有了生产资料，商品生产就将被消除，而产品对生产者的统治也将随之消除。社会生产内部的无政府状态将为有计划的自觉的组织所代替。"⑦ "社会也必须知道，每一种消费品的生产需要多少劳动。它必须按照生产资料来安排生产计划，这里特别是劳动力也要考虑在内。

---

① 中共中央马克思恩格斯列宁斯大林著作编译局：《马克思恩格斯文集》（第9卷），人民出版社，第297页。

② 中共中央马克思恩格斯列宁斯大林著作编译局：《马克思恩格斯文集》（第3卷），人民出版社，第433～434页。

③ 马克思：《资本论》（第2卷），人民出版社，第349页。

④ 中共中央马克思恩格斯列宁斯大林著作编译局：《马克思恩格斯文集》（第9卷），人民出版社，第319页。

⑤ 中共中央马克思恩格斯列宁斯大林著作编译局：《马克思恩格斯文集》（第9卷），人民出版社，第328页。

⑥ 中共中央马克思恩格斯列宁斯大林著作编译局：《马克思恩格斯文集》（第9卷），人民出版社，第296页。

⑦ 中共中央马克思恩格斯列宁斯大林著作编译局：《马克思恩格斯文集》（第9卷），人民出版社，第300页。

各种消费品的效用（它们被相互衡量并和制造它们所必需的劳动量相比较）最后决定这一计划。人们可以非常简单地处理这一切，而不需要著名的'价值'插手其间。"①

（三）按劳动量分配与按需分配

在资本主义社会，商品的价值量由生产该商品的社会必要劳动时间决定，工资由再生产劳动力商品的社会必要劳动时间决定。但在共产主义社会，马克思、恩格斯认为，"社会一旦占有生产资料并且以直接社会化的形式把它们应用于生产，每一个人的劳动，无论其特殊的有用性质是如何的不同，从一开始就直接成为社会劳动。那时，一个产品中所包含的社会劳动量，可以不必首先采用迂回的途径加以确定；日常的经验就直接显示出这个产品平均需要多少数量的社会劳动"②。即共产主义由于生产资料全民占有，劳动力将不再商品化，每个人直接参与社会化生产，并按照社会化生产的份额进行分配。在共产主义初级阶段，将按劳动量进行分配："我们这里所说的是这样的共产主义社会，它不是在它自身基础上已经发展了的，恰好相反，是刚刚从资本主义社会中产生出来的，因此它在各方面，在经济、道德和精神方面都还带着它脱胎出来的那个旧社会的痕迹。所以，每一个生产者，在作了各项扣除以后，从社会领回的，正好是他给予社会的。他给予社会的，就是他个人的劳动量。例如，社会劳动日是由全部个人劳动小时构成的；各个生产者的个人劳动时间就是社会劳动日中他所提供的部分，就是社会劳动日中他的一份。他从社会领得一张凭证，证明他提供了多少劳动（扣除他为公共基金而进行的劳动），他根据这张凭证从社会储存中领得一份耗费同等劳动量的消费资料。他以一种形式给予社会的劳动量，又以另一种形式领回来。"③ 在共产主义的高级阶段，实行按需分配："在共产主义社会高级阶段，在迫使个人奴隶般地服从分工的情形已经消失，从而脑力劳动和体力劳动的对立也随之消失之后；在劳动已经不仅仅是谋生的手段，而且本身成了生活的第一需要之后；在随着个人的全面发展，他们的生产力也增长起来，而集体财富的一切源泉都充分涌流之后，——只有在那个时候，才能完全超出资产阶级权利的狭隘眼界，社会才能在自己的旗帜上

---

① 中共中央马克思恩格斯列宁斯大林著作编译局：《马克思恩格斯文集》（第 9 卷），人民出版社，第 327 页。

② 中共中央马克思恩格斯列宁斯大林著作编译局：《马克思恩格斯文集》（第 9 卷），人民出版社，第 326 页。

③ 中共中央马克思恩格斯列宁斯大林著作编译局：《马克思恩格斯文集》（第 3 卷），人民出版社，第 434 页。

写上：各尽所能，按需分配！"①

（四）尽可能快地增加生产力的总量，有富足的生活与充分自由的发展

马克思、恩格斯认为："无产阶级将利用自己的政治统治，一步一步地夺取资产阶级的全部资本，把一切生产工具集中在国家即组织成为统治阶级的无产阶级手里，并且尽可能快地增加生产力的总量。"② 另外，由于社会主义可以消除资本主义的浪费与经济危机，解放生产力，将使一切社会成员有充裕的物质生活和充分自由的发展。"生产资料由社会占有，不仅会消除生产的现存的人为障碍，而且还会消除生产力和产品的有形的浪费和破坏，这种浪费和破坏在目前是生产的无法摆脱的伴侣，并且在危机时期达到顶点。此外，这种占有还由于消除了现在的统治阶级及其政治代表的穷奢极欲的挥霍而为全社会节省出大量的生产资料和产品。通过社会化生产，不仅可能保证一切社会成员有富足的和一天比一天充裕的物质生活，而且还可能保证他们的体力和智力获得充分的自由的发展和运用。"③

二、我国社会主义计划经济体制的建立过程、组织架构及运行机制

（一）我国社会主义计划经济体制的建立过程

1. 组建政务院财政经济委员会。

从抗日战争开始到新中国诞生前夕，各抗日根据地、解放区的财政管理，基本上是采取在中央统一政策之下的分散管理方式，各有货币，自管收支。1949 年 3 月，中共七届二中全会决定建立中央财经委员会来统一领导全国的财政工作。5 月 31 日，刘少奇为中国人民革命军事委员会起草《关于建立中央财政经济机构大纲（草案）》，决定在中国人民革命军事委员会之下，立即建立中央财政经济委员会，并陆续建立若干个中央财政经济部门，作为当时中央

---

① 中共中央马克思恩格斯列宁斯大林著作编译局：《马克思恩格斯文集》（第 3 卷），人民出版社，第 435～436 页。

② 中共中央马克思恩格斯列宁斯大林著作编译局：《马克思恩格斯文集》（第 2 卷），人民出版社，第 52 页。

③ 中共中央马克思恩格斯列宁斯大林著作编译局：《马克思恩格斯文集》（第 9 卷），人民出版社，第 299 页。

的财政经济机构，计划并领导国家的财政经济工作①。1949 年 7 月，中央财经委员会组成，由陈云任主任，薄一波任副主任。1949 年 10 月 21 日，在中央财经委员会的基础上，组建中央人民政府政务院财经委员会（以下简称中财委），并在中财委内设立了计划局，负责编制全国的国民经济计划。1950 年 2 月，中财委召开全国财政会议，确定当年的财经工作总方针是"财政收支统一、公粮统一、税收统一、贸易统一、银行统一"②。财经工作由分散走向集中统一，中财委成为新中国第一个领导全国财经工作的最高机构。

2. 建立国家计划委员会。

1952 年 3 月，中财委下发的《关于加强计划工作大纲》中指出："计划工作还没有建立在可靠的统计数字的基础上，估计成分很大。为了早日制定总的计划，加强计划工作是刻不容缓的。"③ 为满足国家大规模建设的需要，1952 年 11 月，中央人民政府委员会第 19 次会议通过决议，成立"中央人民政府国家计划委员会"，负责全国的计划管理工作。由高岗任主席，邓子恢为副主席，陈云、彭德怀、林彪、邓小平、饶漱石、薄一波、彭真、李富春、习仲勋、黄克诚、刘澜涛、张玺、安志文、马洪、薛暮桥为委员。④ 随着各省（市）自治区、专区、县也相继成立了计划委员会，从而形成了比较完整的计划管理组织系统。1954 年 9 月，"中央人民政府国家计划委员会"改名为"中华人民共和国国家计划委员会"（以下简称国家计委），李富春任国务院副总理兼国家计委主任。1956 年 5 月，增设国家经济委员会（以下简称国家经委），负责年度计划的编制和执行。1958 年 9 月，又对国家计委和国家经委的分工作了调整，国家经委负责工业和交通运输的管理工作，国家计委负责统一管理全部计划工作。

3. 成立国家统计局。

1952 年 10 月 21 日，中共中央发出《关于中财委所属各机构的调整及干部的调整的指示》。其中提出：为迎接大规模的国家经济建设，对中央人民政府政务院财政经济委员会及所属各机构做调整：成立财经统计局，暂时直属中财委，薛暮桥任局长；并成立了建筑工业部等部门。1953 年 1 月 8 日，政务院发布《关于充实统计机构加强统计工作的决定》，指出：为解决统计机构不

---

① 中共中央文献研究室，中央档案馆：《建党以来重要文献选编》（第 26 卷），中央文献出版社，第 430 页。

② 赵德馨：《中华人民共和国经济专题大事记 1949—1966》，河南人民出版社，第 103 页。

③ 董志凯，吴江：《新中国工业的奠基石——156 项建设研究》，广东经济出版社，第 64 页。

④ 董志凯，吴江：《新中国工业的奠基石——156 项建设研究》，广东经济出版社，第 65 页。

健全，统计制度未建立，统计工作缺乏统一的集中领导，存在着比较严重的重复混乱现象等问题，决定成立国家统计局。[①]

4. 建立部门和地方计划机构。

"1954 年 2 月 1 日，中共中央发出《关于建立与充实各级计划机关的指示》。指出：中央人民政府所属各经济部门和文教部门，必须建立和健全计划机构，并把计划机构逐级建立到基层工作部门和基层企业单位。各大区行政委员会、各省（市）、省属市及县人民政府，应该设立计划委员会，吸收党委、政府和财经、文教部门的负责同志 9 到 15 人组成。各级计划委员会在业务上同时受上级计划机关及国家计委的指导。"[②]

5. 设立国家建设委员会、中国人民建设银行。

根据中共中央的决定，国家建设委员会于 1954 年 11 月 8 日正式开始办公。国家建设委员会的总任务是：根据国务院和国家批准的计划，组织以工业为重心的基本建设计划的实现，从政治上、组织上、经济上、技术上采取措施，保证国家基本建设。早在 1954 年 9 月 9 日，还设立了中国人民建设银行，专门办理基建拨款，并监督企业和建设单位的资金使用。[③]

6. 设置国家经济委员会、国家技术委员会和国家物资供应总局。

1956 年 5 月 12 日，全国人大常委会第 40 次会议通过国务院总理周恩来提请的关于调整国务院所属组织机构的议案。增设国家经济委员会，负责掌管在五年计划和长远计划基础上的年度计划的制定，督促和检查年度计划的执行。增设国家技术委员会，主要负责新技术的鉴定、采用和推广，制定五年和长远的技术发展计划。设立物资供应总局，作为国务院的一个直属机构，主管全国物资（主要是生产资料）的供应、调度和平衡工作，并且管理国家的物资储备。[④]

（二）我国社会主义计划经济体制的组织架构

1. 全国人民代表大会

全国人民代表大会是最高国家权力机关，也是经济计划管理的最高国家权力机关，行使国家的立法权。国务院制定的发展国民经济的重大决策与措施，国家计委编制的发展国民经济的计划，计划的执行情况，以及计划的修改与调

[①] 董志凯，吴江：《新中国工业的奠基石——156 项建设研究》，广东经济出版社，第 66 页。
[②] 董志凯，吴江：《新中国工业的奠基石——156 项建设研究》，广东经济出版社，第 65 页。
[③] 董志凯，吴江：《新中国工业的奠基石——156 项建设研究》，广东经济出版社，第 66~69 页。
[④] 董志凯，吴江：《新中国工业的奠基石——156 项建设研究》，广东经济出版社，第 69~70 页。

整等，都必须经过全国人民代表大会的审查批准，才能付诸实施。它在计划经济体制中起决定性作用。[1]

2. 国务院

国务院是最高国家行政机关，也是经济计划管理的最高行政机关。全国人民代表大会通过的发展国民经济的重大方针政策和经济社会发展计划都由国务院组织执行。国务院在领导和管理整个经济活动中，处于中枢地位。长期以来，国务院对国民经济计划的管理是通过地方计划系统和部门计划系统进行的。国务院在计划工作中起着组织领导的作用。[2]

3. 国家计划委员会

"国家计划委员会是国务院在计划工作方面的职能机构。国家计委的主要任务是：在国务院的领导下，根据党的方针政策，编制全国的长期、中期和年度的国民经济和社会发展计划，负责综合平衡；指导国务院各部门和各省、市、自治区的计划工作；对计划的执行情况进行督促检查，研究经济、科技和社会发展的重大问题和方针政策；负责和协调全国的基本建设工作，组织大中型项目的论证、可行性研究报告和设计任务书的审批；组织编制国土规划；研究改革计划管理体制，参与研究经济体制改革问题，组织有关部门研究建立统一的国民经济核算制度；总结交流计划工作经验，组织和指导计划干部的培训；等等。"[3]

4. 中央各部委计划机构

作为直属中央的各部门，在研究本部门发展方针、政策、趋势后，经过综合平衡，制定本部门的计划草案，检查本部门计划的执行情况，指导其部门所属企业与基层单位的计划工作。[4]

5. 地方计划机构

作为各级人民政府在计划工作方面的职能机构，负责制定本地区的计划，进行地区的平衡工作，并对所属基层单位的计划工作进行指导。[5]

（三）我国社会主义计划经济体制的运行机制

1. 计划的内容

通过制订五年计划、长期计划与年度计划，将经济计划目标与长远经济发

---

① 中共中央文献研究室：《建国以来重要文献选编》（第5卷），中央文献出版社，第453～457页。
② 中共中央文献研究室：《建国以来重要文献选编》（第5卷），中央文献出版社，第453～457页。
③ 刘日新：《新中国前三十年的经济：1950—1980年的国民经济计划》，中国经济出版社，第17页。
④ 刘日新：《新中国前三十年的经济：1950—1980年的国民经济计划》，中国经济出版社，第18页。
⑤ 罗隽，熊大达：《宏观经济计划管理学》，海洋出版社，第110页。

展战略及当前经济发展任务结合起来。（1）五年计划，属于中期计划，也是计划的主要形式，是当今国民经济与社会发展五年规划的前身。（2）长期计划，一般十年或十年以上，具有战略性，主要研究提出远景设想。在长期计划中，主要确定经济社会发展的战略目标、战略步骤、战略重点，经济发展速度与重大比例关系，科学技术发展方向，重大建设与技术改造项目，生产力布局，重大经济技术政策。（3）年度计划，属于短期计划，与五年计划和长期计划不同，年度计划是实施性的计划，是国民经济和社会发展的具体的行动计划。[①]

2. 计划的编制程序

"根据《中华人民共和国宪法》的规定，我国的国民经济和社会发展计划由最高国家权力机关全国人民代表大会审查和批准，由最高国家行政机关国务院编制和执行。国民经济和社会发展计划的编制、检查等具体工作，由各计划委员会负责。"[②] 各项计划一般采取自上而下、上下结合的编制程序。五年计划和长期计划的编制，则一般采取"两下一上"的程序（有时也采取"两上两下"的程序），具体步骤如下：（1）国家计委在各单位编制计划前，先进行调查研究，听取各部门、各地区和基层单位的意见。同时，邀请各方面的专家、学者进行座谈，提出长期计划中的一些专题，请各研究部门进行研究，在广泛听取各方面意见的基础上，国家计委对国民经济和社会发展主要指标进行预测和初步综合平衡，提出控制数字，经国务院审查批准后，下达国务院各部门和各省、市、自治区，以指导他们编制计划。（2）各省、市、自治区和国务院各部门接到国家下达的控制数字后，结合本地区和本部门的实际情况，对控制数字进行研究，并下达到各重点企业。各重点企业依据上级下达的控制数字，结合本企业的实际情况，发动群众进行讨论，充分听取工人、技术人员和管理人员的意见和建议，制定出本企业的计划草案，报地方计委和国务院各部门，相应制定出本地区、本部门的计划草案。最后，地方计划草案报送国家计委。（3）国家计委在国务院各部门和各省、市、自治区计委报送的计划草案的基础上，进行全国综合平衡，统筹安排，制定出全国的国民经济和社会发展计划草案。（4）国务院主持召开全国计划会议，各省、市、自治区和国务院各部门派代表参加，对国家计委提出的国民经济和社会发展计划草案进行讨论研究。国家计委根据计划会议上各方面的意见，对所提计划草案进行修改，并经国务院

---

① 刘日新：《新中国前三十年的经济：1950—1980 年的国民经济计划》，中国经济出版社，第4~5页。

② 刘日新：《新中国前三十年的经济：1950—1980 年的国民经济计划》，中国经济出版社，第17页。

审定后，报请全国人民代表大会审议批准。[①]

3. 计划的编制方法

（1）经济分析法。一般是对基期的经济形势进行深入的调查研究，再认真进行经济分析。通过全面统计、典型调查、抽样调查，掌握基期主要计划指标的完成情况，摸清资源状况及其利用的程度，生产能力水平和市场供求情况，国内外科技新成果和世界金融贸易发展动向，以及各种社会事业的现状和发展需要等，找出国民经济发展中存在的主要问题、薄弱环节和进一步发展的潜力，并且邀请各方面的专家学者座谈，广泛听取各方面的意见和建议。在此基础上，根据党和国家确定的长远发展战略，提出计划期内国民经济和社会发展的方针、任务，需要相应采取的重大措施，并对经济发展速度、主要比例关系、固定资产投资规模、人民生活水平提高幅度等主要指标提出初步预测，为编制新计划提供依据。（2）综合平衡法。这是计划编制的基本方法。在计划工作中，要编制一系列国民经济平衡表，反映资源和需要之间的平衡情况。目前，主要使用的平衡表有：国民收入平衡表、财政信贷平衡表、国际收支平衡表、居民货币收支平衡表、社会购买力同商品可供量的平衡表、能源平衡表、货运量同运输能力的平衡表、重要物资平衡表、重要商品平衡表、劳动力平衡表、专业人才平衡表等。（3）专项规划法。就是对国民经济发展中的关键性问题，组织有关部门和地区进行专门研究，提出规划方案，然后纳入计划，进行有限安排，各部门、各地区保证按期完成。（4）经济数学法，如康托罗维奇的最优规划理论、里昂惕夫的投入产出模型等，包括借助计算机对计划进行运算。[②]

4. 计划的监督执行机制

为了全面检查和系统考核计划的生产执行情况，国家计委、国家经委、国家统计局等单位共同颁布了按月检查十六项主要经济指标的执行情况的办法，即"工业总产值和增长率，工业产品优质品率，主要工业产品的原材料、燃料、动力消耗降低率，每万元产值消耗能源和降低率，工业企业实现利润和增长率，工业企业上缴利润和增长率，工业企业销售收入和增长率，工业企业资金利税率，工业企业销售收入利润率，工业企业定额流动资金周转天数和加速率，工业企业生产成品资金占用额和降低率，工业企业可比产品成本降低额和

① 刘日新：《新中国前三十年的经济：1950—1980 年的国民经济计划》，中国经济出版社，第9～10页。

② 刘日新：《新中国前三十年的经济：1950—1980 年的国民经济计划》，中国经济出版社，第7～9页。

降低率，工业企业全员劳动生产率和增长率，工业企业职工重伤、死亡人数和降低率"①。

5. 计划的调整机制

计划一经确定并下达执行，就要尽力组织群众完成和超额完成。国务院各部门和各省、市、自治区以及各基层计划单位要坚决维护计划的严肃性，不得擅自修改计划，特别是国家的指令性计划，不得任意变更。但在计划执行过程中，如果发生战争、爆发特大自然灾害、国家重大决策改变或市场供需情况发生重大变化，可以对国家计划进行修改。但是，修改计划必须经原批准计划的机关进行审批，全国的计划的重大修改，要由国家计委提出，报经国务院核定，提请全国人民代表大会或人大常委会审批。②

三、我国社会主义计划经济体制的特色

（一）指令性计划与指导性计划相结合

不同于以苏联为代表的、以国家指令性计划为核心的传统计划经济体制，也不同于以南斯拉夫为代表的、以工人自治为核心的"分散的面向市场的共产主义经济"③，中国社会主义计划经济体制的特色是指令性计划与指导性计划相结合，这主要体现在计划的范围与控制力上。在计划的范围上，1936 年苏联宣布建成社会主义时，"在工业产值中，国家所有制占 97.3%，合作社、集体农庄占 2.6%，其他所有制占 0.1%；在农业中，国家所有制占 76%，合作社、集体农庄所有制占 20.3%。"④ 而 1956 年我国宣布建成社会主义时，"国营经济占国民收入总额的 32.2%，合作社经济占 53.4%，公私合营经济占 7.3%，个体经济占 7.1%"，到 1957 年 "一五" 计划完成时，"国营经济占国民收入总额的 33.2%，合作社经济占 56.4%，公私合营经济占 7.6%，个体经济占 2.8%"。⑤ 对此，毛泽东早在 1953 年初就有清晰认识："目前我国的农业，基本上还是使用旧式工具的分散的小农经济，这和苏联使用机器的集体化的农业，大不相同。因此，我国在目前过渡时期，在农业方面，除国营农场

---

① 刘日新：《新中国前三十年的经济：1950—1980 年的国民经济计划》，中国经济出版社，第 11 页。

② 刘日新：《新中国前三十年的经济：1950—1980 年的国民经济计划》，中国经济出版社，第 11~12 页。

③ 格鲁奇：《比较经济制度》，徐节文、王连生、刘泽曾译，中国社会科学出版社，第 523 页。

④ 张建勤：《中苏传统计划经济体制比较研究》，湖北人民出版社，第 131 页。

⑤ 张建勤：《中苏传统计划经济体制比较研究》，湖北人民出版社，第 132 页。

外，还不可能施行统一的有计划的生产"。① 所以，不同于苏联将集体经济也纳入国家计划，结合我国的国情，我们对合作社等集体经济只是给予指导性的计划。在计划的控制力上，苏联的国家计划委员会把部门计划和地区计划紧密结合，形成了一套从中央到地方自上而下的"金字塔"式的复杂严密的计划体系；而以南斯拉夫为代表的"分散的面向市场的共产主义经济"则放弃了大部分的中央计划。中国社会主义计划经济是在不放弃中央指令性计划的同时，增加地方的计划权限和物资调配权限，在整个计划上追求综合平衡。从技术手段上来讲，苏联的计划经济是以康托罗维奇"最优化数学规划"② 为代表的高度复杂的线性规划，对计划人员的数学水平要求极高，我国曾派人学习苏联的计划编制技术，但终因过于复杂而放弃，当时的中国也提供不了大量的高水平基层统计人员。

（二）地方权力较大，"块块"管理模式突出

苏联的模式是通过中央部委，对企业进行直接的垂直管理，即"条条"管理模式。中国共产党在长期的革命根据地与抗日根据地建设中更多实行的是地方自治的"块块"管理模式。"一五"计划时期，为了保证重大工业项目的完成，我们学习了苏联的"条条"管理模式，建立了一套集中的计划经济管理体制，但随即意识到"最近这几年又有一种偏向产生了，这就是集中过多了"③。考虑到"我们的国家这样大，人口这样多，情况这样复杂，有中央和地方两个积极性，比只有一个积极性好得多"④。因此，"我们不能像苏联那样，把什么都集中到中央，把地方卡得死死的，一点机动权也没有"⑤。为了避免中央集权过大带来弊病，1958 年，毛泽东指出："中央集权太多了，是束缚生产力的。这就是上层建筑与经济基础的关系问题。……中央要办一些事，但是不要办多了，大批的事放在省、市去办，他们比我们办得好，要相信他们。"⑥ 1966 年，他又指出："中央……只管大政方针、政策、计划。中央叫计划制造工厂，只管虚、不管实。"⑦ 总体而言，我国更多的是按照地域性的原则组织计划管理工作，将大量经济权限下放到"协作区"和省级层面，追求在省域范围

---

① 中共中央文献研究室：《毛泽东文集》（第 6 卷），人民出版社，第 273 页。
② 康托罗维奇：《最优化规划论文集》，王铁生译，商务印书馆，第 208 页。
③ 中共中央文献研究室：《毛泽东文集》（第 7 卷），人民出版社，第 52 页。
④ 中共中央文献研究室：《毛泽东文集》（第 7 卷），人民出版社，第 31 页。
⑤ 中共中央文献研究室：《毛泽东文集》（第 7 卷），人民出版社，第 31 页。
⑥ 薄一波：《若干重大决策与事件的回顾》（下册），中共中央党校出版社，第 796 页。
⑦ 中共中央文献研究室：《毛泽东年谱（1949—1976）》（第 5 卷），中央文献出版社，第 569 页。

内建立比较独立的工业体系，这种"块块"计划管理模式一定程度上调动了地方和企业的积极性，但是也造成"条""块"分割，使整个计划工作比较混乱。

（三）劳动力不能自由流动，但职工参与企业管理

苏联虽然实行高度集中的计划经济体制，但是其国营企业的职工却可以相对自由地流动，劳动岗位很少由政府指定，大部分职工都需要在相对自由的劳动力市场上获得就业岗位。我国在整个计划经济时期一直实行"统包统配"的就业政策，国营企业的员工不能随意更换工作，更不能擅自离开工作地到其他地方就业。由于过快的城市化、工业化带来的农业生产失调，以及严格的城乡"二元"户籍制度，农民被牢牢地束缚在土地之上，只有极少数人能通过入学、参军、招工等渠道获得城镇户口。另外，由于整个计划经济时期我国工业水平远远落后于苏联，无法解决城市新增人口的就业，大量城市"知识青年"被组织到农村进行建设。虽然计划经济时期我国的劳动力不能自由流动，但是，计划经济时期的工人有很高的企业管理权利。1956 年，有工人代表参加的管理委员会成立了，这能发挥职工对企业的民主管理权利。1958 年，企业形成了以"三参一改"（干部参加劳动、职工参加管理、居民参加监督，改善经营管理）为主要内容的管理模式。不同于苏联实行"一长制"的"马钢宪法"①，1960 年，中国诞生了"两参一改三结合"（工人参加管理、干部参加劳动，改革规章制度，干部、工人、技术人员相结合）的"鞍钢宪法"。反观苏联的计划经济体制，工人并没有直接管理企业的权利，只有建议权。斯大林"从来不允许工人有参与决定的可能性，或者实际管理生产和'国家'事务的可能性。他只是提到了'同志合作'和'生产者的社会主义互助'"②。

（四）始终坚持"独立自主，自力更生"

在革命与社会主义建设道路上，中国共产党一直独立探索。不同于俄国以城市为中心的革命道路，以毛泽东为代表的中国共产党人，探索出了一条符合中国国情的"农村包围城市，武装夺取政权"的革命道路，带领中国人民赢得了国家的独立。在从新民主主义向社会主义过渡的时期，中国共产党成功践行了马克思恩格斯提出的"赎买"政策，对资本主义工商业进行了和平改造。1956 年，中国共产党在《论十大关系》与中共八大会议中，又开始了独立探索中国社会主义建设的道路，在经济与国防建设中，充分体现了"自力更生"

---

① 指以马格尼托哥尔斯克冶金联合工厂经验为代表的苏联一长制管理方法，其特点是实行"一长制"。

② 马尔科维奇，塔克：《国外学者论斯大林模式》（上），中央编译出版社，第 7 页。

的原则。1954 年 8 月，毛泽东在与英国工党代表团的谈话中讲道："我们这类国家，如中国和苏联，主要依靠国内市场，而不是国外市场。"① 1958 年 6 月，毛泽东在给国务院副总理兼国家计委主任李富春《"二五"计划要点报告》的批语中写道："自力更生为主，争取外援为辅，破除迷信，独立自主地干工业、干农业、干技术革命和文化革命。"② 同年，面对苏联提出的侵害我国主权的不合理要求，中国坚决拒绝，不惜与苏联"交恶"。20 世纪 50 至 60 年代，在美国与苏联的核讹诈下，中国共产党又果断地做出了独立自主研制"两弹一星"的战略决策，并在 20 世纪 60 至 70 年代进行了大规模的"三线"建设。整个计划经济时期，中国始终坚持了"独立自主，自力更生"，正是在此基础上建立了独立的比较完整的工业体系与国民经济体系，构建了大国分工格局，实现了国家长治久安。

① 中共中央文献研究室：《毛泽东文集》（第 6 卷），人民出版社，第 340 页。
② 中共中央文献研究室：《毛泽东文集》（第 7 卷），人民出版社，第 380 页。

044

第二章

社会主义计划经济体制下的探索（1956—1978）

第一节　计划经济的成就和存在的挑战

一、计划经济时期的伟大成就

（一）国民经济与工农业快速发展

国民经济全面快速发展。在计划经济时期，我国国民经济总体保持了较快发展速度。1952—1978 年，我国社会总产值、工农业总产值和国民收入分别从 1015 亿、810 亿和 589 亿，增加到 6846 亿、5634 亿和 3010 亿，年均增长率分别为 7.6%、7.7%和 6.4%。[①] 这一发展速度不但远高于同期世界平均发展水平，也高于同期主要发达国家平均发展水平。需要指出的是，计划经济时期采取的工农业总产值统计方法与今天广泛使用的 GDP 指数统计方法存在较大差异。在 GDP 指数中占有较大比重的第三产业，在工农业总产值指数中有较大比例未被计入。大量的农田水利建设等劳动也仅少部分纳入工农业总产值统计。因此，当时的实际 GDP 数字应高于目前我们通过工农业总产值推算得到的统计数字。[②]

农业生产显著提高。在农业方面，党和政府通过发挥农村人民公社等集体组织优势，突破了以往一家一户小农经济的局限，逐步解决了种子、水利、化肥农药、农机等一系列长期制约我国农业发展的关键问题。从 1949 年到 1978 年，人均粮食、棉花、油料、猪牛羊肉产量分别从 418 斤增加到 637 斤、从 1.64 斤增加到 4.53 斤、从 9.47 斤增加到 10.91 斤、11.9 斤增加到 17.9 斤。[③] 在我们这样一个当时人口近 8 亿的国家，保证了人民吃穿的基本需要。[④]

主要工业品产量跻身世界前列。从 1949 到 1982 年，我国工业产值平均每年增长 12.7%，一些主要工业产品的产量开始位居世界前列。例如：1982 年，煤炭产量达到 6.66 亿吨，在世界上的位次由 1949 年的第 26 位跃居 1982 年的

[①]　中华人民共和国国家统计局：《中国统计年鉴（1983）》，中国统计出版社，第 13~22 页。

[②]　王学军，程恩富：《正确认识社会主义计划经济时期的历史价值和现实作用》，《毛泽东邓小平理论研究》，2019 年第 10 期，第 84~92+109 页。

[③]　中华人民共和国国家统计局：《中国统计年鉴（1983）》，中国统计出版社，第 184 页。

[④]　《1975 年国务院政府工作报告》，人民日报，1975 年 01 月 21 日。

第 3 位；石油产量达到 10212 万吨，由 1950 年世界第 27 位跃居 1982 年的第 6 位；发电量达到 3277 亿千瓦时，由 1949 年世界第 25 位跃居 1982 年的第 6 位；钢产量达到 3716 万吨，由 1949 年世界第 26 位跃居 1982 年的第 4 位。水泥、硫酸、化肥的产量 1949 年时在世界上还无足轻重，到 1981 年时皆跃居世界第 3 位，至 1982 年分别达到 9520 万吨、818 万吨、1278 万吨；化学纤维则从零起步，到 1981 年跃升至世界第 6 位，产量达 52.7 万吨。根据联合国统计司的数据，早在 1970 年，我国就成为世界第六大工业国。[①]

（二）建立了独立的比较完整的工业体系和国民经济体系

1979 年 9 月 29 日，叶剑英在庆祝中华人民共和国成立 30 周年大会的讲话中指出："我国在旧中国遗留下来的'一穷二白'的基础上，建立了独立的比较完整的工业体系和国民经济体系。三十年来，我国的水利设施、化肥农药、农村用电、农业机械等大大增加，农业的生产条件有了显著改善，耕作制度和耕作方法有了不少改进。全国粮食产量 1978 年比 1949 年增长 1.7 倍，棉花产量增长 3.9 倍。我国钢铁、电力、石油、煤炭、化工、机械、轻纺等工业部门大大加强，许多新的工业部门从无到有、从小到大地发展起来。在辽阔的内地和少数民族地区，解放前几乎没有什么工业，现在已经建立起了一大批新的工业基地。目前，全国工业企业达到 35 万个，全民所有制企业的固定资产达到 3200 亿元，相当于旧中国近百年积累起来的工业固定资产的 25 倍。从我们完成国民经济恢复任务的 1952 年算起，到 1978 年，我国工业发展尽管有过几次起落，平均每年的增长速度依然达到 11.2%。我国交通运输和邮电事业也有了新的发展，改变了许多地方原来交通闭塞的落后局面。随着生产的增长，我国国内贸易和对外贸易不断扩大。在工农商业发展的基础上，我国人民的生活比解放前有了较大的改善。三十年来我国国民经济各部门取得的巨大成就，已经为实现四个现代化的伟大事业奠定了比较雄厚的物质基础，创立了可以依靠的前进阵地。"[②]

"一五"计划建设的基本任务是为国家工业化打下基础。通过"一五"计划，我国建成了新中国成立之前所没有的装备制造部门，如飞机、汽车、发电设备、重型装备、精密仪器等。1957 年工业总产值占工农业总产值的 56.7%，改变了几千年来中国经济以农业为主的状况，工业布局严重集中于沿海地区的

① 刘日新：《新中国前三十年的经济：1950—1980 年的国民经济计划》，中国经济出版社，第 19～20 页。

② 中共中央文献研究室：《三中全会以来重要文献选编》（上），中央文献出版社，第 185～186 页。

状况得到改善。"一五"计划中，重工业，特别是钢铁、煤、电力、石油、机器制造、飞机、坦克、拖拉机、车辆制造、军事工业、有色金属、基础化学工业等得到重点发展。

20世纪60年代，中苏、中印关系恶化，新中国周边安全局势紧张，出于国防安全考虑，党中央做出"三线"建设的重大战略决策，工业布局重点转向中西部地区。与当时东北和东部沿海地区经济发展水平相比，中西部地区工业基础十分薄弱。"三线"建设战略的实施，推动大量国防科技工业在中西部地区落地，人才、技术、资金等工业化的要素向中西部地区汇聚，西安、成都、重庆等地的工业化水平迅速提升，飞机制造、航空航天、机械制造、电子信息、交通运输等现代工业逐步成为中西部地区主导产业。"三线"建设持续十几年，到1980年，"三线"建设投资2052亿元，在中西部地区建成了约2000个大中型企业、基础设施和科研院所，极大地改善了我国的工业布局，为区域协调发展奠定了基础。在"三线"建设中，我国采取举国体制，建立了各级各类的大中专院校，培养一大批国家急需工程技术人才。发挥社会主义集中力量办大事的优势，倾全国之力、汇全国之智，发展以"两弹一星"为代表的国防工业。1960年、1964年、1967年、1970年，导弹、原子弹、氢弹、人造卫星项目分别研制成功，打破了美苏等核大国的核威胁、核讹诈，极大地提高了我国的国威和国际地位，为我国后来赢得和平自主发展的国际环境提供了坚强的国防保障。

至此，我国建立了独立的比较完整的工业体系和国民经济体系。在实现工业产业结构不断优化升级的同时，对原工业产业的空间布局进行了大规模调整，构建了大国分工格局。这使得我国在后来的改革开放中始终能够掌握自己的前途和命运，独立自主地选择发展道路与改革方向，而不是依附于发达资本主义国家。而取得这些成就，与社会主义计划经济体制便于实现资源倾斜配置、集中力量办大事的优势是分不开的。

（三）人民生活较大改善，科技取得标志性突破

第一，现代社会保障体系初步建立。为保障人民基本生活，我国首次建立起涵盖就业、住房、教育、医疗卫生等多领域的现代社会福利保障体系。在城市，机关和企事业单位成为职工社会保障主要供给者。没有单位的城市居民，则由民政部门负责相关社会福利和保障。在农村，农民社会保障主要依托农村集体，集中体现为"五保户"制度。在计划经济时期，虽然当时我国社会保障水平较低，但对于保障人民群众基本生活、抵抗自然灾害等发挥了非常重要的作用。

第二，人民健康水平和文化素质显著提高。随着社会经济发展和医疗卫生条件改善，我国人民身体素质极大提高。自 20 世纪 60 年代后期以来，我国农村普遍建立了县、区（社）、村三级医疗卫生机构。以往严重危害人民健康的血吸虫、鼠疫、伤寒、梅毒等流行病基本消灭。全国人口死亡率从 1949 年的 20‰下降到 1976 年的 6.3‰。居民平均预期寿命从 1949 年的 35 岁，到 1980 年的 68 岁（在总人口猛增的情况下人均预期寿命提高 33 岁，增幅名列全球首位）。① 在身体健康素质普遍提高的同时，人民文化教育素质也得到大幅提升。新中国成立之初，我国文盲、半文盲率达 80％以上，儿童入学率 20％，高校学生 15.5 万。1979 年全国高等学校、中等学校和小学在校生已达 20794 万人，比新中国成立初期增长 7.7 倍，其中中等学校在校生增长 46.5 倍，小学在校生增长 5 倍。② 文化教育事业的发展极大提高了人民群众文化教育素质。

第三，社会治安根本好转。在新中国成立之前，抢劫、盗窃、买卖人口、"黄赌毒"等社会丑恶现象是长期危害社会和人民生活的毒瘤。新中国成立后，党和政府对于各种社会丑恶现象采取高压态势，依靠人民群众打掉了一大批长期欺压人民群众的黑恶势力。同时，随着社会主义计划经济体制的建立，各种丑恶现象的经济社会基础被铲除。至此，以往历代都无法解决的各种社会丑恶问题得到彻底清除，社会治安和社会风气得到根本扭转，给人民群众带来空前的安全感和幸福感。

第四，科技取得标志性突破。新中国成立之初，正值世界第三次科技革命拉开序幕。为紧跟世界科技发展潮流、应对新技术革命挑战，我国制定了《1956—1967 年科学技术发展远景规划纲要（修正草案）》，对科技领域进行全面系统规划。完成之后，我国又制定了第二个科技发展长远规划，即《1963—1972 年科学技术发展规划纲要》。科学规划的顺利实施使得我国突破了一批关键技术，在"两弹一星"、人工合成牛胰岛素、青蒿素制药等方面取得了世界级科技成果。这些高科技成果的取得缩小了我国与世界发达国家的科技差距，极大提高了我国的国际地位。③ "如果六十年代以来中国没有原子弹、氢弹，没有发射卫星，中国就不能叫有重要影响的大国，就没有现在这样的国际地位。"④

---

① 中国经济年鉴编辑委员会：《中国经济年鉴（1981）》，经济管理杂志社，第 208 页。
② 中国经济年鉴编辑委员会：《中国经济年鉴（1981）》，经济管理杂志社，第 204～208 页。
③ 王学军，程恩富：《正确认识社会主义计划经济时期的历史价值和现实作用》，《毛泽东邓小平理论研究》，2019 年第 10 期，第 84～92＋109 页。
④ 中共中央文献编辑委员会：《邓小平文选》（第 3 卷），人民出版社，第 279 页。

二、计划经济存在的挑战

（一）无法满足商品差异化需求

计划经济体制存在的一个突出问题是无法满足商品的差异化需求。苏联有时会根据排队的长短情况获取需求信息，以此调整各类商品的生产规模，但是无法解决个体对同种商品的差异化需求。由于中国计划经济时期整体生产力水平远不如苏联，为保证每个人的基本生活需要，主要通过"票证"供应生活必需品，这就更加难以获知人们的需求信息。1959年7月24日，在莫斯科举行的美国国家博览会开幕式上，时任美国副总统的尼克松与时任苏联最高领导人的赫鲁晓夫在美国厨房用具展台前进行了著名的"厨房辩论"。赫鲁晓夫称，苏联现在所有的现代住房都有同样的设备，尼克松则回应重要的是多样化、选择权，而不是所有的房子都盖得一模一样。这虽然是一场意识形态之争，但一定程度上反映了传统计划经济体制下无法满足人们对商品的差异化需求。中国计划经济时期，商品生产主要还是解决有没有的问题，并不能满足人们的差异化需求，买衣要凭"布票"、色调以黑灰蓝为主，床单、茶杯、热水瓶等商品也式样单一，手表、自行车、缝纫机、收音机为代表的"三转一响"是当时的主要"奢侈品"与结婚"大件"。

（二）难以适应日趋复杂的分工与交换

亚当·斯密认为，分工越发展，劳动生产率与商品交换也就越发展，而劳动生产率的提高、生产的发展也会扩大分工。马克思虽然认为到共产主义社会商品、货币将会消失，生产也会得到有计划的社会化调节，但对于分工、交换与生产之间的关系，马克思与亚当·斯密却有着相近的认识。马克思在《1857—1858年经济学手稿》中，更是直接将交换活动理解为生产本身，"第一，很明显，在生产本身中发生的各种活动和各种能力的交换，直接属于生产，并且从本质上组成生产。第二，这同样适用于产品交换，只要产品交换是用来制造供直接消费的成品的手段。在这个限度内，交换本身是包含在生产之中的行为。第三，所谓实业家之间的交换，不仅从它的组织方面看完全决定于生产，而且本身也是生产活动。只有在最后阶段上，当产品直接为了消费而交换的时候，交换才表现为独立于生产之旁，与生产漠不相干。（1）但是，如果没有分工，不论这种分工是自然发生的或者本身已经是历史的结果，也就没有交换；（2）私人交换以私人生产为前提；（3）交换的深度、广度和方式都是由生产的发展和结构决定的。例如，城乡之间的交换、乡村中的交换、城市中的交换等等。可见，交换就其一切要素来说，或者是直接包含在生产之中，或者是由生产决定"①。在交换与分工、生产的关系上，马克思认为"交换的需要和产品向纯交换价值的转化，是同分工按同一程度发展的，也就是随着生产的社会性而发展的"②。即分工越发达、生产的社会性越强，交换的需要就越大。"交换和分工互为条件。因为每个人为自己劳动，而他的产品并不是为他自己使用，所以他自然要进行交换，这不仅是为了增加总的生产能力，而且是为了把自己的产品变成自己的生活资料。"③ 1893 年，列宁在《论所谓市场问题》中指出："'市场'这一概念和社会分工（即马克思所说的'任何商品生产＜我们加上一句，因而也是资本主义生产＞的共同基础'）这一概念是完全分不开的。哪里有社会分工和商品生产，哪里就有'市场'；社会分工和商品生产发展到什么程度，'市场'就发展到什么程度。市场量和社会劳动专业化的程度有不可分割的联系。"④ 并认为，"在资本主义社会里，市场发展的限度决定于社会劳动专业化的限度。而这种专业化，按其实质来说，正像技术的发展那样没有止境。要把制造整个产品的某一部分的人类劳动的生产率提高，就必须使这部分的生产专业化，使它成为一种制造大量产品因而可以（而且需要）使用机器等等的专门生产。这是一方面。另一方面，资本主义社会的技术进步表现在劳动社会化上面，而这种社会化必然要求生产过程中的各种职能的专业化，要求把分散的、孤立的、在从事这一生产的每个作坊中各自重复着的职能，变为社会化的、集中在一个新作坊的、以满足整个社会需要为目的的职能"⑤。从事我国计划工作 40 年的高级经济师刘日新也认为，"经济学上的所谓'市场'，并不是日常生活中的商品交易的场所，而是指由社会分工引起的商品交换，也即是市场存在的前提"⑥。综合以上对于分工、交换（市场）和生产之间的关系分析，我们不难得出，随着生产力发展与分工的专业化，交换的需求

---

① 中共中央马克思恩格斯列宁斯大林著作编译局：《马克思恩格斯文集》（第 8 卷），人民出版社，23 页。

② 中共中央马克思恩格斯列宁斯大林著作编译局：《马克思恩格斯文集》（第 8 卷），人民出版社，第 44 页。

③ 中共中央马克思恩格斯列宁斯大林著作编译局：《马克思恩格斯文集》（第 8 卷），人民出版社，第 52 页。

④ 中共中央马克思恩格斯列宁斯大林著作编译局：《列宁全集》（第 1 卷），人民出版社，第 78～79 页。

⑤ 中共中央马克思恩格斯列宁斯大林著作编译局：《列宁全集》（第 1 卷），人民出版社，第 79～80 页。

⑥ 刘日新：《新中国经济建设简史》，黑龙江人民出版社，第 141 页。

越来越强，交换的程度也越来越深、越来越复杂。苏联的计划表格如此之多、计划编制如此复杂，并日益不能平衡，与其生产力与专业化分工的发展是密不可分的，在当时缺乏人工智能与超级计算机的情况下，这种计划经济体制越来越难以适应日趋复杂的分工与交换。

（三）不能有效地融入世界市场

无论是苏联还是中国，在整个计划经济时期物价水平都非常稳定，其物价与整个资本主义世界的价格体系是完全脱轨的。比如中国从 1950 年到 1978 年的 28 年间，国营商业物价总指数只上涨了 29％，年平均物价仅上升 0.91％。[①] 苏联从 1940 年到 1984 年的 44 年间零售物价指数只提高 50％，平均每年提升约 1％。[②] 这是根据马克思产品经济理论建立的一套完全基于国内资源与工农业生产的独立的产品配置模式，它有利于国家在建国初期摆脱国际不平等交换、集中资源进行工业化建设，却不利于后期融入世界价格体系，充分利用全球资源和市场参与竞争，实现价值增值。实行这种计划经济体制的社会主义国家，对外贸易主要是基于调剂余缺、互通有无的"以货易货"贸易。比如在新中国成立初期的中苏贸易中，双方并不是按照国际市场上的价格变动进行交换，而是按照 1950 年双方议定的固定价格进行交换，这"实质上是将传统的计划经济中僵死的办法所造成的价格不合理事实带到了国际贸易中"[③]。1951年，中苏双方对中国出口的水果价格存在分歧，中国提出的价格是基于国内生产成本加运输成本计算的，而苏联是基于"互通有无"设定的价格。苏联设定的水果价格虽然造成我国国内出口公司的亏损，但是苏联工业品的定价更低，考虑到"柑橘一吨可以换工槽铁 2.04 吨，可换汽油 3.79 吨；苹果一吨可换工槽铁 1.69 吨，可换汽油 3.14 吨。"为了国家工业化建设，我国只好通过补贴，鼓励出口公司创汇，以进口苏联的生产资料。除了"互通有无"的易货贸易外，由于计划经济时期长期面临的被美苏孤立的不利国际形势，以及基于支援社会主义兄弟国家建设、国际社会主义运动和第三世界独立，中国对外进行了大量的无偿援助，周恩来在国民经济调整时期的政府工作报告中指出："我们在经济困难期间，不但没有借一文钱的外债，而且把过去的外债几乎全部还清了。……不仅如此，这一期间我们还节衣缩食，拿出了相当大的一部分资金和物资支援社会主义兄弟国家和民族主义国家。预计到 1964 年年底，我国的对

---

① 罗隽，熊大达：《宏观经济计划管理学》，海洋出版社，第 365 页。

② 肖旺：《苏联的价格管理》，《苏联东欧问题》，1986 年第 1 期，第 47～49+97 页。

③ 董志凯，吴江：《新中国工业的奠基石—156 项建设研究》，广东经济出版社，第 47 页。

外援助共计支出人民币 66.7 亿元，其中 1961 年到 1964 年支出的为 35.5 亿元，占 53％。"[1]

（四）利于"集中力量办大事"，但不精于"分散力量办小事"

荣兆梓认为，计划经济的根本缺陷之一是它有利于"集中力量办大事"，却不精于"分散力量办小事"，在社会资源调动方面成了"跛脚的巨人"。荣兆梓认为，随着生产力的发展，职业分工、劳动方式等"经济变种"会不断分化，而生产技术和营销环境也是千变万化、千差万别的，劳动组织方式和企业组织形式会越来越复杂多样。而单一公有的计划经济体制只能依靠行政手段自上而下地组织经济活动，只能靠牺牲分散利益来谋求社会经济的综合平衡。毛泽东提倡以乡村工业和五小工业弥补大工业不足的探索，由于缺乏多元产权与真正市场竞争，所以效果非常有限。荣兆梓认为，"千百万劳动人民通过自己劳动创造自己幸福生活的自下而上的积极性"蕴藏着无限的活力与创造力，它是姓"社"而不是姓"资"的，而传统计划经济体制正是牺牲了这个"细枝末节"的利益去满足计划目标，造成了体制的僵化。[2]

第二节　探索符合国情的社会主义计划经济体制

一、主要领导人的探索

（一）毛泽东的探索

关于农、轻、重关系的问题。1956 年 4 月，毛泽东在《论十大关系》中指出："重工业是我国建设的重点。必须优先发展生产资料的生产，这是已经定了的。但是决不可以因此忽视生活资料尤其是粮食的生产。如果没有足够的粮食和其他生活必需品，首先就不能养活工人，还谈什么发展重工业？所以，重工业和轻工业、农业的关系，必须处理好。……我们现在的问题，就是还要

---

[1]　周恩来：《周恩来总理的政府工作报告——在第三届全国人民代表大会第一次会议上》，《前线》，1965 年第 1 期，第 3~16 页。

[2]　荣兆梓：《公有制为主体的基本经济制度：基于中国特色社会主义实践的理论诠释》，《人文杂志》，2019 年第 3 期，第 1~13 页。

适当地调整重工业和农业、轻工业的投资比例，更多地发展农业、轻工业。这样，重工业是不是不为主了？它还是主，还是投资的重点。但是，农业、轻工业投资的比例还要加重一点。加重的结果怎么样？加重的结果，一可以更好地供给人民生活的需要。二可以更快地增加资金的积累，因而可以更多更好地发展重工业。重工业也可以积累，但是，在我们现有的经济条件下，轻工业、农业积累得更多更快些。"① 要求加大对农业和轻工业的重视。关于重工业与农业、轻工业发展的关系，毛泽东的论述体现出辩证思维，他讲道："你对发展重工业究竟是真想还是假想，想得厉害一点，还是差一点？你如果是假想，或者想得差一点，那就打击农业、轻工业，对它们少投点资。你如果是真想，或者想得厉害，那你就要注重农业、轻工业，使粮食和轻工业原料更多些，积累更多些，投到重工业方面的资金将来也会更多些。"② 并指出："我们现在发展重工业可以有两种办法，一种是少发展一些农业、轻工业，一种是多发展一些农业、轻工业。从长远观点来看，前一种办法会使重工业发展得少些和慢些，至少基础不那么稳固，几十年后算总账是划不来的。后一种办法会使重工业发展得多些和快些，而且由于保障了人民生活的需要，会使它发展的基础更加稳固。"③ 在重工业、轻工业和农业的安排次序上，1959 年毛泽东在庐山会议时提出："过去安排是重、轻、农，这个次序要反一下，现在是否提农、轻、重？要把农、轻、重的关系研究一下。……过去是重、轻、农、商、交，现在强调把农业搞好，次序改为农、轻、重、交、商。这样提还是优先发展生产资料，并不违反马克思主义。重工业我们是不会放松的，农业中也有生产资料。如果真正重视了优先发展生产资料，安排好了轻、农，也不一定要改为农、轻、重。重工业要为轻工业、农业服务。……农、轻、重问题，把重放到第三位，……工业要支援农业……"④

关于集权和分权的问题。1956 年 4 月，毛泽东在中共中央政治局扩大会议上做了《论十大关系》的讲话，其中讲到了"国家、生产单位和生产者个人的关系"和"中央和地方的关系"。对于国家、生产单位和生产者个人的关系，毛泽东说："把什么东西统统都集中在中央或省市，不给工厂一点权力，一点机动的余地，一点利益，恐怕不妥。中央、省市和工厂的权益究竟应当各有多大才适当，我们经验不多，还要研究。从原则上说，统一性和独立性是对立的

---

① 中共中央文献研究室：《毛泽东文集》（第 7 卷），人民出版社，第 24～25 页。
② 中共中央文献研究室：《毛泽东文集》（第 7 卷），人民出版社，第 25 页。
③ 中共中央文献研究室：《毛泽东文集》（第 7 卷），人民出版社，第 25 页。
④ 中共中央文献研究室：《毛泽东文集》（第 8 卷），人民出版社，第 78～79 页。

统一，要有统一性，也要有独立性。"① "我们对农民的政策不是苏联的那种政策，而是兼顾国家和农民的利益。我们的农业税历来比较轻。工农业品的交换，我们是采取缩小剪刀差，等价交换或者近乎等价交换的政策。"② 对于中央和地方的关系，毛泽东说："中央和地方的关系也是一个矛盾。解决这个矛盾，目前要注意的是，应当在巩固中央统一领导的前提下，扩大一点地方的权力，给地方更多的独立性，让地方办更多的事情。这对我们建设强大的社会主义国家比较有利。我们的国家这样大，人口这样多，情况这样复杂，有中央和地方两个积极性，比只有一个积极性好得多。我们不能像苏联那样，把什么都集中到中央，把地方卡得死死的，一点机动权也没有。"③ 4 月 28 日，毛泽东在《中共中央政治局扩大会议上的总结讲话》中又提到了"统一和分散的问题""社会主义整个经济体制问题"和"全国平衡问题"，总结了党在历史上集权和分权的经验教训，认为集权还是分权应该根据形势而变化。关于统一和分散问题，"最近这几年又有一种偏向产生了，这就是集中过多了。有些问题，比如工业的集中问题，工厂要有多大的自主权，农业生产合作社要有多大的自主权，地方要有多大的自主权，都还没有研究好。"④ "现在我们讲，过分的集中是不利的，不利于调动一切力量来达到建设强大国家的目的。在这个问题上，鉴于苏联的教训，请同志们想一想我们党的历史，以便适当地来解决这个分权、集权的问题。"⑤ 关于社会主义整个经济体制问题，"关于企业的独立自主，列宁所说的独立自主，应搞到什么程度，请大家注意研究。……关于中央同地方分权的问题，中央要设多少部门，它们有多大的权力，地方有哪些部门，管哪些事，有多大权力，恐怕在几个月之内就可以搞出一个草案来"⑥。关于全国平衡问题，"全国的平衡还是需要的。有一个同志讲，地方要有独立性，同时还要有全国的平衡，我看这句话很好。有一些事情地方是不享有独立性的，只有国家的统一性；另一些事情地方是享有独立性的，但也还需要有全国的平衡"⑦。

关于社会主义商品生产与价值规律的问题。1958 年 11 月，毛泽东在读

① 中共中央文献研究室：《毛泽东文集》（第 7 卷），人民出版社，第 29 页。
② 中共中央文献研究室：《毛泽东文集》（第 7 卷），人民出版社，第 30 页。
③ 中共中央文献研究室：《毛泽东文集》（第 7 卷），人民出版社，第 31 页。
④ 中共中央文献研究室：《毛泽东文集》（第 7 卷），人民出版社，第 52 页。
⑤ 中共中央文献研究室：《毛泽东文集》（第 7 卷），人民出版社，第 52 页。
⑥ 中共中央文献研究室：《毛泽东文集》（第 7 卷），人民出版社，第 53 页。
⑦ 中共中央文献研究室：《毛泽东文集》（第 7 卷），人民出版社，第 55 页。

《苏联社会主义经济问题》一书时，指出："斯大林认为在苏联生产资料不是商品。在我们国家就不同，生产资料又是商品又不是商品，有一部分生产资料是商品，我们把农业机械卖给合作社。"① 毛泽东认为："商品生产不能与资本主义混为一谈。……现在是国家同人民公社做生意，早已排除资本主义，怕商品生产做什么？不要怕，我看要大大发展商品生产。……商品生产，要看它是同什么经济制度相联系，同资本主义制度相联系就是资本主义的商品生产，同社会主义制度相联系就是社会主义的商品生产。"② 同时他认为，"人民公社必须生产适宜于交换的社会主义商品，以便逐步提高每个人的工资。在生活资料方面，必须发展社会主义的商业；并且利用价值法则的形式，在过渡时期内作为经济核算的工具，以利逐步过渡到共产主义。……进入共产主义要有步骤。我们向两方面扩大：一方面发展自给性的生产，一方面发展商品生产。现在要利用商品生产、商品交换和价值法则，作为有用的工具，为社会主义服务。……必须肯定社会主义的商品生产和商品交换还有积极作用。调拨的产品只是一部分，多数产品是通过买卖进行商品交换"③。另外，毛泽东此时还对提出消灭商品生产的人进行了批评："现在，我们有些人大有要消灭商品生产之势。他们向往共产主义，一提商品生产就发愁，觉得这是资本主义的东西，没有分清社会主义商品生产和资本主义商品生产的区别，不懂得在社会主义条件下利用商品生产的作用的重要性。这是不承认客观法则的表现，是不认识五亿农民的问题。在社会主义时期，应当利用商品生产来团结几亿农民。我以为有了人民公社以后，商品生产、商品交换更要发展，要有计划地大大发展社会主义的商品生产。"④ 毛泽东认为，"商品流通的必要性是共产主义者要考虑的。必须在产品充分发展之后，才可能使商品流通趋于消失。……只有当国家有权支配一切产品的时候，才可能使商品经济成为不必要而消失。只要存在两种所有制，商品生产和商品交换就是极其必要、极其有用的"⑤。1959 年 3 月 30 日，毛泽东更是作了"价值法则是一个伟大的学校"的批注，指出："算账才能实行那个客观存在的价值法则。这个法则是一个伟大的学校，只有利用它，才有可能教会我们的几千万干部和几万万人民，才有可能建设我们的社会主义和共

① 中共中央文献研究室：《毛泽东文集》（第 7 卷），人民出版社，第 435 页。
② 中共中央文献研究室：《毛泽东文集》（第 7 卷），人民出版社，第 439 页。
③ 中共中央文献研究室：《毛泽东文集》（第 7 卷），人民出版社，第 434~436 页。
④ 中共中央文献研究室：《毛泽东文集》（第 7 卷），人民出版社，第 437 页。
⑤ 中共中央文献研究室：《毛泽东文集》（第 7 卷），人民出版社，第 440 页。

产主义。……无偿占有别人劳动是不许可的。"①

（二）其他主要领导人的探索

陈云的计划思想。陈云是中国社会主义经济建设的开创者和奠基人之一，是我党杰出的经济工作领导人，新中国刚成立时就任政务院副总理兼财政经济委员会主任，领导全国财政与计划工作。1956 年 9 月 20 日，陈云在中共八大会议上做《关于资本主义工商业改造高潮以后的新问题》的发言，指出为了改变过去限制资本主义工商业所采取的措施，纠正社会主义改造过程中由于缺乏经验造成的错误，应采取五个措施：一是应当改变工商企业之间的购销关系，把商业部门对工厂所实行的加工订货办法，改为由工厂购进原料、销售商品的办法；二是工业、手工业、农业副产品和商业的很大一部分必须分散生产、分散经营，纠正从片面观点出发的盲目的集中生产、集中经营的现象；三是必须取消市场管理中那些原来为了限制资本主义工商业投机活动而规定的办法；四是必须使我们的价格政策有利于生产；五是对某些产品的国家计划管理的方法，应该有适当的变更，除了必需的统计以外，不应该劳民伤财地去统计许多无用的数字。② 陈云指出："采取上述措施的结果，在我国出现的决（绝）不会是资本主义的市场，而是适合于我国情况和人民需要的社会主义的市场。我们的社会主义经济的情况将是这样：在工商业经营方面，国家经营和集体经营是工商业的主体，但是附有一定数量的个体经营。这种个体经营是国家经营和集体经营的补充。至于生产计划方面，全国工农业产品的主要部分是按照计划生产的，但是同时有一部分产品是按照市场变化而在国家计划许可范围内自由生产的。计划生产是工农业生产的主体，按照市场变化而在国家计划许可范围内的自由生产是计划生产的补充。因此，我国的市场，决（绝）不会是资本主义的自由市场，而是社会主义的统一市场。在社会主义的统一市场里，国家市场是它的主体，但是附有一定范围内国家领导的自由市场。这种自由市场，是在国家领导之下，作为国家市场的补充，因此它是社会主义统一市场的组成部分。"③

李富春的计划思想。李富春在抗战时期就担任中央财政经济委员会第一副主任，解放战争时期又担任中共中央东北财经委员会书记、东北行政委员会财政经济委员会副主任。新中国成立后，李富春相继担任过财政经济委员会副主任兼重工业部部长、国务院副总理兼国家计委主任，参与了"一五""二五"

① 中共中央文献研究室：《毛泽东文集》（第 8 卷），人民出版社，第 34 页。
② 中共中央文献研究室：《建国以来重要文献选编》（第 9 册），中央文献出版社，第 234～267 页。
③ 中共中央文献研究室：《建国以来重要文献选编》（第 9 册），中央文献出版社，第 245 页。

"三五"计划的编制和实施。1956 年 9 月 24 日，李富春在中共八大会议上做《为了社会主义建设，加强全国的计划工作》的发言，指出过去计划工作的最主要缺点是缺乏远见，造成主观认识与客观实际不相适应，为了克服工作中的缺点和错误，提高计划工作的水平，李富春根据其过去几年计划工作的经验教训，主要讲了三个问题：一是通过系统地了解和研究中国经济的办法，来进一步认识和掌握经济发展的客观规律；二是加强综合平衡、全面安排的工作，掌握有计划按比例发展的规律；三是适应新的情况，按照集中统一和因地制宜相结合的原则，来改善计划体制和方法。①

另外，刘少奇提出许多生产资料可以作为商品进行流通和社会主义社会要有两种劳动制度、两种教育制度的观点。周恩来提出我国知识分子的绝大多数已经是劳动人民，科学技术在我国现代化建设中具有关键性作用等观点。邓小平提出关于整顿工业企业，加强并改善企业管理，实行职工代表大会制等观点。朱德提出要注意发展手工业和农业多种经营的观点。邓子恢提出农业中要实行生产责任制的观点。②

二、计划经济体制的改革

经过"一五计划"与"三大改造"，我国建立了一套集中的计划经济体制，但经过数年的实践，党中央逐渐意识到这种集中的计划管理体制在工业、基本建设、物资调配等方面存在管理过多问题，束缚了地方与企业发展的积极性。1956 年 4 月，毛泽东在中央政治局的讲话——《论十大关系》——中指出"应当在巩固中央统一领导的前提下，扩大一点地方的权力，给地方更多的独立性，让地方办更多的事情"③。随后，我国计划经济体制的改革总体向行政分权转变，即扩大地方与企业的经济权限。但是，这种改革并非一帆风顺，而是在中央集权与地方分权之间左右摇摆，即在"条条"管理与"块块"管理之间反复。其主要原因在于"条条管理"模式会束缚地方与企业的活力，而"块块"管理又会造成"地方保护主义"的盛行，令计划难以统筹，这就导致计划经济体制的改革陷入"一放就乱、一统就死"的怪圈。

---

① 中共中央文献研究室：《建国以来重要文献选编》（第 9 册），中央文献出版社，第 258～267 页。

② 《中国共产党中央委员会关于建国以来党的若干历史问题的决议》，人民出版社，第 17 页。

③ 中共中央文献研究室：《毛泽东文集》（第 7 卷），人民出版社，第 31 页。

（一）"一五"后期计划经济体制的改革（1953—1957）

1953—1957 年，是我国发展国民经济的第一个五年计划时期。为保证"一五"计划中 156 个重大项目的建设及社会主义工业化的顺利进行，通过"三大改造"与计划机构的设置，我国建立了一套有助于资源倾斜配置和优先发展重工业的集中的计划经济体制，这为"一五"计划的超额完成做出了巨大贡献。但是，在"一五"计划后期，这种集中体制也逐渐暴露出"束缚地方和企业积极性"的问题。为此，国务院在 1956—1957 年多次研究了体制问题，并适当扩大地方权力。1956 年 9 月 15 日，中国共产党第八次全国代表大会召开，周恩来于 16 日在会上做《关于发展国民经济的第二个五年计划的建议的报告》，提出了划分中央和地方管理权限的一些原则："明确规定各省、自治区、直辖市有一定范围的计划、财政、企业、事业、物资、人事的管理权；凡关系到整个国民经济而带全局性、关键性、集中性的企业和事业单位，由中央管理，其他的企业和事业单位，应该尽可能地多交给地方管理；中央管理的主要计划和财务指标，由国务院统一下达；某些主要计划指标和人员编制名额等，给地方留一定的调整幅度和机动权。"[1] 1957 年 6 月 26 日，第一届全国人民代表大会第四次会议开幕，周恩来在《政府工作报告》中指出："根据中国的基本制度所制定的有关政治、经济、文化等等方面的各种制度和组织形式，更是必须随着情况的变化而不断改进的……近两年来，为了纠正中央在某些方面集中过多、统得过严的缺点，我们又研究了体制问题，现在政府正准备适当地扩大地方权力，以便在中央的集中领导下，充分发挥地方的积极性创造性。"[2] 9 月 20 日，中共中央召开扩大的八届三中全会，会议基本上通过了《关于改进工业管理体制的规定（草案）》和《关于改进财政体制和划分中央和地方对财政管理权限的规定（草案）》，文件总的精神是下放管理权限。11 月 8 日，陈云主持起草国务院《关于改进工业管理体制的规定》，规定适当扩大省（市）、自治区管理工业的权限，适当扩大企业主管人员对企业内部的管理权限。[3]

（二）"大跃进"时期计划经济体制的改革（1958—1960）

1958—1960 年经济建设的指导思想，是发动人民群众进行工农业生产的

---

[1] 刘日新：《新中国前三十年的经济：1950—1980 年的国民经济计划》，中国经济出版社，第 25~26 页。

[2] 赵德馨：《中华人民共和国经济专题大事记 1949—1966》，河南人民出版社，第 899 页。

[3] 赵德馨：《中华人民共和国经济专题大事记 1949—1966》，河南人民出版社，第 900~901 页。

"大跃进"。这一时期计划经济体制改革的重点是扩大地方权力，以便充分调动地方积极性。1958 年 3 月 8 日，中共中央召开成都会议，决定"对计划、工业、基建、物资、财政、物价、商业和教育等方面的管理体制进行改革。重点是实行地方分权，把大量管理权限下放给地方"①。4 月 11 日，国务院通过《关于工业企业下放的几项规定》，要求除一些主要企业仍归中央管理外，其余企业原则上一律下放。同日，国务院还发布了《关于物价管理权限和有关商业管理体制的几项规定》和《关于改进粮食管理体制的几项规定》，把更多管理权限下放给地方。1958 年 5 月，在中共八大二次会议上，刘少奇代表中央委员会作报告，指出"当前的首要问题是迅速地正确地解决中央集权和地方分权相结合的问题。根据南宁会议和成都会议的精神，今后，原属国务院各部经营管理的企业，除一些特殊的、主要的和试验性质的以外，原则上将一律交给地方经营管理"②。会议通过了"鼓足干劲，力争上游，多快好省地建设社会主义"的总路线，经济经济体制改革"向下"倾斜的步伐加快。具体改革包括以下方面。

第一，中央计划权大部分下放给地方。1958 年 6 月 2 日，中共中央发布的《关于企业、事业单位和技术力量下放的规定》，决定将 80% 中央各部门所属的企、事业单位下放给地方管理。9 日，国务院公布试行《关于改进税收管理体制的规定》，其改进原则为："凡是可以由省、市、自治区负责管理的税收，应当交给省、市、自治区管理。"③ 同年，国务院又相继通过与发布《关于改进基本建设财务管理制度的几项规定》（7 月 5 日）、《关于改进限额以上基本建设项目设计任务书审批办法的规定》（9 月 24 日）、《关于进一步改进财政管理体制和改进银行信贷管理体制的几项规定（草案修改稿）》（9 月 24 日）、《关于改进物资分配制度的几项规定》（9 月 24 日）、《关于农副产品、食品、畜产品、丝、绸等商品分级管理办法的规定》，④ 扩大地方基本建设、项目审批、财税、物资调配、商品分配的权力。

第二，开展地区经济协作，建立七个协作区。1958 年 6 月 1 日，中共中央发出《关于加强协作区工作的决定》，将全国划分为东北、华北、华东、华南、华中、西南、西北七个协作区。各协作区成立"协作区委员会"作为领导机构，下设经济计划办公厅。要求各协作区根据区域资源条件，按照全面统一

---

① 赵德馨：《中华人民共和国经济专题大事记 1949—1966》，河南人民出版社，第 904 页。
② 赵德馨：《中华人民共和国经济专题大事记 1949—1966》，河南人民出版社，第 905~906 页。
③ 赵德馨：《中华人民共和国经济专题大事记 1949—1966》，河南人民出版社，第 907 页。
④ 赵德馨：《中华人民共和国经济专题大事记 1949—1966》，河南人民出版社，第 908~910 页。

的规划，尽快地分别建立大型的工业骨干和经济中心，以此推动在协作区和省级层面建立相对独立完整的经济体系。

第三，实行地区为主、"条""块"结合的"双轨"计划体制。1958 年 4 月 5 日，"中共中央做出关于协作和平衡的几项规定。规定指出逐步实行'双轨'的计划体制，并放松基本建设管理"[①]。"所谓'双轨制'，就是一方面，中央部门必须对自己所管的企业和地方所管的同类企业进行全面规划；另一方面，各省、市、自治区也必须对本地区内所有中央部门管理的企业和地方管理的企业进行全面规划。国家计委和国家经委根据这两方面的计划，加以综合平衡，制定全国的计划。"[②] 9 月 24 日，国务院发布《关于改进计划管理体制的规定》，规定实行"以地区综合平衡为基础的、专业部门和地区相结合的计划管理制度（即地区为主的条块结合的制度）"[③]。规定"地方可以对地区的工农业生产指标进行调整和安排；可以对本地区内的建设规模、建设项目、投资使用等方面进行统筹安排；对本地区内的物资可以调剂使用；对重要产品的超产部分，一般的可以按照一定的成分比例自行支配使用"[④]。在计划编制的程序上，改为自下而上逐级编制和进行综合平衡，计划的层次为"区、乡、社—专、县—省、市、自治区—协作区—全国"[⑤]。

（三）调整时期计划经济体制的改革（1961—1965）

1961—1965 年，是我国国民经济的调整时期。由于"大跃进"时期计划工作的混乱，再加上三年严重困难以及苏联撤走专家并"逼要"债务等内外因素，国民经济发生严重问题，国民经济比例严重失调。为了迅速扭转不利局面，这一时期计划经济体制改革的核心变为加强国家对计划的管理，收回地方权力，计划集权程度超过"一五"时期。1961 年 1 月 14 日，中共中央在北京举行八届九中全会，会议听取和讨论了李富春《1960 年国民经济计划执行情况和 1961 年国民经济计划主要指标》的报告，正式通过了对国民经济实行"调整、巩固、充实、提高"的八字方针。15 日，中共中央批转财政部党组《关于改进财政体制，加强财政管理的报告》，强调要把财政大权集中于中央，坚决纠正财权过于分散的问题。20 日，中共中央发出《关于调整管理体制的若干暂行规定》，规定"经济管理的大权集中到中央、中央局和省、市、自治

---

① 赵德馨：《中华人民共和国经济专题大事记 1949—1966》，河南人民出版社，第 904 页。
② 刘日新：《新中国前三十年的经济：1950—1980 年的国民经济计划》，中国经济出版社，第 29 页。
③ 赵德馨：《中华人民共和国经济专题大事记 1949—1966》，河南人民出版社，第 910 页。
④ 赵德馨：《中华人民共和国经济专题大事记 1949—1966》，河南人民出版社，第 910 页。
⑤ 刘日新：《新中国前三十年的经济：1950—1980 年的国民经济计划》，中国经济出版社，第 28 页。

区三级，最近二三年内更多地集中到中央和中央局”[①]。

（四）"文化大革命"时期计划经济体制的改革（1966—1976）

1969 年，全国计划座谈会拟定的《第四个五年计划纲要（草案）》发布，提出以"块块"为主管理国民经济的基本思路，要求改变计划管理体制，实行在中央统一领导下，自下而上，上下结合，"块块"为主，"条""块"结合的办法。[②] 具体改革如下。

第一，精简国家机关。1970 年 6 月 22 日，中共中央同意国务院《关于国务院各部门建立党的核心小组和革命委员会的请示报告》，决定将国务院各部委及直属机构由 90 个撤并为 27 个：（1）由原国家计委、国家经委、国务院工交办、全国物委、物资部、地质部、劳动部、国家统计局、中央安置办公室组成国家计划委员会。撤销中共中央工业交通政治部。（2）由原国家建委、建筑工程部、建材部、中共中央基建政治部组成国家基本建设委员会。（3）保留冶金工业部。（4）由原一机部、八机部组成第一机械工业部。（5）由原石油部、化工部、煤炭部组成燃料化学工业部。（6）保留水利电力部。（7）由原铁道部、交通部、邮电部的邮政部分组成交通部。（8）由原纺织部、第一轻工业部、第二轻工业部组成轻工业部。（9）由原财政部、中国人民银行组成财政部。（10）由原商业部、粮食部、供销合作总社、中央工商行政管理局组成商业部。（11）由原外贸部、国际贸易促进委员会组成对外贸易部。（12）由原农业部、林业部、农垦部、水产部、国务院农林办公室、中共中央农林政治部组成农林部。（13）原对外经济联络委员会改为对外经济联络部。[③]

第二，下放中央直属企业给地方。1970 年 3 月 5 日，国务院拟定《关于国务院工业交通各部直属企业下放地方管理的通知（草案）》，要求将直属国务院各部委的企、事业单位大部分下放地方管理。继而将大庆油田、第一汽车制造厂、开滦煤矿等 2600 多个中央直属企、事业单位下放地方管理。到 1976 年，中央部属工业企业由 1965 年的 10533 个削减至 1600 多个，减少了八成以上，在工业总产值中的比重由 42.2％降至 6％。[④]

第三，扩大地方基建和物资管理权限。按照国家规定的建设任务，由地方负责包干建设，投资、设备、材料等都由地方统筹安排，调剂使用，结余归地

---

① 赵德馨：《中华人民共和国经济专题大事记 1949—1966》，河南人民出版社，第 918 页。

② 刘日新：《新中国前三十年的经济：1950—1980 年的国民经济计划》，中国经济出版社，第 35 页。

③ 赵德馨：《中华人民共和国经济史：1967—1984》，河南人民出版社，第 42 页。

④ 赵德馨：《中华人民共和国经济史：1967—1984》，河南人民出版社，第 44~45 页。

方所有。在对物资的管理上，调整统配和部管物资的范围，下放物资管理权限给地方，试行物资分配"大包干"，从 1966 年到 1972 年，统配物资由 326 种减少为 49 种，部管物资由 253 种减少为 168 种。[1]

第三节　社会主义商品生产与价值规律的争论

一、争论的原因与背景

马克思恩格斯认为，到未来共产主义社会，生产资料公有制将代替私有制，商品、货币会消失，对全部生产将进行社会的有计划的调节。列宁起初也认为，"只要还存在着市场经济，只要还保持着货币权力和资本力量，世界上任何法律都无法消灭不平等和剥削。只有建立起大规模的社会化的计划经济，一切土地、工厂、工具都转归工人阶级所有，才可能消灭一切剥削"[2]。并认为，"社会主义，……就是消灭商品经济。……只要仍然有交换，谈论什么社会主义就是可笑的"[3]。十月革命胜利后，列宁按照马克思、恩格斯的设想，试图使苏俄从"战时共产主义"体制直接过渡到社会主义。但是，国内战争结束后，这种体制的弊端很快就暴露出来，引发了严重的政治经济危机。于是，列宁大胆地改行新经济政策，利用商品货币关系来建设社会主义，迅速地恢复了国民经济。然而，列宁的新经济政策，只是针对从资本主义到社会主义的过渡时期——"国家资本主义"阶段而言的。随着列宁的逝世，斯大林很快就放弃了新经济政策，并于 1925 年确立了优先发展重工业的战略，加快消灭私有制，实行农业集体化，抑制商品货币关系和市场机制，建立了一套高度集中的计划经济体制。经过 1928—1937 年两个五年计划，1936 年苏联宣布建成社会主义，1937 年苏联工业总产值跃居欧洲第一、世界第二。应该说，斯大林建立的高度集中的计划经济体制，有利于最大限度地调动全国资源进行工业化建设，这为后来战胜纳粹德国，赢得世界反法西斯战争胜利做出了卓越贡献。丘

---

① 赵德馨：《中华人民共和国经济史：1967—1984》，河南人民出版社，第 46～47 页。
② 中共中央马克思恩格斯列宁斯大林著作编译局：《列宁全集》（第 13 卷），人民出版社，第 124 页。
③ 中共中央马克思恩格斯列宁斯大林著作编译局：《列宁全集》（第 17 卷），人民出版社，第 111 页。

吉尔对此曾有中肯评价："他接过的是一个扶木犁的穷国，他留下的是一个拥有核武器的强国。"但是，斯大林模式的弊端也是极其明显的：一是片面强调发展重工业，造成国民经济比例失调，农业和轻工业发展比较滞后；二是高度集中的计划管理体制抑制了地方和企业的积极性，也满足不了人们的差异化需求；三是随着生产发展、分工专业化和产品种类日益丰富，计划的编制与管理越来越困难；四是这种计划体制，是依据自身资源与计划目标建立的完全独立的价格体系，贸易主要是为了"互通有无"与政治援助，而不是追求直接的价值增值，具有一定封闭性。1956 年，赫鲁晓夫在苏共二十大上作了全面批判和否定斯大林的秘密报告，并开始了发展农业生产与扩大地方经济管理权的改革，但出现了"一放就乱"的现象，最后不得不重新集权于中央。苏联和新中国的计划经济体制改革，之所以出现"一统就死，一放就乱"的怪圈，难以从根本上突破这种集中模式的弊端，主要原因就在于这种权力下放并没有到达企业一级，即使企业有部分经营自主权，但由于计划调配取代了市场机制，企业并不能成为真正的独立经营主体，也就不能充分发挥商品生产与价值规律的作用，展开全面的竞争。

新中国成立后，吸取列宁"战时共产主义"教训与"新经济政策"经验，结合以往根据地建设实践，在没收官僚资本的基础上，实行保护民族资产阶级、允许多种经济成分共存的新民主主义经济。经过三年恢复，我国进入第一个五年计划时期，和苏联一样，我们也确立了优先发展重工业的战略，并提出"一化三改"的过渡时期总路线，以实现从新民主主义到社会主义的过渡。在对农业、手工业和资本主义工商业进行社会主义改造的过程中，出现了是否要按照马恩设想消灭商品生产的问题，以及价值规律在社会主义经济中是否适用的问题，我国经济学界对此展开了争论，尤其在 1956 年底"三大改造"完成后，这种争论日益增多。在 1956 年召开的中共八大会议上，陈云提出我国社会主义经济的情况将是"三个主体，三个补充"的经济思想，充分肯定了多种经济成分与市场机制的作用。以毛泽东为代表的党和国家主要领导人，也肯定了商品生产与价值规律对社会主义建设的作用，并认为我国社会主义商品生产将长期存在，应利用价值规律进行经济核算与管理工作。1958 年 11 月，毛泽东在《关于社会主义商品生产问题》中指出："许多人避而不谈商品和商业问题，好像不如此就不是共产主义似的。人民公社必须生产适宜于交换的社会主义商品，以便逐步提高每个人的工资。在生活资料方面，必须发展社会主义的商业；并且利用价值法则的形式，在过渡时期内作为经济核算的工具，以利逐步过渡到共产主义。现在我们的经济学家不喜欢经济学，苏联也是这样，认为谁说到价值法则谁就不名誉似的。"① 以此鼓励经济学家大胆讨论社会主义商品生产与价值规律问题。1959 年 3 月，毛泽东做"价值法则是一个伟大的学校"的批注。我国经济学界对社会主义商品生产与价值规律的争论达到高潮。

二、关于社会主义商品生产的争论

（一）社会主义商品生产存在的原因争论

关于这个问题，在 1956 年以前，学界普遍按照斯大林《苏联社会主义经济问题》一书中的观点，认为"由于存在着全民所有制和集体所有制这两种公有制形式，这就决定了商品生产存在的客观性和必然性"②。

1956 年，骆耕漠首先提出了质疑，认为斯大林的论述是不确切的，指出社会主义制度下还保留"国家和居民之间""企业和企业之间""全民所有制和集体所有制之间"三方面的商品生产关系，它们分别为"贯彻按劳分配""实行经济核算""适应集体农庄经济要求"所必须，即按劳分配、经济核算、两种公有制都是社会主义商品生产存在的原因。③ 1957 年，骆耕漠进一步指出，"国家和集体农民之间的商品买卖"，是由"全民公有和集体公有等两种形式的社会主义经济"并存决定的；"社会和社会成员之间的商品买卖"是由社会和社会成员之间的"各尽所能，按劳取酬的生产分配关系"决定的，"国营企业相互之间的商品买卖"，是由国家和企业之间存在着"以收抵支，按赢取奖"的经济核算关系决定的。④

1957 年初，喻良新提出"社会主义商品生产和商品流通的必要性是由社会主义按劳分配的经济规律的作用所制约的"⑤，并说："按劳分配规律的巨大作用，乃在于这一规律使劳动者从个人物质利益出发深切地关心整个社会生产的发展和日臻完善……于是，社会主义社会分配个人消费品时，就主要地采取

① 中共中央文献研究室：《毛泽东文集》（第 7 卷），人民出版社，第 434 页。
② 杨瑞龙：《社会主义经济理论》（第二版），中国人民大学出版社，第 25 页。
③ 骆耕漠：《论社会主义商品生产的必要性和它的"消亡"过程——关于斯大林论社会主义商品生产问题的研究》，《经济研究》，1956 年第 5 期，第 3～11 页。
④ 经济研究编辑部：《建国以来社会主义经济理论问题争鸣》（上），中国财政经济出版社，第 366～367 页。
⑤ 经济研究编辑部：《建国以来社会主义经济理论问题争鸣》（上），中国财政经济出版社，第 366 页。

了货币的形式，利用了商品流通，因为除这以外，我们还没有找到彻底实现按劳分配规律要求的更好的更为有效的形式。"①

萧功禹、赵履宽坚持认为两种公有制的并存是商品生产存在的根本原因，并分别针对骆耕漠、喻良新的文章进行了商榷，不同意从两种公有制并存以外去寻找商品生产存在的必然性根源。萧功禹认为，"斯大林关于社会主义社会存在商品生产的原因的论点，是正确的，是无可非难的"②。社会主义制度下的商品生产，"是由社会主义生产存在着两种基本形式这一经济条件引起的"。"社会产品的按劳分配所以要通过商品流通而实现，不是社会主义制度下商品生产存在的原因，而是商品生产存在的结果。""认为经济核算的必要性是社会主义社会存在商品生产的原因，是把这两者的因果关系弄颠倒了。应当反过来说，社会主义制度下商品生产的存在，是企业必须采用经济核算的方法的重要原因。"③ 赵履宽说："决定社会主义制度下存在商品生产的根本原因不是'按劳取酬'的分配原则，而是社会主义的两种所有制的存在。""国营生产部门通过商品流通的方式把日用消费品分配给国营生产部门的职工的这一现象并不是孤立存在的。这首先是因为绝大部分农产品和手工业品是集体所有制企业的产品，它们必须通过商品流通才能转移到国营企业和其他社会成员的手里，而全社会的国民经济是一个统一的整体，国内只能有一个统一的市场，这就使得国家也必须通过商品流通来分配全民所有制企业的产品。"④

林铮认为，"社会主义制度下的商品生产是建立在生产资料公有制基础上的人民内部矛盾的表现形式"。由于社会主义经济中还存在"工人阶级内部集体与个人的矛盾""工人阶级内部国营经济之间的矛盾""全民的与集体的两种所有制之间的矛盾""农民内部集体与个人和农民之间的矛盾"等，这些都是社会主义制度下商品生产和商品流通的依据。林铮说："各尽所能、按劳取酬是社会主义制度的基本特点和主要标志，所以在社会主义的整个历史阶段中，商品生产和商品流通就有自始至终长期存在的必要。在社会主义制度下商品生产的必要性，是由社会主义经济内部存在着工人阶级内部的矛盾，工农之间的

---

① 经济研究编辑部：《建国以来社会主义经济理论问题争鸣》（上），中国财政经济出版社，第366页。

② 萧功禹：《关于社会主义制度下存在商品生产的原因》，《经济研究》，1957年第4期，第18～29页。

③ 萧功禹：《关于社会主义制度下存在商品生产的原因》，《经济研究》，1957年第4期，第18～29页。

④ 经济研究编辑部：《建国以来社会主义经济理论问题争鸣》（上），中国财政经济出版社，第369页。

矛盾，农民内部的矛盾。所有这些都是人民内部的矛盾所决定的。"①

张朝尊主要论述了全民所有制内部商品生产存在的原因。他认为，全民所有制企业之间经济利益上的不一致所导致的你我界限是全民所有制内部存在商品生产的原因。他说："（全民所有制）企业对自己的生产成果要求物质刺激，生产搞得好的企业要求得到较多的物质利益，这种物质刺激是社会主义生产发展的动力之一。这样就在社会主义全民所有制内部各个企业间产生了经济利益上的不一致，在这个意义上它们之间还保有经济利益上的你我界限；同时上述情况也表明，在社会主义阶段对生产进行社会经济监督的客观必要性。这就是在社会主义全民所有制内部尚需保留商品生产和商品交换的基本原因所在。"②

卫兴华认为，社会主义商品生产是由按劳分配决定，与社会主义所有制形式无关的论断不够妥当，正确的表述应该是"社会主义的商品生产和商品流通，首先是由全民所有制和集体所有制同时存在决定的。只要存在不同所有制形式，商品经济就不可能消除。随着集体所有制向全民所有制的过渡，消除商品经济的可能性产生了。但按劳分配实践的需要和发展生产力的需要，消除商品经济的可能性不一定变为现实性。商品经济可以被利用来作为建设社会主义社会和有利于准备向共产主义过渡的物质条件的因素"。这是因为"人们的消费需求是多方面的，各个人的消费需要又有着千差万别。产品的种类也是各种各样的，从衣服、实物到一针一线、一钉一扣，从大小、式样到色味品级。满足人们这种多方面的需要，把千万种产品按照个人的需求分配到人们手里，是一件极其复杂的工作。必须照顾到人们的不同爱好，尽可能使人们有适当选择的自由。而商品交换就可以适应这种情况。""由于社会商品还没有丰富到足以实现按需分配的程度，按劳分配制度还保持着，因此，人们在取得消费品以满足自己的需要时，还必须与自己的劳动收入的多少相适应，还要受自己劳动收入的限制。在千万种生产品中，取得在数量和品种中有限量的消费品，就需要有较多的选择机会，而商品流通则可以较好地满足这种要求。""此外，在我国生产力水平还不够高的情况下，保持和发展商品流通，可以促进生产的发展，特别是可以促进公社多种经济的发展，有利于公社资金的积累和社员生活水平的提高。"③

郑星垣认为，在社会主义生产力与生产关系相互制约的条件下，当前形成

① 林铮：《社会主义经济内部的矛盾与商品生产的关系》，《经济研究》，1957 年第 3 期，第 1～20 页。

② 张朝尊：《社会主义全民所有制内部商品生产的必要性及其特点》，《教学与研究》，1959 年第 6 期，第 46～53 页。

③ 卫兴华：《社会主义制度下为什么存在商品生产?》，《经济研究》，1959 年第 2 期，第 21～22 页。

的社会主义生产资料公有制还不成熟，这种生产资料公有制的不成熟性表现为："（1）社会主义全民所有制与社会主义集体所有制的并存；（2）容许私人小副业的生产作为公有制生产以外的补充；（3）社会主义全民所有制内部，劳动者从物质利益上关心自己的劳动成果，与政治挂帅相结合，还是社会主义生产发展的动力，客观上要求在社会主义全民所有制内部贯彻等价补偿与按劳分配原则；（4）在人民公社内部，还有一段由小集体与大集体并存，逐步过渡到单一的公社所有制的过程，而且在集体所有制内部仍然要求贯彻等价补偿、按劳分配原则。"① 由此提出了在新的生产资料公有制的经济基础上建立与发展社会主义商品生产的必要性。

何匡认为，两种公有制和消费品个人所有制是商品生产存在的原因。他在1959年说："除两种社会主义所有制并存外，社会主义全民所有制本身的特点也决定着社会主义商品生产的存在。"② "社会主义全民所有制与共产主义全民所有制的区别，就在于消费资料是否个人占有。"③ "在社会主义全民所有制条件下，每个劳动者……对生活资料的多劳多得的权利就必然存在，因为人们在生产中是从物质上关心其劳动成果的。""只要上述的那种物质权利存在，只要那种物质权利残余存在，商品生产和商品交换就是不会最后消亡的。""企业全体工作人员从物质上关心其企业的劳动成果（这是从前述的'每个工作者从物质上关心其劳动成果'派生出来的，同时也成为刺激企业工作人员经营企业的积极性的一种补充，这种补充刺激是有利于生产力的发展的），这就必须使企业具有一定的经济独立性，成为独立的核算单位，各计盈亏。这就是全民所有制企业之间进行分配的生产资料具有商品性的内在原因。"④

也有观点认为，部分劳动的个人所有制或劳动力私有制是商品生产存在的原因。1959年王学文说："既然有部分劳动个人所有制因素的存在，社会为了承认这种所有者的所有权，就要求以全民所有的消费品与个人所有的劳动相交换。再由于社会分工的关系，各企业生产的单一化与职工需要的多样化有矛盾，就需要采取商品与货币的形式。""国营企业之间交换的生产资料，具有部

---

① 郑星垣：《社会主义制度下的商品生产与价值规律》，《财经科学》，1959年第4期，第25～35页。

② 经济研究编辑部：《建国以来社会主义经济理论问题争鸣》（上），中国财政经济出版社，第367页。

③ 经济研究编辑部：《建国以来社会主义经济理论问题争鸣》（上），中国财政经济出版社，第367页。

④ 经济研究编辑部：《建国以来社会主义经济理论问题争鸣》（上），中国财政经济出版社，第368页。

分商品性，也是和部分劳动个人所有制因素的存在相联系的。"① 同年，何建章又说："在共产主义的第一阶段，……各个生产者是把个人的劳动力当作个人所有的。""由于社会主义社会的各个生产者对个人劳动力还保留着个人所有意义的你我界限。从而还存在着与个人劳动、按劳分配相联系的消费品个人所有制，因此在交换中还要'斤斤计较'，还必须遵循等价交换原则。……我们认为社会主义的社会和个人之间交换的消费品是商品，这种交换是商品交换。从而，社会主义的个人消费品的生产是商品生产。……由于个人消费品是商品，所以全民所有制内部各个企业之间互相交换的生产资料也具有商品性质（即具有使用价值和价值两个因素）。因为一切生产资料的生产归根结底是为了生产消费品，其价值要转移到消费品中去，生产资料如果不计算价值，就不能正确地计算消费品的价值。"②

（二）全民所有制内部调拨的生产资料是不是商品的争论

关于社会主义商品生产的范围，1956 年以前，我国一般是阐述和宣传斯大林的观点，即认为全民所有制内部的生产资料不是商品。1956 年以后，各界逐渐提出了各种不同见解，争论的焦点是全民所有制内部调拨的生产资料是不是商品，以及它是不是形式上的商品，只具有商品的外壳等。

1957 年初，南冰、索真发表文章，批评斯大林关于国营企业间进行分配的生产资料实质上不是商品的论断，认为"在实行经济核算制度条件下，各个国营企业还要彼此当作不同的相对独立的经济单位来相互对待。还要'亲兄弟，明算账'"。因此，"生产资料在国营企内部进行分配时，各个企业之间还是要把它当作商品来相互对待"。"这种买卖的经济关系，决不是'观念的'、'象征的'意义，而是具有真实的、与企业利害相关的经济内容。"对企业来说，"赢利乃是意味着荣誉和物质上的利益，赢利和物质利益可以促使调动一切积极因素和力量为社会主义事业服务"，生产企业"很自然地"会"对那些赢利多的品种兴趣大"。③

吴敬琏认为，全民所有制内部的交换有以下特点：一是加入交换的产品是按照统一的计划生产的；二是一切劳动都是同等程度的社会性劳动；三是产品以什么价格出售对于经济单位的资金来源和他们的成员的收入水平基本上没有

① 王学文：《社会主义制度下的商品关系与价值规律》，《经济研究》，1959 年第 5 期，第 31～37 页。

② 何建章：《我国全面地实现社会主义全民所有制后的商品命运问题》，《经济研究》，1959 年第 3 期，第 7～12 页。

③ 南冰，索真：《论社会主义制度下生产资料的价值和价值规律的作用问题》，《经济研究》，1959 年第 7 期，第 38～51 页。

直接的影响。因此，"全民所有制的内部交换和私有制条件下的交换根本不同，也区别于集体所有制经济与全民所有制经济之间的交换和集体所有制经济相互之间的交换。在全民所有制企业之间，虽然也进行'买卖'、计价和付款，但是，交换的性质已经改变了，并不包含真正的你卖我买的关系，生产产品的劳动数量无需迂回曲折地通过别的商品表现"。"总之，全民所有制的内部交换在实质上已经不是商品交换了，但是它又保留着若干商品交换的痕迹。斯大林把全民所有制内部流通的生产资料称之为'形式上的商品'，正是指明全民所有制内部交换的这种性质。但是，有人认为'形式上的商品'就是只有空空洞洞的价值形式，不具有任何内容，这当然是一种误解。我们认为，把全民所有制企业之间的交换称作'产品交换'看来是妥当的。"①

1959年，于光远说，"国营企业之间的商品交换"，也"是商品关系，加入这种交换的产品就是商品。"因为"企业间的交换还有一定意义下的所有权的转移……各个企业之间还存在着一定程度的'你我界限'，在各企业间进行交换时的条件对各个企业的职工还发生物质上的利害关系"②。樊弘也认为："物质的鼓励在社会主义的现阶段，仍不失为推动社会生产力发展的一个比较重要的因素。""对于生产生产资料的国营企业，好者应当给以物质的奖励，不好的，应当遭受物质的批评。""为了贯彻鼓励，……国营企业内部的物质调拨的关系上也要继续保存商品的关系，……任何其他的方式在社会主义的现阶段，都不是主要的和长期的存进生产力的方法。"③

一些人不同意上述观点，王思华1959年说："在国营企业内部调拨的生产资料不能说是商品。……它们不是为买卖为交换而生产的。""调拨物资是国营企业内部的产品分配，它们是由国家统一地有计划地进行生产和分配，它们既不改变所有者，又不是自由买卖的对象，……但是为了估价，为了进行经济核算，它们还不能不保存着价值形式，也就是不能不保存着商品形式。如果把这种新的产品分配关系，仍旧看作是旧的商品关系，那就是只从形式上看问题，而不是从本质上看问题。"④

---

① 吴敬琏：《社会主义制度下的两类交换》，《经济研究》，1959年第1期，第50~52+69页。

② 于光远：《关于社会主义制度下商品生产问题的讨论》，《经济研究》，1959年第7期，第19~51页。

③ 经济研究编辑部：《建国以来社会主义经济理论问题争鸣》（上），中国财政经济出版社，第376页。

④ 王思华：《我对社会主义制度下商品生产和价值法则的几个问题的一些看法》，《经济研究》，1959年第1期，第20~22页。

需要指出，在 1956—1957 年的讨论中，认为全民所有制内部调拨的生产资料实质上是商品的人还很少；而在 1958—1959 年及以后的讨论中，持这一观点的人数则显著增加。与此同时，张翼飞开始提出社会主义阶段商品的"质"是逐渐削弱的，商品的"颜色"是逐渐减退的。全民所有制国营经济生产和经营的商品，即使是在从资本主义到社会主义过渡时期，它的质也有某些削弱，"颜色"有些减退。[1] 他还说："既不应把当前的全民所有制内部各企业之间调拨的生产资料看作是完全意义上的产品（即非商品，毫无商品的特性），也不应该把它看作是完全意义上的商品。"[2] 漆琪生提出，国营企业间交换的生产资料可以分为三类，它们具有不同的商品性。第一类是计划调拨的物资，如机器设备、钢铁、煤炭等。这类物资的生产和分配，"都由国家统一安排和严格控制，国家制定生产计划，下达有关国营企业，成为指令性的生产任务，下达时不单规定有生产指标，还规定着成本指标和利润指标，详细地规定着产品的价值、产量、品种、规格，等等，企业单位不能任意变动，国家规定并统一的调拨计划和调拨价格作为各企业单位物资调拨的准则"。这类物资的生产和交换，主要受社会主义基本经济规律和国民经济有计划按比例发展规律的要求，价值规律受到极大的限制。所以这类生产资料的商品性"异常微弱"。第二类是统一收购的产品。这类产品属于那种品种繁多、规格复杂、对国家经济建设也有重大关系的生产资料。这类产品的商品性较强。这是由于从事这类产品生产的各企业生产条件差异较大，局部劳动与社会劳动的矛盾较剧烈，"因而商品的内在实质亦较浓厚"；另外这类产品以商业部门的供销为中介，"商品交换的关系较为显著"；还有这类产品的价格构成是多层次的，即包含出厂价、商品批发价和零售价。因而，"商品色彩异常明显"；再有这类产品仅由国家规定产值和产量，其品种、规格等则根据市场需要，由企业自行安排。因而，价值规律的调节作用虽然仍处于从属地位，但相对地是增强了。第三类是自产自销的产品。这是对国家经济建设重要性较小，花色品种极繁，零星多变，国家计划难于严格规定生产任务，商业部门也不易具体掌握产销关系的生产资料。这类产品，国家只规定产值指标，由企业根据市场需要，决定品种、规格和产

① 张翼飞：《社会主义阶段商品的发展和消亡问题》，《经济研究》，1959 年第 1 期，第 23～29 页。

② 张翼飞：《全民所有制内部商品关系的发展和消亡问题》，《经济研究》，1959 年第 3 期，第 1～6 页。

探索与前行：中国特色社会主义市场经济体制构建之路

量，自行与需要单位直接订立合同，安排生产，因而这类产品的商品性最强。①②

（三）社会主义商品生产的性质争论

关于社会主义商品生产的性质，即社会主义制度下的商品生产和交换究竟是一种新型的、与私有制因素无关的商品，还是遵循资本主义留下的旧形式、同旧社会的商品生产和交换没有多少差别？它们体现的是同志式的互助合作关系，还是互相当作外人看的关系？③ 不同学者就此展开了争论。

顾准认为，社会主义制度下，不存在真正的商品生产和交换。"我们可以说劳动人民集体所有制是社会主义所有制中的一个低级阶段，但不能说劳动人民集体所有制与全民所有制的交换是一种严格意义的商品交换。……在全民所有制占国民经济大比重的条件下，劳动人民集体所有制服从国家经济计划一般是没有问题的。因此，只要它的内部分配关系是社会主义关系，两种所有制之间的关系也必然是社会主要的关系。这种关系，与私有制下两个商品生产者之间的关系是根本不同的。所以，按照马克思主义经济学关于商品生产的性质的理论，难于得出这样的结论：因为社会主义社会还存在着两种所有制，两种所有制间的交换是商品交换，社会主义生产是商品生产。"④

樊弘认为，"社会主义制度下的商品与资本主义制度下的商品，是有本质的差别的"⑤。朱剑农认为，社会主义社会存在的"是一种新兴的完全摆脱了任何私有制因素的社会主义商品生产"⑥。朱德禄、励瑞云认为，"认为商品交换的存在是和私有制以及私的残余相关联的说法，这只能是生产资料私有制社会商品交换的尺度，拿这个尺度来衡量我国今天的情况，不免会有些'张冠李戴'，用这个尺度来衡量我国今天商品生产和商品交换的现实，那恐怕早已无法对号了。因为公社化之后，连私有制的残余基本上都已消除，更不用说私有

---

① 漆琪生：《社会主义制度下商品的实质和特征》，《经济研究》，1959 年第 5 期，第 45～46 页。

② 经济研究编辑部：《建国以来社会主义经济理论问题争鸣》（上），中国财政经济出版社，第 377～378 页。

③ 经济研究编辑部：《建国以来社会主义经济理论问题争鸣》（上），中国财政经济出版社，第 401 页。

④ 顾准：《试论社会主义制度下的商品生产和价值规律》，《经济研究》，1957 年第 3 期，第 21～53 页。

⑤ 樊弘：《关于社会主义制度下商品生产和价值规律问题》，《经济研究》，1959 年第 2 期，第 15～18 页。

⑥ 朱剑农：《论我国的商品生产及其性质问题》，《理论战线》，1959 年第 1 期，第 14～19 页。

制了，显然这种论点是不现实的"①。关梦觉认为，"在社会主义制度下，作为国家主人的职工们，并不向国家出卖劳动力，劳动力已经不是商品。在这里，代替卖的过程的，是职工们根据按劳分配的原则从国家取得了货币工资；接着就发生了买的过程，即他们用这种货币工资去向国家购买消费品。从职工对国家的关系来说，这里只有买没有卖，即只有'货币—商品'，而'商品—货币'则由分配过程来顶替了。这种半截公式（货币—商品）表现了这是一种新型的、特殊的商品交换关系，即分配与交换相结合的关系"②。吴敬琏也认为，"全民所有制的内部交换在实质上已经不是商品交换了"③。

有人不同意上述观点。如何建章认为，虽然"在我国过渡到全面的社会主义全民所有制以后，商品生产和商品交换、从而价值、货币和价格对于发展社会主义经济仍然具有经济作用"。但是，"也应该看到，商品生产和商品交换继续保留着资产阶级式权利的狭隘眼界，保留着各个生产者之间实际的不平等。而且，如果我们不加强共产主义思想教育和采取其他有效的措施，它还会促进资产阶级个人主义思想的发展。因此，我们应该在利用它的积极作用的同时，注意防止和克服它的消极作用；并且努力创造条件，最后消灭商品生产和商品交换"④。

（四）社会主义商品关系消亡的争论

一种意见认为，社会主义商品关系同两种公有制共存亡。萧功禹认为，如果在从社会主义向共产主义过渡的过程中，实现了社会主义单一的全民所有制，"在这种假定的情况下，既然已经不存在生产资料和劳动产品的不同所有者，商品生产的经济条件也将随之消失。社会将可以不必迂回曲折地以'价值'形式来表示产品中的劳动耗费，而可以逐步过渡到直接以劳动时间来计算产品生产上的劳动耗费"⑤。另一种意见认为，社会主义商品生产与按劳分配共存亡。喻良新认为，"即使实现了全部生产资料的全民所有，只要社会生产力的发展水平还使社会对其成员不得不按劳分配消费品，商品生产和商品流通

① 经济研究编辑部：《建国以来社会主义经济理论问题争鸣》（上），中国财政经济出版社，第401页。

② 关梦觉：《关于社会主义制度下商品生产的几个争论问题》，《经济研究》，1959年第8期，第39～50页。

③ 吴敬琏：《社会主义制度下的两类交换》，《经济研究》，1959年第1期，第50～52+69页。

④ 何建章：《我国全面地实现社会主义全民所有制后的商品命运问题》，《经济研究》，1959年第3期，第7～12页。

⑤ 萧功禹：《关于社会主义制度下存在商品生产的原因》，《经济研究》，1957年第4期，第18～29页。

就仍然会继续存在"。"那种认为恩格斯断定商品生产将随着全部生产资料全民所有制的奠定而最终消灭的论点，是没有根据的。"①

朱剑农认为，"商品生产和商品交换全面地代之以产品分配，势必要有社会产品极大地丰富以及以此为基础而形成的全面的完整的全民所有制的实现为条件。由于全面的全民所有制，从其对于产品分配所反映的所有制的性质来说，还不是完整无缺的全面的全民所有制，而是存在有'缺点'的全面的全民所有制。这就是说，反映于整个社会产品分配制度上的全民所有制，还不是按公平的全民需要而分配的完整的全民所有制，而是按劳动数量和质量而分配的不完整的全民所有制。在不完整的全民所有制的条件下，不可能实现'全面的'产品分配，从而也就没有具备全面地消除商品生产和商品交换的条件"②。

何建章认为，"我国在全面地实现社会主义全民所有制以后，还必须继续大力发展商品生产。因为那时社会生产力还没有极大地提高；在生产资料和劳动力全民化的同时，各个生产者的劳动能力还存在着本质的差别，他们之间对个人劳动力还保留着个人所有意义的你我界限；从而还存在着与个人劳动、按劳分配相联系的消费品个人所有制。因此，个人消费品的分配就必然采取商品交换的形式，个人消费品的生产是商品生产，在全民所有制内部各企业之间流通的生产资料具有商品的性质"。他还认为，"社会主义的商品生产和商品交换的消亡是通过它的极大发展来实现的，其前提是社会生产力的极大发展。在我国具体条件下，如果认为当人民公社从集体所有制过渡到全民所有制以后就可以消灭商品生产，这不但是不现实的，而且是有害的。我们应该充分利用商品生产和商品交换的积极作用来为社会主义建设的全部过程服务"③。

对社会主义商品关系的前途和命运的不同认识，导致对社会主义商品货币关系是强调利用还是强调限制有不同意见。一种意见强调，利用社会主义商品货币关系。俞明仁、卫兴华说："社会主义商品生产的存在，绝不是不得已的消极因素，而是一种积极的因素，它的意义，远远超出了其存在本身的范围。社会主义国家卓有成效地利用商品、货币关系来进行着社会主义以至共产主义

---

① 经济研究编辑部：《建国以来社会主义经济理论问题争鸣》（上），中国财政经济出版社，第409页。

② 朱剑农：《论我国的商品生产及其性质问题》，《理论战线》，1959年第1期，第14～19页。

③ 何建章：《我国全面地实现社会主义全民所有制后的商品命运问题》，《经济研究》，1959年第3期，第7～12页。

建设。"① 樊弘说:"由于被调拨的生产资料商品生产关系,可以更进一步发展生产力,能将我们带到共产主义社会,所以党和国家才将被调拨的生产资料的商品生产关系和其他一切的商品生产关系,当作一只由社会主义向共产主义过渡的有用的摆渡船。……在它还未将人们摆渡到共产主义彼岸之前,……我们不但不能舍弃它,而且还要十分重视它和发展它。……如果不这样做,被调拨的生产资料就永远不能被摆渡到共产主义彼岸,从而也就永远不能由商品转化为纯粹的产品。"② 另一种意见,倾向于强调限制社会主义的商品货币关系。汪旭庄等说:"社会主义社会的商品经济……不但可以被无产阶级利用来为社会主义建设服务,也可以在一定条件下被资产阶级利用来反对社会主义。""还必须看到,在社会主义经济中起作用的商品等价交换原则,就其实质来说是资产阶级法权的表现……这在社会主义阶段是不可避免的,还必须加以利用来为发展社会主义经济服务。但是它显然与共产主义原则相抵触,而且是助长人们资产阶级个人主义的一个重要因素。因此,如果社会主义国家不加以必要的限制和调节,如果把等价交换原则绝对化,不实行政治挂帅,……在一定条件下还有可能导致新的阶级分化,从而不利于社会主义事业的发展。"③

关于社会主义商品关系将如何消亡,也有不同的设想。一种意见,倾向于社会主义阶段商品的性质是不会改变的。于光远说:"如果利用抽象法把商品的特性,即商品的社会性质抽去,那么商品剩下来的共性仅仅是以一定的方式进行交换这一点。而商品的这个共性是不可能增加,也不可能减退的。"而就商品的"社会性质"来说,社会主义商品的"质"根本不同于资本主义商品的"质"。"商品消亡的过程,……是一种一种的商品退出历史舞台变成产品的过程",而不是"商品性"逐渐减退的过程。④ 另一种意见,则认为社会主义阶段商品的"质"是逐渐改变的。张翼飞认为,在社会主义社会里,"商品量的方面的发展是和商品质的方面的消亡过程紧密地结合在一起的"。"商品的质,也就是说,商品的社会性质,商品所反映的社会内容和人们之间的相互经济关系则将随着每一步的社会经济关系的改变,……随着国民经济计划化的不断加

① 经济研究编辑部:《建国以来社会主义经济理论问题争鸣》(上),中国财政经济出版社,第410页。

② 樊弘:《关于社会主义制度下商品生产和价值规律问题》,《经济研究》,1959年第2期,第15~18页。

③ 汪旭庄,章时鸣:《评骆耕漠同志的商品消亡论》,《学术月刊》,1964年第11期,第29~39+55页。

④ 于光远:《关于社会主义制度下商品生产问题的讨论》,《经济研究》,1959年第7期,第19~51页。

强，而不断地改变着。……应当积极地主动地不断发展社会生产力和改变社会经济关系，以创造其不断削弱以致消亡的条件。"①

未来共产主义高级阶段是否还存在商品关系？一般都认为，商品经济的存在是有历史范畴，其会在未来共产主义高级阶段消亡。有的人则认为共产主义高级阶段的初期还要保留商品关系。于光远说，到了共产主义社会，"如果那时仍然需要经过交换来实现生产资料的分配，如果还需要采取等价交换的原则来实行经济核算，那么，在共产主义各经济单位之间就还会存在商品交换，所交换的生产资料就仍然会是商品，商品交换也就一时不会彻底消亡。看来，在共产主义高级阶段的初期，一下子完全由一个或几个社会中心来对产品作统一的分配是困难的，因而采取交换的形式还是必要的"②。1961年以后，于凤村进一步指出"共产主义经济是商品经济"的观点。他说："商品经济与社会分工有关，与所有制形式无关。""商品的共性问题是一个社会分工问题，而商品的特性问题才是所有制问题。""商品经济不但与社会主义不矛盾，也与建设共产主义不矛盾，它可以成为建设社会主义和共产主义的有力工具。""到了共产主义阶段，商品交换又可以成为贯彻按需分配的手段……如果我们承认共产主义还是商品经济，那么就不必考虑消灭它，而只考虑如何更有效地运用它。"③有的人不同意于凤村的上述观点。丁植柏说："商品经济存在的原因或条件就是社会分工和一定形式的所有制。""社会主义商品经济的存在条件是社会分工和社会主义公有制的两种形式。""假如在论述商品经济问题时，只要社会分工，完全抛开所有制问题，那么会得出这样的结论：社会生产越发展（社会分工越发展），商品经济也就越发展；这样看来，……共产主义社会才是商品经济最普遍的社会。……这是不符合经典作家关于共产主义社会不存在着商品生产的看法的。因为，共产主义全民所有制与商品经济没有任何联系。"④

---

① 张翼飞：《综论社会主义阶段商品的发展和消亡问题》，《新建设》，1959年第5期，第23~29页。

② 于光远：《关于社会主义制度下商品生产问题的讨论》，《经济研究》，1959年第7期，第19~51页。

③ 于凤村：《论商品经济》，《经济研究》，1962年第10期，第48~54页。

④ 丁植柏：《社会分工不是商品经济存在的唯一原因——与于凤村同志商榷》，《经济研究》，1963年第2期，第31~37页。

三、关于社会主义制度下价值规律问题的争论

（一）价值规律和计划经济的关系争论

计划经济与价值规律的关系，以及价值规律对社会主义生产是否起调节作用的问题，是我国经济学界几十年来对社会主义价值规律进行探讨的核心问题。1956年三大改造基本完成后，社会主义经济成分在我国占了统治地位，价值规律发生作用的条件改变了，那价值规律在社会主义计划经济中的作用是怎样的？价值规律是不是还起一定的调节作用？价值规律和计划经济的关系怎样？这引起了我国经济学界的热烈讨论。[①]

孙冶方认为，价值规律在社会主义经济中起着重要的作用，在消除了市场竞争的社会主义里更应该重视价值规律，通过对社会平均必要劳动的计算，把计划和统计工作放在价值规律的基础上。"在社会主义社会或共产主义社会里，我们限制或消除了市场竞争所带来的消极的破坏性的一面。这是好的。但是我们不能不计算产品的社会平均必要劳动量。否定了或者是低估了价值规律在社会主义经济中的作用，事实上也便是否定了计算社会平均必要劳动的重要性。……否定或是低估了价值规律的作用，也等于是否定了根据社会平均必要劳动量的计算，来改造落后企业的必要。……我们应该肯定说，通过社会平均必要劳动量的认识和计算来推进社会主义社会生产力的发展，价值规律的这个重大作用，在我们社会主义经济中非但不应该受到排斥，而且应该受到重视。""对我们现在来说，重要的是为了我们的实践，应广泛地批评那种认为价值规律在社会主义经济中不起作用的说法。否定或低估价值规律在社会主义经济中的作用只有害处没有好处；反之承认并强调这一规律的作用，并在实践中尊重它，对我们的社会主义建设事业，却是只有好处没有坏处。""只有把计划放在价值规律的基础上，才能使计划成为现实的计划，才能充分发挥计划的效能。因而统计工作者也不应该把自己的任务仅仅限于国民经济计划执行情况的检查；而且应该以更多的力量来掌握价值规律，来挖掘发展国民经济的潜力。具体地说就是：统计工作应该不仅注意生产水平的统计，即物质财富的统计，而且更应该注意物质生产的价值方面的计算，即是应该比现在更多地注意成本和劳动生产率的计算和分析研究，更多地注意国民经济平衡的编制和国民收入的

① 经济研究编辑部：《建国以来社会主义经济理论问题争鸣》（上），中国财政经济出版社，第435~436页。

计算和分析研究。只有这样才能使统计更充分地为计划工作和企业管理工作服务，才能更充分地发挥计划和统计的作用。"①

薛暮桥在 1956 年 10 月 28 日《人民日报》发表《计划经济与价值规律》一文，不久又在《计划经济》发表《再论计划经济与价值规律》一文，对这个问题阐述了具有代表性的意见。他认为：社会主义经济"是受有计划按比例发展的规律支配的，价值规律只可能起辅助作用"。对"国家用直接计划来管理"的产品（生产资料的主要部分和一部分重要消费品）的生产和调拨，"价值规律仅仅被利用来作为经济核算的工具"。对"国家用间接计划来管理"的产品（合作社生产的重要农产品、大部分消费品和少数不列入生产、调拨计划的生产资料）的生产和流通，"国家还需要在一定范围内利用价值规律来进行调节"；"在国家计划管理范围以外"的产品（如少数就地生产、就地销售的农副业和手工业产品）的生产和流通，"主要让价值规律自发去自发地调节，国家只能给予一定程度的影响"。随着国家扩大计划管理的范围，价值规律的作用范围将进一步受到限制。②

顾准认为，"让全社会成为一个大核算单位是不可能的。全社会必须有一个统一的经济计划，具体的经济核算单位则必须划小，至少以每个生产企业为单位进行核算。……一个实行广泛社会分工的社会主义生产，只有实行计划经济，才能避免生产的无政府状态。但同时也只有当它是实行经济核算制的计划经济，才能广泛动员群众的积极性，提高劳动生产力，在计划所不能细致规定的地方，（事实上过于细致的结果，一定与实际生活脱节）自动调节生产、分配、产品转移与消费之间的关系，同时也提供许多制定再生产计划的根据。生产规模愈大，生产分工愈细，消费水平愈高，经济核算制度就愈为必要"。他还认为，"社会主义经济是计划经济与经济核算的矛盾统一体；在这个体系内，强调那一方面，就会否定另一方面。……如果过分强调计划的一面，达到否定价值与价格之间的关系，价格对生产分配与产品转移的影响，因而达到否定经济核算所能发挥作用的程度时，企图用计划规定一切的弊病就会出现，而这是阻碍经济社会的发展的。反之，如果过分强调经济核算的长处，因而充分发挥价格、成本、利润的作用，那么，经济生活中的客观规律就会自发起作用。如果社会没有足够的经济力量去平衡控制这种自发作用，自发作用发挥到盲目程

---

① 孙冶方：《把计划和统计放在价值规律的基础上》，《经济研究》，1956 年第 6 期，第 30~38 页。

② 经济研究编辑部：《建国以来社会主义经济理论问题争鸣》（上），中国财政经济出版社，第436 页。

度时，社会主义经济是计划经济的这个特征也会被否定掉"。顾准进一步指出，"实行经济核算制的计划经济，出现价值与价格是不可避免的。……社会主义经济就其经济核算的一面而言，价值规律是明显的起作用的。……价值规律制约着计划经济，因此，社会主义必须自觉地运用价值规律，经济核算是运用价值规律基本方式之一"。而"社会主义经济所以必须实行经济核算，从理论上和历史经验上说，都只是因为价值规律制约着经济计划，经济计划必须运用价值规律，如果不是由经济核算制来补充经济计划，计划经济运用价值规律有无法克服的困难之故"。具体来说，"经济核算制在两个方面帮助计划经济运用价值规律：一是经济核算制提供的，关于成本、价格、利润等资料，经济计划据以调节生产，使社会生产的经济效果是最大的；同时也帮助经济计划规定正确的国民收入分配方案，规定各生产企业与生产部类间产品转移的合理价格。二是经济计划规定一个合理的限度（这个限度因各国社会经济发展水平的不同而有所差别），在此限度内，任由经济核算制度发挥对生产、分配及产品转移的自动调节作用"[1]。

重进认为，价值规律与社会主义基本经济规律和国民经济有计划按比例发展规律同时起作用，是很明显的。"社会主义商品生产既然是生产资料的社会主义公有制和生产中人与人的社会主义的互助合作关系基础上的商品生产，因此反映社会主义经济制度基本特征的社会主义基本经济规律和国民经济有计划按比例发展的规律等社会主义经济规律，就一定要发生作用。同时社会主义商品生产既然还是商品生产，作为商品生产一般规律的价值规律也就一定要发生作用。""价值规律同社会主义基本经济规律、国民经济有计划按比例发展规律共同起作用的结果之一是计划价格。……这是因为国家不能任意去规定商品计划价格的。在制定价格时一方面要充分考虑价值规律的作用，另一方面要考虑当商品按照这样制定出来的价格进行交换所产生的影响，必须有利于社会主义生产的根本目的——生产出尽可能多尽可能好的社会产品来满足社会主义社会的需要，必须有利于国民经济有计划按比例的发展。"[2] 因此，工农产品应该有合理的比价，全民所有制企业也要进行经济核算并能够获得赢利。

---

[1] 顾准：《试论社会主义制度下的商品生产和价值规律》，《经济研究》，1957 年第 3 期，第 21～53 页。

[2] 重进：《社会主义制度下价值规律是与社会主义经济规律共同起作用的》，《经济研究》，1963 年第 4 期，第 41～48 页。

（二）价值规律和社会主义经济管理的关系争论

孙冶方认为，应该用经济方法管理经济，反对用超经济的行政手段管理经济，①"而采用经济方法就是依照客观经济规律，首先是价值规律办事"。② 由此出发，他主张经济管理应以利润为中心。早在 20 世纪 50 年代，他就指出："把利润作为计划和统计的中心指标。"他认为，只要掌握了利润，就像牵着牛鼻子，牛腿（其他指标）自然就跟着走。"利润这个指标最大的好处，就在于它反映了生产的实际情况，能推动企业管理。完成这个指标非但不妨碍其他指标的完成，而且必然会带动其他指标的完成。要完成净产值计划或利润计划便必然要完成产量计划，必然要抓成本，必然要注意劳动生产率的提高。因此，利润本身虽然是一个价值指标，但是随着利润和纯产值的增长必然会带来物质财富的增加。"③ 接着，孙冶方认为，如果计划与统计上要采用利润作为中心指标，在经济政策和财政制度方面必须提出以下几个问题：一是价格政策问题。正确的价格政策应该是以价值为基础的，轻重工业的利润大体应该相近，国家积累可以考虑多用税收的形式取得。二是对固定资产的核算问题。除了算成本以外，再算一下投资效果，算一下我们的资金能力，计算一下建设期间的长短。1963 年，他在一份《内部研究报告》中说："应该提高利润指标在计划经济管理体制中的地位……要恢复社会主义利润指标的名誉"，"利润的多少是反映企业技术水平和经营管理好坏的最综合的指标。社会平均资金利润率是每个企业必须达到的水平，超过平均资金利润率水平的就是先进企业，达不到这一水平的就是落后企业。"④

（三）两种含义的社会必要劳动时间与价值决定的争论

商品的价值量由生产该商品的社会必要劳动时间决定，这在马克思的《资本论》中是没有歧义的。但是，对于决定价值量的社会必要劳动时间，马克思在《资本论》第 1 卷中的定义为："社会必要劳动时间是在现在的社会正常生产条件下，在社会平均的劳动熟练程度和劳动强度下制造某种使用价值所需要的劳动时间。"⑤ 同时，马克思在《资本论》第 3 卷中又讲道："尽管每一物品或每一定量某种商品只包含生产它所需要的社会劳动，并且从这方面来看，所

---

① 经济研究编辑部：《建国以来社会主义经济理论问题争鸣》（上），中国财政经济出版社，第461 页。

② 孙冶方：《社会主义经济的若干理论问题》，人民出版社，第 287 页。

③ 孙冶方：《从"总产值"谈起》，《统计工作》，1957 年第 13 期，第 10～16 页。

④ 孙冶方：《社会主义经济的若干理论问题》，人民出版社，第 265～266 页。

⑤ 马克思：《资本论》（第 1 卷），人民出版社，第 52 页。

有这种商品的市场价值也只代表必要劳动，但是，如果某种商品的产量超过了当时社会的需要，社会劳动时间的一部分就浪费掉了，这时，这个商品量在市场上代表的社会劳动量就比它实际包含的劳动量小得多。"① 这种前后表述的细微差别，最先被我国学者所注意。1955 年，南开大学的魏埙、谷书堂一起发表了《价值法则在资本主义发生与发展各个不同阶段上的作用》的文章，提出："所谓社会必要劳动量，我们认为应该从两方面理解：一方面从单位商品的生产上看，那是指在一定时期，生产该种商品的生产部门之平均条件下的劳动支出（物化劳动与活劳动）；另一方面，从每一种商品总量的生产上看，那就是用在该种商品之生产上的社会劳动（物化劳动与活劳动）的总支出，必须与对该种商品社会需要的量相适合。前者依以说明同种或同一部门商品生产者的分化，后者依以说明社会劳动（物化劳动与活劳动）在不同生产部门间的比例分配。"②

1956 年，该文章以《价值规律在资本主义各个阶段中的作用及其表现形式》为题，由上海人民出版社出版为专著。吴树青在一篇书评中，把该书的论点进一步明确为：社会总劳动在各个不同生产部门之间的比例分割问题直接影响社会必要劳动时间的决定，从而影响商品价值量的决定。"当某一种商品的生产量超过了社会的需要时，那么，即使该种商品全量的市场价值都只代表必要劳动，社会劳动的一部分在这里亦仍然是被浪费了。因为在这里多余的一部分商品对于社会来说，是没有使用价值的。从而，它也就丧失了它的价值。……在这里，正好表明了社会总劳动量在诸如商品生产部门间的比例分割对社会必要劳动量的决定上所起的作用"③。由此出现了第二种含义的社会必要劳动时间参与价值决定的观点，并引起了激烈争论。

王章耀、萨公强认为，所谓第二种含义的社会必要劳动时间完全是不同的概念，并不参与价值的决定。"马克思曾经提出过两个不同的社会必要劳动时间的概念，即与决定价值量有关的社会必要劳动时间和与价值实现有关的社会必要劳动时间。前者就是我们通常所了解的社会必要劳动时间，……至于后一个社会必要劳动时间，那就完全是另一个意思了：它是与社会总劳动在各个生产部门间的比例分割问题联系着的，它只与商品价值的实现有关，而与决定商

---

① 马克思：《资本论》（第 3 卷），人民出版社，第 208 页。
② 经济研究编辑部：《建国以来社会主义经济理论问题争鸣》（上），中国财政经济出版社，第 429 页。
③ 吴树青：《一本关于价值规律的著作——评介"价值规律在资本主义各个阶段中的作用及其表现形式"》，《读书月报》，1956 年第 10 期，第 11~13 页。

品价值本身无关。"① 王章耀、萨公强认为，劳动本身没有价值，它只有在生产过程中经人们自觉的活动后才凝结为价值，因此价值决定只涉及生产范畴，与总劳动的分配没有关系。"价值是个有关生产的范畴，从而决定商品价值量大小的社会必要劳动时间，当然也只可能与直接的生产过程联系起来考察。至于社会总劳动在各个不同生产部门间的比例分割问题本身并未参与商品价值的形成过程，它只是生产过程得以进行的前提条件。试问被分配到该生产部门来的社会总劳动的一个可除部分，当其还未开动起来，还未参与生产过程，如何能够凝结为价值，如何能够成为决定价值量大小的社会必要劳动时间的形成因素呢？""单位商品价值量的劳动总是与劳动生产率的变动联系着的，但是社会总劳动在各个生产部门间的比例分配问题本身并不影响劳动生产率的变化。试问本身不影响劳动生产率变化的东西怎么能成为影响价值量变化的因素呢？"②

面对王章耀、萨公强的不同意见，魏埙、谷书堂撰文围绕对"社会必要劳动"的理解进行了更细致的阐述。他们指出："社会必要劳动不仅要从单位产品的角度看，而且还必须从某种产品之劳动耗费的总量是否符合社会再生产所要求的各个部门之间以比例分割这一角度来看。这时的劳动耗费总量受两方面的因素制约，一是单位产品社会必要劳动耗费的总和，一是社会必要劳动在部门的比例分割。总之，这时商品价值量的变化，一方面会由于劳动生产率的变化和单位产品内劳动耗费的改变而有所变化；另一方面，随着不同部门间社会劳动分割的比例不同也会发生变更。因为一种商品生产物的总价值终究是该种单位产品价值的总和，前者离开了后者，就失去了物质内容；同时单位商品价值又不能离开该种商品的总价值而孤立地存在，因为它只是后者的一个组成部分。"③ 至此，魏埙、谷书堂两人明确了他们第二种含义的社会必要劳动时间参与价值决定的观点。

宋承先"完全同意王、萨二同志的结论"，认为"单位商品的价值量究竟是由什么因素决定的？对这个问题的最后分歧之点，是如何正确理解供给与需要的关系在马克思主义价值论中的地位和作用"。"魏埙等同志的论点，实质上是在单位商品价值量的决定问题上采取了二元论，即单位商品的价值量，是由生产该商品的标准的劳动生产率和该商品的供给与需求的关系共同决定的。这

① 王章耀，萨公强：《关于"社会必要劳动时间"问题——与魏埙、谷书堂、吴树青诸同志讨论》，《学术月刊》，1958 年第 2 期，第 36~38 页。

② 王章耀，萨公强：《关于"社会必要劳动时间"问题——与魏埙、谷书堂、吴树青诸同志讨论》，《学术月刊》，1958 年第 2 期，第 36~38 页。

③ 魏埙，谷书堂：《答王章耀、萨公强两同志》，《学术月刊》，1958 年第 2 期，第 38~42 页。

个论点是不符合马克思劳动价值理论的。""魏埙等同志所以发生错误的根源在于，他们把表示一个生产部门的全部产品的'社会必要劳动时间'的含义，直接推论到作为决定单位商品价值量的'社会必要劳动时间'的含义去了。因为从一个生产部门全部产品的劳动总耗费的角度来看的'社会必要劳动时间'，当然与该种商品之总劳动耗费是否符合于社会再生产所要求的各个部门之间的分割比例有不可分离的联系，也就是说，在这种含义下的'社会必要劳动时间'，当然与该种商品之现实的供给量与需要的比例关系有不可分割的联系。但若由此推论说，决定单位商品价值量的'社会必要劳动时间'也取决于供需比例关系，则是错误的。"① 曾启贤也认为，"一种商品价值的形成，只是由前一含义的社会必要劳动时间决定。……后一含义的社会必要劳动时间所决定的，是商品的价值能否全部实现，是商品的出售价格与其价值的差距。"②

孙膺武不同意王章耀、萨公强、宋承先、曾启贤等关于"两种社会必要劳动时间"本质上是完全不同概念的观点。他认为："在计算社会必要劳动量时，要同时把握上述两方面意义的社会必要劳动，并运用加权算术平均数，计算每一个商品生产上的社会必要劳动时间。……在计算或者决定商品价值量的时候，'要撇开诸种由供求运动引起的外观来考察'，而假定供求平衡。如果要这样做的话，假定供求平衡，则供求间必然有一个平衡点。而这个平衡点又必然标志着社会总劳动在各生产部门间的比例分配。这样一来，正说明在计算决定商品价值量的社会必要劳动时间时，必须同时把握两种意义上的社会必要劳动时间。……投用在特定生产部门中的劳动时间，如果超过了它应该保持的比例，这个超过部分就不是社会所必要的，从而也不能形成价值。"③

卫兴华认为，"马克思所说的另一种意义上的社会必要劳动时间与商品价值的决定是无关的"。如果认为另一种意义上的社会必要劳动时间也决定商品的价值，那实际上就等于说，供求关系也直接决定商品的价值，商品的价值量要随供求关系的变化而不断变化。这样，商品的价格和价值就将永远一致，就根本不会发生价格背离价值的事情了。"按照这种见解，商品的社会价值就不再是由直接生产过程中所耗费的社会必要劳动时间决定，而是要最后取决于供给与需求的具体比例状况了，即供给超过需求多少，商品的价值就同比例减低

① 宋承先：《关于"社会必要劳动时间"问题——也与魏埙、谷书堂两同志商榷》，《学术月刊》，1958 年第 4 期，第 40~44 页。

② 曾启贤：《劳动的社会形式及其计算，比较和分配的问题》，《江汉学报》，1962 年第 9 期，第 1~10 页。

③ 孙膺武：《再论价值量的计算问题》，《江汉学报》，1962 年第 12 期，第 48~51 页。

多少；反之，需求超过供给多少，商品的价值就同比例增高多少。这样，商品的价值量与社会需求量成正比，而与其产量或供给量成反比了。生产者的劳动，就不再是价值或剩余价值的唯一源泉了。这种观点如果能够成立，劳动价值学说便将失去其任何科学的现实的意义。"①

韦奇说："卫兴华同志《商品价值量的决定问题》一文。文章认为第二种含义的社会必要劳动时间对商品价值没有决定作用，而市场供求关系倒在一定情况下对商品价值有决定作用。我认为这是把问题弄颠倒了。"韦奇认为，理解第二种含义的社会必要劳动对价值形成的决定作用，不能把价格价值背离与市场价值变化等同起来，也就是不能把市场供求关系与社会总劳动依据社会"确定的需要"按比例分割相等同；强调第二种含义的社会必要劳动，不能否定平均条件下的劳动耗费对单位商品价值的决定作用，即认为两种含义的社会必要劳动时间统一决定价值，并指出"即使在社会主义社会里，所谓社会必要劳动时间，一般仍然是指'在社会生产条件一定的平均下，把市场上现有的某种商品的社会必需总量生产出来所必需的'劳动时间，这是一个原则"②。

何安认为，"肯定第二种含义的社会必要劳动决定价值，既不是说供求关系直接决定价值的变动，也并没有把它当作独立于前一含义的社会必要劳动时间以外的另一个决定价值的因素，也不是说价值的变动不以劳动耗费为界限，这个界限是受社会需要所制约的第二含义的社会必要劳动所设立的，而价值实体仍是消耗于商品中的人类劳动。""离开了第一含义社会必要劳动，就不能理解价值的本身，不能理解价值实体，好像供需关系本身就可以决定价值，而不管商品中所耗劳动的多少了；离开第二含义的社会必要劳动，就不能理解价值量的决定界限，好像只要花费了劳动，不管生产什么和生产多少就都是有价值的了。只抓住任何一面而忽视其他一面，在理论或实践中都会产生片面性"③。

邓翰维认为，"商品价值是由直接生产过程中的社会必要劳动时间，即在现有的社会标准的生产条件下生产任一个使用价值所必要的劳动时间决定的。供求关系不是商品价值决定的一个因素，因此，部门产品必要劳动时间反映的社会需求与供给的关系，也不是商品价值决定的一个因素。""承认部门产品必要劳动时间是商品价值决定的因素，其结果，必然是得出供求关系决定商品价值的结论。我认为，正确的结论应当是部门产品必要劳动时间不是决定商品价

---

① 卫兴华：《商品价值量的决定问题》，《经济研究》，1962年第12期，第26～35页。

② 韦奇：《关于两种意义的社会必要劳动统一决定价值的问题》，《经济研究》，1963年第3期，第32～38页。

③ 何安：《社会必要劳动与价值决定》，《江汉学报》，1963年第5期，第18～23页。

值形成的因素，而只是决定商品价值实现的因素。"① 骆耕漠认为，"《资本论》第 3 卷第 10 章对价值由社会必要劳动决定这一规律的分析，是比《资本论》第 1 卷第 1 章大大具体化了，但是绝没有任何原则上的改变。商品价值总是唯一地由社会平均必要劳动耗费决定，供求不平衡（即社会按比例生产）只影响市场价格，并不增减市场价值本身"②。

作沅认为，"人们通常所说的社会必要劳动的两种含义，实际上是同一社会必要劳动所包含的两个不可分割的内容，即一方面是'在现有的社会标准的生产条件下，用社会平均的劳动熟练程度与强度，生产任一个使用价值所必要的劳动时间。'另一方面是'不仅在每个个别的商品上要只使用必要的劳动时间；并且在社会的总劳动时间中，也要只把必要的比例量，用在不同各类的商品上。'在上述两个不可分割的内容中，前者的确定是以后者的确定为前提的。社会必要劳动只有既体现前一内容，又体现后一内容，才是完整的"。"所谓第一含义的社会必要劳动时间指的是价值决定问题，而所谓第二含义的社会必要劳动时间则指价值实现问题。这样，逻辑的必然结论是：不能将所谓第二种含义的社会必要劳动纳入社会必要劳动的定义中。……这是与马克思明明说它是必要劳动时间不符的。如果所谓第二种含义的社会必要劳动时间不决定价值，那么就等于否定了价值决定与社会必要劳动时间的形成对于社会劳动按社会需要在各生产部门中进行分配的支配作用。""由此可见，严格来说，社会必要劳动时间只有一个统一的含义，它调节着社会劳动在各个不同生产部门之间的分配，使社会生产和社会需要联系起来；它作为一个社会共同的尺度，衡量着社会上一切产品的劳动消耗，促进各个地区、部门和生产单位的劳动的节约。"应该区分两种不同的供求关系。"在一种情况下，社会供给与社会需要的关系影响价值决定和社会必要劳动量的形成；在另一种情况下，则只影响价格。"关于第二种含义的社会必要劳动是如何发挥作用的，"在一般情况下，是通过社会必要劳动量是按优等、中等或劣等生产条件的劳动耗费来确定而贯彻的。也就是说，社会必要劳动在社会需要大于社会供给的情况下，是按照劣等生产条件的产品的劳动耗费来规定的；在社会需要和社会供给均衡时，是按照中等生产条件的产品的劳动耗费来规定；而在社会需要小于社会供给的情况下，则是按照优等生产条件的产品劳动耗费来规定"③。

---

① 邓翰维：《关于商品价值决定的几个问题》，《经济研究》，1963 年第 6 期，第 48～56＋47 页。

② 骆耕漠：《"价值决定"在量上的诸种规定性——马克思的商品价值学说研究之六》，《经济研究》，1964 年第 4 期，第 57～69 页。

③ 作沅：《关于社会必要劳动的几个问题》，《江汉学报》，1963 年第 4 期，第 31～36 页。

第三章

社会主义市场经济体制的初步探索（1978—1992）

第一节　改革开放初期中国经济的基本国情和外部环境

一、改革开放初期中国经济的基本国情

（一）改革开放前的中国经济

1976 年，中国经济发展缓慢，主要比例关系长期失调，经济管理体制更加僵化。[①] 具体来看，一是工农业经济效益大幅下降。工业方面，全民所有制工业企业每百元资金实现利税由 1966 年的 34.5 元下降到 1976 年的 19.3 元，降低了 44.1％；每百元工业总产值实现的利润由 1966 年的 21.9 元下降至 1976 年的 12.6 元，降低了 42.5％；劳动生产率由 1963—1965 年的 25.9％下降至"三五"时期的 4.0％、"四五"时期的−1.2％。[②] 农业方面，费用增长速度超过总收入和纯收入的增长速度，与 1965 年相比，总收入增加了 77.6％，但各项费用却增加了 123.1％，导致纯收入在总收入的比重由 1965 年的 71.8％下降至 1976 年的 64.6％。[③] 二是国民经济比例关系失调。一方面表现在积累和消费比例失调。1966—1976 年间，积累率在 30％以上的有八年，积累率低于 30％的有三年；在积累内部，生产性积累与非生产性积累也严重失调，"一五"期间非生产性积累为 40.2％，而"三五"和"四五"期间分别下降为 22.5％和 22.4％。[④] 另一方面表现在农、轻、重比例关系的失调。农业总产值占工农业总产值比重由 1966 年的 35.9％下降至 1976 年的 30.4％，重工业总产值占比由 32.7％上升至 38.9％，轻工业总产值占比由 31.4％下降至 30.7％。[⑤] 三是由于国民收入增长缓慢，积累率较高，人口急剧增加，人民生活水平基本上没有提高，甚至有所下降。工资水平方面，1966 年至 1976 年，全民所有制各部门职工的平均工资从 636 元下降至 605 元，下降了

[①] 胡光宇：《中国发展成本论》，人民出版社，第 158 页。

[②] 国家统计局工业交通物资统计司：《中国工业经济统计年鉴 1949—1984》，中国统计出版社，第 128＋132 页。

[③] 董辅礽：《中华人民共和国经济史》（上卷），经济科学出版社，第 578 页。

[④] 董辅礽：《中华人民共和国经济史》（上卷），经济科学出版社，第 578 页。

[⑤] 中华人民共和国国家统计局：《中国统计年鉴（1984）》，中国统计出版社，第 27 页。

4.9%；消费水平方面，城乡居民人均粮食消费量由 1966 年的 379.1 斤增至 1976 年的 380.6 斤，人均食用植物油消费量由 3.5 斤降至 3.2 斤，人均猪肉消费量由 14.1 斤增至 14.8 斤，人均煤炭消费量由 208.8 斤降至 191.2 斤。[1] 四是我国与发达国家差距增大。从国内生产总值来看，在"文化大革命"十年中，美国的国内生产总值增长了 124%，日本增长了 345%，法国增长了 212%，而中国仅增长了 57.6%；从国民收入来看，1965—1976 年间，美国增长了 143%，日本增长了 413%，英国增长了 239%，法国增长了 238%，而中国仅增长了 75%；从劳动生产率来看，1966—1975 年，平均每个农业劳动力粮食产量年均增长 5.2%，美国则为 8.1%；我国工业劳动生产率只有 1970 年和 1975 年有所增长，其余 8 年都处于较低水平，而发达国家工业劳动生产率不断提高，如日本 1972—1976 年间制造业劳动生产率提高了 38%。[2]

（二）改革开放前的中国经济恢复

1977 年，我国经济在认识错误和纠正错误中开始恢复，但"两个凡是"的方针严重禁锢着人们的思想，使"左"倾思想未能得到根本纠正，制约着我国经济的发展。1978 年 5 月 10 日，中央党校内部刊物《理论动态》第 60 期刊登《实践是检验真理的唯一标准》一文，5 月 11 日，《光明日报》以特约评论员文章的形式发表。这篇文章从根本上否定了"两个凡是"的错误方针，在全国范围内掀起了真理标准问题的大讨论。[3] 这是一次具有重要意义的理论问题探讨，是一次重大的思想解放运动。它打破了教条式的理论禁锢，为重新确立马克思主义的思想路线、政治路线和组织路线奠定了理论基础，成为实现党和国家历史性伟大转折的思想先导。

1978 年，党的十一届三中全会胜利召开，会议彻底否定了"两个凡是"的错误方针，结束了"以阶级斗争为纲"的错误路线，重新确立了党的实事求是的思想路线，坚定地把党的工作重点转移到社会主义现代化建设上来。十一届三中全会完成了组织路线上的"拨乱反正"，同时对"左"倾思想导致的历史遗留问题进行清理，多方面调整社会关系。1981 年，党的十一届六中全会通过《关于建国以来党的若干历史问题的决议》，深刻总结了新中国成立以来社会主义建设的经验教训，并对党的十一届三中全会以来确立的、适合我国情况的社会主义现代化建设的正确道路的主要点，做了 10 个方面的概括和总结，

① 中华人民共和国国家统计局：《中国统计年鉴（1984）》，中国统计出版社，第 459+477 页。
② 董辅礽：《中华人民共和国经济史》（上卷），经济科学出版社，第 583 页。
③ 《改革开放简史》编写组：《改革开放简史》，人民出版社，第 3～4 页。

初步提出了在中国建设什么样的社会主义和怎样建设社会主义的问题，科学指明了新起点上中国社会主义继续发展的前进方向。[①]《关于建国以来党的若干历史问题的决议》标志着党在指导思想上"拨乱反正"任务的胜利完成。1982年底，平反冤假错案、清理历史遗留问题等"拨乱反正"工作也基本完成。

随着"拨乱反正"工作的逐步完成，我国经济逐渐恢复。1977—1978年，党中央和国务院先后召开了农业、铁路、基建、工业等经济部门会议，整顿工农业生产，同时，中共中央发布加快工业发展的"工业三十条"，明确规定了企业的任务、制度、工作方法和管理政策。[②] 国家还调整了部分城镇职工的工资，并提高农产品的收购价格、降低各种生产资料价格，以改善城乡居民的生活水平。经过整顿，我国经济形势有明显好转。工业方面，全民所有制工业企业每百元资金实现利税由1976年的19.3元增至1982年的23.4元；每百元工业总产值实现的利润由1976年的12.6元增至1982年的14.4元；劳动生产率由"四五"时期的−1.2%增长至"五五"时期的2.4%。[③] 农业方面，按1970不变价格计算，农业总产值由1976年的1317亿元增至1978年的1459亿元、1980年的1646亿元；主要农产品产量也有所增长，粮食产量由1976年的28631万吨增至1978年的30477万吨、1982年的35343万吨；棉花产量由1976年的205.5万吨增至1978年的216.7万吨、1982年的359.8万吨。[④] 人民生活水平也有了一定的提高。工资水平方面，全民所有制各部门职工的平均工资从1976年的605元增至1978年的644元、1982年的836元；消费水平方面，城乡居民人均粮食消费量由1976年的380.6斤增至1982年的450.9斤，人均食用植物油消费量由3.2斤增至7.1斤，人均猪肉消费量由14.8斤增至23.5斤，人均煤炭消费量由191.2斤增至292.7斤。[⑤] 由此可见，国民经济得到了一定的恢复和发展。

虽然1977年后我国经济得到了一定的恢复，但我国实行高度集中的计划经济模式，极大束缚了人民的生产积极性，同时随着经济的增长，人们收入的增加，人们的需求趋于多元化，而计划经济体制下的生产无法灵活调整以满足人们多样化的消费需求，人民生活质量有待提高。因此，中国经济体制改革迫

① 《改革开放简史》编写组：《改革开放简史》，人民出版社，第18~19页。

② 武力：《中华人民共和国经济史》，我国经济出版社，第763~765页。

③ 国家统计局工业交通物资统计司：《中国工业经济统计年鉴（1949—1984）》，中国统计出版社，第121+125页。

④ 中华人民共和国国家统计局：《中国统计年鉴（1983）》，中国统计出版社，第157~158页。

⑤ 中华人民共和国国家统计局：《中国统计年鉴（1984）》，中国统计出版社，第459+477页。

在眉睫。

二、改革开放初期中国经济的外部环境

（一）和平与发展

20 世纪 80 年代初期，国际形势异常严峻。美国对苏联推行全球性进攻战略；苏联入侵阿富汗，引起美国等西方国家的强烈反应；美国里根政府上台后，提出要"重振国威，扩军备战"，志在从苏联手中夺回世界霸主的地位，世界充斥着战争风险。80 年代中期，缓和与合作成为国际社会的主流，美苏关系趋于缓和，与之相对应的，多极化的世界格局也更加明朗。基于对外开放的政策，中国在国际中的地位和作用得到了提升。20 世纪 80 年代末，面对乱象纷呈的外部环境，邓小平冷静观察，对我国在国际格局中的位置做出了正确的判断，他指出，"现在旧的格局在改变中，但实际上并没有结束，新的格局还没有形成。和平和发展两大问题，和平问题没有得到解决，发展问题更加严重"①。作为国际局势"大三角"中力量单薄的一角，邓小平顶住了东欧剧变、苏联解体和西方国家的重压，坚持了中国对外政策的稳定性和连续性，"在争取和平的前提下，一心一意搞现代化建设，发展自己的国家，建设具有中国特色的社会主义"②。

（二）经济全球化浪潮

第二次世界大战后，凯恩斯主义逐渐成为美国及西欧国家经济发展的指导理论。凯恩斯主义强调国家干预，主张通过扩大政府开支，实行赤字财政政策来刺激经济，走向繁荣。但步入 20 世纪 70 年代后，第一次石油危机的爆发使西方国家普遍出现"滞涨"局面：物价上涨、失业率攀升，经济陷入长期衰退的状态。面对这种情况，凯恩斯主义失灵，西方国家利用凯恩斯主义的政策建议无法达到刺激就业与经济发展的目的。面对凯恩斯主义的失灵，新自由主义兴起，主张减少国家干预，强调自由市场的重要性。在新自由主义理论的指导下，西方国家逐渐放弃了金融管制，彻底开放了金融产业与资本市场，资本开始全球化自由流动，企业对外投资也大幅增加。③ 同时，随着以信息技术为代表的科技革命的发展，通信、物流、互联网等技术不断进步，跨国交易成本显

---

① 中共中央文献编辑委员会：《邓小平文选》（第三卷），人民出版社，第 353 页。
② 中共中央文献编辑委员会：《邓小平文选》（第三卷），人民出版社，第 57 页。
③ 彭学诗：《关于经济全球化的几点思考》，《理论前沿》，1999 年第 5 期，第 14~15 页。

著下降，国家间的沟通与合作变得愈发紧密，不断推动着经济全球化的快速发展。

（三）全球领域的改革潮流

20 世纪 80 年代，全球范围内掀起了一股改革浪潮，以科技创新为先导、经济实力为核心的综合国力的较量不断加剧。作为两个超级大国，美苏之间的冷战已近末期，苏联已初步显示出发展内力不足、体制僵化的弊端，改革迫在眉睫。这一时期，许多国家尤其是东南亚及中国周边的一些国家，利用全球化带来的机遇，积极参与国际竞争，加强国际合作，制定改革政策，促进本国经济迅速发展、国力大幅增强。美、日和西欧一些国家改革成效也十分显著，国内经济持续发展，社会相对稳定。同时，一些拉美国家的改革却"适得其反"，造成经济停滞不前，社会持续动荡。苏联和一些东欧国家也由于改革方向错误，收效甚微，并最终导致制度剧变或国家解体。就中国而言，传统计划经济体制的弊端日益暴露，"文化大革命"十年对国民经济造成了巨大破坏，人民生活水平与发达国家相去甚远，亟须增加消费品的生产，改革到了刻不容缓的地步。

1978 年春夏，中国高层组织了两个赴海外考察团，先后访问了 25 个城市。考察团回来以后，中央工作会议专门印发了《苏联在二三十年代是怎样利用国外资金和技术发展经济的》《战后日本、西德、法国经济建设是怎样迅速发展起来的》等资料，开拓了大家的眼界。[1] 时代发展的潮流要求中国必须对内进行体制机制改革，以清扫生产力发展的障碍，进而追上世界发展的步伐。因此，改革开放的实施是现代化大生产的客观要求，是世界经济发展的必然产物，是中国走向现代化的必由之路。

第二节　关于社会主义商品经济和市场经济的理论争论

新中国成立后，我国确立起高度集中的计划经济体制，该体制对重化工业体系建立起到了关键作用，但随着我国国民经济体系的完善，高度集中的计划

---

[1]　李忠杰：《改革开放关键词——中国改革开放历史通览》，人民出版社，第 34 页。

经济体制逐渐不适应生产力发展。在此背景下，我国开始探索将社会主义与市场经济相结合的发展路径。在此过程中，我国学术界针对社会主义商品经济展开了诸多争论，对社会主义市场经济认识不断深入。中国共产党也对社会主义市场经济体制进行了初步探索，逐渐以建立社会主义市场经济体制为经济体制改革方向。

一、关于社会主义商品经济存在原因的争论

关于社会主义商品经济存在的原因，自新中国成立我国学术界就对此展开了诸多争论，学者们从不同角度解释了社会主义制度下商品经济存在的合理性与必要性，这为我国改革开放确立社会主义市场经济体制提供了理论依据。总体来看，我国学术界关于社会主义商品经济存在原因的争论主要有所有制决定论、劳动决定论、社会分工决定论以及生产关系总和论四个方面。

（一）所有制决定论

持有此观点的学者认为，社会主义商品经济存在的原因是所有制而非其他制度或生产关系。萧功禹（1957）认为，社会主义制度下商品生产是由全民所有制经济和集体所有制经济间的商品生产关系所决定的，并认为按劳分配与经济核算制度不是其存在原因，而是商品生产存在的结果，[①] 持有此看法的还有张朝尊（1959）[②] 和云涛（1959）[③]。关梦觉（1956）则是从生产力与生产关系两方面进行讨论，其中在生产关系一端也认为社会主义商品经济存在是由我国两种所有制度导致的。[④] 何炼成（1978）[⑤] 和孙冶方（1980）[⑥] 也同样认为，两种公有制并存是社会主义商品存在的原因。卫兴华（1985）坚持集体所有制决定论，他认为我国社会主义全民所有制中存在商品经济，本质在于全民所有制中存在集体所有制因素，其内部所有权关系的实际差别就决定了社会主义商品

---

① 萧功禹：《关于社会主义制度下存在商品生产的原因》，《经济研究》，1957 年第 4 期，第 18～29 页。

② 张朝尊：《社会主义全民所有制内部商品生产的必要性及其特点》，《教学与研究》，1959 年第 6 期，第 46～53 页。

③ 云涛：《对社会主义制度下商品生产问题的看法》，《理论战线》，1959 年第 1 期，第 27～30 页。

④ 关梦觉：《关于当前的商品生产和价值规律的若干问题》，《经济研究》，1959 年第 2 期，第 6～9 页。

⑤ 何炼成：《论社会主义社会的商品制度》，《经济研究》，1978 年第 6 期，第 39～43 页。

⑥ 孙冶方：《价值规律的内因论和外因论——兼论政治经济学的方法》，《中国社会科学》，1980 年第 4 期，第 23～36 页。

经济存在的必然性。[①] 陈飞龙（1987）则从所有制下两权分离角度出发，认为在我国当前阶段，全民所有制企业实行所有权与经营权适当分开，造成产品所有权的分离，这就决定了全民所有制各企业之间仍然是一种商品经济关系。[②] 还有人认为，部分劳动的个人所有制或劳动力私有制是商品存在的原因，持有此看法的有王学文（1959）。[③] 与上述社会主义内部所有制决定论不同，吴敬琏（1959）认为，社会主义的商品交换是由社会主义发展阶段所决定的，全民所有制内部的商品交换只是"形式上的商品"，将其同包含私有意义的商品等同就会模糊全民所有制企业性质，不利于为社会主义建设服务。[④]

（二）劳动决定论

持有此观点的学者不同意所有制决定论，而是认为劳动之间的差异性是导致商品经济存在的原因。李石泉（1987）认为，在社会主义条件下因劳动的差异性而必然存在个别劳动与社会劳动的矛盾，这一矛盾是社会主义商品经济存在的直接依据。[⑤] 童本道和路平（1987）指出，在生产力水平尚未达到充分发展的前提下，劳动者劳动能力上的实际差别必然形成他们不同的利益要求，这才是社会主义全民所有制企业内部商品生产存在的根本原因。[⑥] 持有相同看法的还有林子力（1988），他认为商品经济的现实原因和根源在于不同质的劳动只能通过社会必要劳动去衡量，而社会对不同种劳动的需要，导致社会劳动在各个生产领域的分配不得不借助市场完成，这一路径的实现就肯定了商品经济的存在。[⑦] 刘国光（1986）认为，由于劳动还是谋生手段等原因，导致人们利益补偿上的差别，并要求在经济关系中遵循等价交换和等价补偿的原则，因而社会主义经济必然具有商品性。[⑧]

（三）社会分工决定论

持有此观点的学者主张社会分工是社会主义商品经济存在的原因，但不同

---

① 卫兴华：《社会主义商品经济存在的原因》，《经济研究》，1985 年第 6 期，第 64～66 页。

② 陈飞龙：《试论全民所有制内部商品关系存在的原因》，《江西社会科学》，1987 年第 1 期，第 40～44 页。

③ 王学文：《社会主义制度下的商品关系与价值规律》，《经济研究》，1959 年第 5 期，第 31～37 页。

④ 吴敬琏：《社会主义制度下的两类交换》，《经济研究》，1959 年第 1 期，第 50～52 页。

⑤ 李石泉：《改革理论的根本问题——关于商品经济与社会主义》，《改革》，1988 年第 1 期，第 38～47 页。

⑥ 童本道，路平：《对社会主义商品生产存在原因的再思考》，《江淮论坛》，1987 年第 1 期，第 37～41 页。

⑦ 林子力：《社会主义商品经济与社会主义联合劳动——兼评社会主义商品经济理论》，《上海社会科学院学术季刊》，1987 年第 4 期，第 5～14 页。

⑧ 刘国光：《关于发展社会主义商品经济问题》，《中国社会科学》，1986 年第 6 期，第 3～26 页。

学者对于社会分工决定论的具体表述有所差异。南冰和索真（1957）提出，社会主义商品经济会存在是因为社会分工的存在，这是商品经济产生的条件之一。[1] 卓炯（1979）指出，商品制度的存在主要是一个社会分工问题，即商品制度的存在以生产资料分散在各个不同的经济单位为前提。[2] 黄传新（1988）也认为，社会主义之所以具有商品经济属性，其原因就是在社会主义社会里仍然存在着广泛的社会分工，存在着具有独立经济利益的不同经济主体。[3] 熊映梧（1989）指出，比较发达的社会分工使利益主体多元化，多元化主体之间，唯有通过等价交换，即商品交换来调节彼此的利益关系，这是商品经济存在的根本原因。[4] 张卫星和杨连旭（1989）认为，商品经济产生的根本原因和直接条件实际只有一个，即社会分工，并指出社会主义国家发展商品经济的理论依据就是社会分工的发展和个体利益的确认。[5] 白永秀和吴丰华（2009）指出，只有社会分工决定论才是真正的商品存在的本质原因，才能真正摆脱生产资料所有制和意识形态的束缚。[6]

（四）生产关系总和论

持有此观点的学者不再将社会主义商品经济存在原因归结于某一制度或劳动分工，而是认为商品经济存在是多方面生产关系综合导致的。骆耕漠（1956）认为，在社会主义制度下商品经济存在的主要原因是按劳分配制度和经济核算制度的结果。[7] 顾准（1957）认为，社会主义之所以存在着"商品生产"，其原因在于经济核算制度，而不仅仅是两种所有制并存的结果。[8] 朱剑农（1959）认为，社会主义革命和建设时期多种经济形式的同时并存，决定了

---

[1] 南冰，索真：《论社会主义制度下生产资料的价值和价值规律的作用问题》，《经济研究》，1957 年第 1 期，第 38~41 页。

[2] 卓炯：《我也谈谈社会主义的商品制度》，《经济研究》，1979 年第 6 期，第 56~61 页。

[3] 黄传新：《社会主义商品经济科学理论的发展》，《安徽大学学报》，1988 年第 4 期，第 3~9 页。

[4] 熊映梧：《对商品经济的再认识对资本主义的再认识对社会主义的再认识——政治经济学再批判（大纲）》，《求是学刊》，1988 年第 5 期，第 1~7 页。

[5] 张卫星，杨连旭：《社会主义经济理论与实践的基本问题》，《经济研究资料》，1989 年第 11 期，第 5~16 页。

[6] 白永秀，吴丰华：《新中国 60 年社会主义市场经济理论发展阶段研究》，《当代经济研究》，2009 年第 12 期，第 39~45 页。

[7] 骆耕漠：《论社会主义商品生产的必要性和它的"消亡"过程——关于斯大林论社会主义商品生产问题的研究》，《经济研究》，1956 年第 5 期，第 7~8 页。

[8] 顾准：《试论社会主义制度下的商品生产和价值规律》，《经济研究》，1957 年第 3 期，第 23~32 页。

还有商品交换的必要，导致还有商品生产的存在。① 卫兴华（1959）则认为，社会主义的商品生产和商品流通是两种所有制和分配制度导致的结果。② 而于光远（1959）更是认为，在社会主义条件下，各种商品关系之所以必然存在，是由两种公有制并存（全民所有制和集体所有制）、按劳分配制度和经济核算制度共同决定的。③

二、关于商品经济与计划经济关系的争论

关于社会主义商品经济存在的原因，学者们从不同角度出发给予解释，学术界也形成了普遍共识，即社会主义制度下存在商品经济。尽管承认社会主义制度下商品经济的存在，但对于如何处理好商品经济与计划经济之间的关系，学术界在改革开放初期展开了激烈争论，主要有相互排斥论、主次之分论以及互相结合论三个方面。

（一）相互排斥论

持有此观点的学者认为商品经济和计划经济本身具有相互排斥的属性，商品经济在市场中的自发行为本身就抵制计划管制属性的存在。李震中（1981）指出，作为社会主义经济基本特征的应该是计划经济，而不是商品经济，④ 这就说明在某种意义下，社会主义计划经济与商品经济是对立的。方秉铸和林宏桥（1989）认为，计划经济是一种调节手段，它不构成社会主义商品经济的一方，和商品经济的另一方共处于一个矛盾统一体中。⑤ 王新前（1988）则直接指出，计划经济与商品经济是互不相容的，这种互不相容性除了表现在它们的客观前提条件相互否定之外，还表现在它们各自的运行和调节方式相互否定。⑥

（二）主次之分论

持有此观点的学者认为商品经济和计划经济具有主次之分，从而又分化出两种观点，一是商品经济主体论，二是计划经济主体论。

---

① 朱剑农：《论我国的商品生产及其性质问题》，《理论战线》，1959 年第 1 期，第 14 页。
② 卫兴华：《社会主义制度下为什么存在商品生产?》，《经济研究》，1959 年第 2 期，第 21～22 页。
③ 于光远：《关于社会主义制度下商品生产问题的讨论》，《经济研究》，1959 年第 7 期，第 47 页。
④ 李震中：《也谈计划和市场问题》，《光明日报》，1981 年 12 月 26 日。
⑤ 方秉铸，林宏桥：《变产品模式为有计划商品经济模式的若干思考》，《社会科学辑刊》，1989 年第 2 期，第 93～100 页。
⑥ 王新前：《计划与市场难以统一》，《经济学周报》，1988 年 8 月 21 日。

首先是商品经济主体论，该观点认为社会主义经济的本质是商品经济。刘光第（1988）认为，社会主义首先是商品经济，其次才是有计划的商品经济，而计划只是管理形式，[①] 相同看法的还有厉以宁（1987）。[②] 王珏（1988）同样指出，社会主义商品经济与计划经济不是并列的、同一层次上的概念，与计划经济相比，商品经济更为基本，并认为商品经济是社会主义经济关系的普遍形式，而社会主义计划经济是指商品经济可以在计划指导下运行和发展。[③] 关其学（1988）则指出，在现代商品经济条件下，其发展在客观上要求进行计划调节，因此计划性已包含在商品经济之中，所以没有必要再使用计划经济的范畴。[④]

其次是计划经济主体论，该观点认为社会主义经济的本质是计划经济。陶增骧（1985）指出，我国社会主义经济的本质特征是计划经济而不是商品经济，如不这样认识问题，就无法认清有计划的商品经济这一矛盾的特殊性。[⑤] 卫兴华（1986）认为，计划经济不只是管理国民经济的方式和手段，它还是社会主义经济的本质属性和特征，从而肯定了计划经济在社会主义社会中的主导地位。[⑥] 卫兴华和洪银兴等（1987）指出，有计划的商品经济第一位是计划经济，计划经济或计划调节应始终在社会主义经济中占据主导地位。[⑦] 而胡乃武和袁振宇（1989）则认为，计划经济是社会主义经济的一个基本特征，它与市场经济是根本对立的。[⑧]

（三）互相结合论

持有此观点的学者认为商品经济和计划经济不是相互排斥或互分主次的关系，而是在社会主义制度下可以实现良好结合的关系，持有此观点的学者众多，他们最有代表性的理论就是"有计划的商品经济"。薛暮桥（1980）就已提出，社会主义经济只能是一种商品经济，强调计划调节和市场调节相结合，

[①] 刘光第：《社会主义初级阶段的经济首先是商品经济》，《经济学动态》，1988 年第 1 期，第 4～5 页。

[②] 厉以宁：《第二次调节论》，《财贸经济》，1987 年第 1 期，第 8～15 页。

[③] 王珏：《计划与市场是内在统一的两种调节方式》，《经济理论与经济管理》，1988 年第 1 期，第 18～22 页。

[④] 关其学：《关于建立有计划商品经济体制的思考》，《南方经济》，1988 年第 2 期，第 16～20 页。

[⑤] 陶增骧：《社会主义有计划的商品经济与宏观控制》，《财政研究》，1985 年第 5 期，第 29～35 页。

[⑥] 卫兴华：《计划经济与经济计划》，《光明日报》，1986 年 6 月 14 日。

[⑦] 卫兴华，洪银兴，魏杰：《计划调节导向和约束的市场调节》，《经济研究》，1987 年第 1 期，第 57～61 页。

[⑧] 胡乃武，袁振宇：《建立计划经济与市场调节相结合的运行机制》，《人民日报》，1989 年 11 月 27 日。

即要在计划经济政策的指导下充分发挥市场调节作用。[①] 王珏和庞永洁（1981）认为，社会主义下计划经济与商品经济的统一是社会主义经济的基本特征，也是实行国家计划指导下的市场调节的基本出发点。[②] 胡培兆（1985）认为，社会主义计划经济与商品经济是同一实体，提出"计划经济"是"有计划的商品经济"的简写，计划经济包含了商品经济，即商品经济实质上是一种计划经济。[③] 杨坚白（1986）认为，社会主义经济是在公有制基础上的有计划的商品经济，关键在于把计划机制与市场机制结合起来。[④] 蒋学模（1986）认为，对于社会主义商品经济来说，计划调节和市场调节、计划经济和市场经济不是互相排斥而是可以互相结合的。[⑤] 白永秀（1988）也认为，计划与市场是"一体化的关系"，提出了计划市场经济形式。[⑥] 谷书堂和常修泽（1990）认为，坚持实现社会主义与商品经济的"对接"的可行性在于，商品经济与社会主义结合在一起，形成"社会主义有计划的商品经济"。[⑦]

社会主义商品经济与计划经济相互结合论体现出我国经济体制改革的方向，尽管有的学者认为"有计划的商品经济"事实上是商品经济的有计划发展，而不是计划与市场的结合；[⑧] 但从学术界的讨论与党的文献决议来看，所谓"有计划的商品经济"就是国家参与管理的市场经济，即计划经济与市场经济的结合，但就计划调节与市场调节的结合形式，学术界存在着不同的看法。

一是"三种经济形式共容并行"说。吴俊扬（1985）认为国民经济和社会发展实质上是指导性计划、指令性计划和完全由市场调节这三种经济形式组成的、三位一体的经济活动。[⑨] 而董辅礽（1988）则认为，计划和市场结合的形式是指令性计划与市场机制共同调节的"双轨运行"模式。[⑩] 二是"两种不完全调节机制结合"说。马家驹（1985）指出，我国社会主义的现阶段实行的是以公有制为基础的有计划的商品经济，在社会经济结构上具有双重性的特点，

---

① 薛暮桥：《关于经济体制改革问题的探讨》，《经济研究》，1980 年第 6 期，第 3~11 页。

② 王珏，庞永洁：《论国家计划指导下的市场调节》，《赣江经济》，1981 年第 9 期，第 3~8 页。

③ 胡培兆：《"有计划商品经济"一元论》，《光明日报》，1985 年 3 月 8 日。

④ 杨坚白：《关于有计划的商品经济和市场实现问题》，《天津社会科学》，1986 年第 2 期，第 2~7 页。

⑤ 蒋学模：《再论公有制基础上的有计划的商品经济》，《学术月刊》，1986 年第 2 期，第 8 页。

⑥ 白永秀：《"计划——市场"一体论》，《财经科学》，1988 年第 6 期，第 46~48 页。

⑦ 谷书堂，常修泽：《社会主义与商品经济论纲》，《经济研究》，1990 年第 6 期，第 4 页。

⑧ 于光远：《于光远就发展商品经济发表谈话：计划与市场不存在谁主谁辅的问题》，《东北经济报》，1986 年 10 月 25 日。

⑨ 吴俊扬：《指导性计划探讨》，《经济研究》，1985 年第 2 期，第 3~8 页。

⑩ 董辅礽：《经济运行机制的改革和所有制改革》，《经济研究》，1988 年第 7 期，第 27~33 页。

表现在调节机制上就只能是这两种机制的有机结合。① 但有的学者不同意此看法，何伟和韩志国（1985）认为这在商品经济理论上是不彻底的，"两种不完全调节机制的结合"实际上是"半商品经济"和半产品经济的一种结合。② 三是"宏观微观结合"说。姚诚等（1987）认为社会主义初级阶段最理想的经济模式是通过国家计划把宏观控制搞好，通过市场调节把微观经济搞活，即应把宏观经济的计划调节和微观经济的市场调节有机地结合起来。③ 四是"二次调节"说。厉以宁（1987）认为应当让市场进行第一次调节，如果市场调节有效则无需政府干预，否则让政府进行第二次调节。④ 但有的学者不同意此看法，刘成瑞（1987）认为社会主义经济不是一般的商品经济，而是有计划的商品经济，市场调节的作用固然要充分发挥，但也不能迷信市场调节，把它的作用理想化。⑤ 除以上看法外，还有学者认为要从不同层次将两者结合起来，如刘诗白（1991）提出，计划与市场相结合要包括经济组织形式、调节机制以及经济结构等等不同层次的结合，以形成一个以计划调节为主导、市场机制为基础，有序性与灵活性相统一的社会主义商品经济调节机制与运行机制。⑥

第三节　中国共产党对社会主义市场经济体制的初步探索

一、社会主义有计划商品经济理论的形成

1978 年，改革开放拉开了帷幕。但经济体制改革究竟向哪个方向改？这是根本性的问题。在改革开放初期，中国共产党指出中国经济体制改革目标是建立充满生机和活力的社会主义经济体制，但改革的具体形式、具体目标尚未

---

① 马家驹：《两种调节机制的有机结合》，《光明日报》，1985 年 1 月 13 日。

② 何伟，韩志国：《计划机制与市场机制应该怎样结合？——与马家驹同志商榷》，《光明日报》，1985 年 1 月 20 日。

③ 姚诚，陆宏伟，张红：《社会主义经济运行模式的前提性考察》，《江海学刊》（经济社会版），1987 年第 4 期，第 5～16 页。

④ 厉以宁：《第二次调节论》，《财贸经济》，1987 年第 1 期，第 8～17 页。

⑤ 刘成瑞：《论计划与市场结合》，《中国人民大学学报》，1987 年第 6 期，第 52～58 页。

⑥ 刘诗白：《论计划与市场相结合》，《经济纵横》，1991 年第 5 期，第 1～7 页。

明晰。[①] 这引发了学术界关于计划与市场关系的激烈争论。绝大多数人认为社会主义经济中计划和市场是可以结合的，即对于社会主义制度下可以发展商品经济逐渐形成了共识。中国共产党结合我国实践，也对发展社会主义商品经济开始了探索。

20世纪70年代末，针对我国经济发展的实际状况，中国共产党在分析实行单一计划经济体制存在的弊端基础上，提出了只有解决好计划与市场的关系才能更好地发展经济的思想。1980年9月，国务院经济体制改革办公室在《关于经济体制改革的初步意见》中提出了以下说法："我国现阶段的社会主义经济是生产资料公有制占优势、多种经济成分并存的商品经济"；"我国经济体制改革的原则和方向应当是，在坚持生产资料公有制占优势的前提下，按照发展商品经济的要求，自觉运用价值规律"；"把单一的计划调节改为在计划指导下充分发挥市场调节的作用"[②]。理论界当时对这一说法给予高度评价，认为"承认社会主义经济是有计划的商品经济，这在理论上是一个很大的进步。"[③] 1981年6月，党的十一届六中全会《关于建国以来党的若干历史问题的决议》指出：必须在公有制基础上实行计划经济，同时发挥市场调节的辅助作用。[④] 由此，在党的决议上确定了"计划经济为主、市场调节为辅"的基本原则。1982年党的十二大对这一原则提出了新要求：正确贯彻计划经济为主、市场调节为辅的原则，是经济体制改革中的一个根本性问题。[⑤] 自此，中国共产党已明确了经济体制改革的方向就是处理好计划与市场的关系。

1984年10月，党的十二届三中全会通过的《中共中央关于经济体制改革的决定》标志着中国改革总体思路的重大突破。《中共中央关于经济体制改革的决定》对我国社会主义制度下发挥计划与市场的双重作用做了深刻分析，并对我国经济体制改革的目标模式做了新的构思：一是提出了社会主义经济是建立在公有制基础上的有计划商品经济的新理论，明确指出"改革计划体制，首先要突破把计划经济同商品经济对立起来的传统观念，明确认识社会主义计划

---

① 《马克思主义政治经济学概论》编写组：《马克思主义政治经济学概论》（第二版），人民出版社，第282页。

② 肖冬连：《1978—1984年中国经济体制改革思路的演进—决策与实施》，《当代中国史研究》，2004年第5期，第59~70+127页。

③ 刘国光：《改革开放的新起点——建立社会主义市场经济体制纵横谈》，吉林人民出版社，第80页。

④ 中共中央党史和文献研究院：《全面建成小康社会重要文献选编（上）》，人民出版社，第25页。

⑤ 《中国共产党第十二次全国代表大会文件汇编》，人民出版社，第37页。

经济必须自觉依据和运用价值规律，是在公有制基础上的有计划的商品经济"①；二是指出商品经济的充分发展是社会主义经济发展不可逾越的阶段，是实现我国经济现代化的必要条件，"只有充分发展商品经济，才能把经济真正搞活，促使各个企业提高效率，灵活经营，灵敏地适应复杂多变的社会需求，而这是单纯依靠行政手段和指令性计划所不能做到的"，同时回应了学术界争论激烈的社会主义商品经济与资本主义商品经济区别的问题，指出"社会主义经济同资本主义经济的区别不在于商品经济是否存在和价值规律是否发挥作用，而在于所有制不同，在于剥削阶级是否存在，在于劳动人民是否当家作主，在于为什么样的生产目的服务，在于能否在全社会的规模上自觉地运用价值规律，还在于商品关系的范围不同"②；三是提出计划经济的新内涵，即"我国实行的是计划经济，即有计划的商品经济，而不是那种完全由市场调节的市场经济"③，并指出实行计划经济不等于以指令性计划为主，指令性计划和指导性计划都是计划经济的具体形式，同时规定了指令性计划与指导性计划的实施范围，即"对关系国计民生的重要产品中需要由国家调拨分配的部分，对关系全局的重大经济活动，实行指令性计划；对其他大量产品和经济活动，根据不同情况，分别实行指导性计划或完全由市场调节"④。《中共中央关于经济体制改革的决定》通过后，邓小平评价说："我的印象是写出了一个政治经济学的初稿，是马克思主义基本原理和中国社会主义实践相结合的政治经济学。"⑤ 此次党的决议对于明确我国经济体制改革目标方向具有重大意义，同时也回应了学术界相关方面的争论。从这个决议可以看出，尽管没有提出社会主义商品经济存在的原因，但实际上已承认了社会主义制度下存在商品经济的必要性，同时否定了商品经济与计划经济的对立关系。

尽管从党的决议方面看出，市场经济对于社会主义经济发展具有必要性，但在学术界仍存在计划经济等同于社会主义，市场经济等同于资本主义的观点。对此，邓小平在1987年2月在计划与市场问题上不无针对性地指出："为什么一谈市场就说是资本主义，只有计划才是社会主义呢？计划和市场都是方法嘛。只要对发展生产力有好处，就可以利用。"⑥ 根据邓小平这一讲话，党

---

① 中共中央文献研究室：《十二大以来重要文献选编（中）》，中央文献出版社，第56页。
② 中共中央文献研究室：《十二大以来重要文献选编（中）》，中央文献出版社，第56页。
③ 中共中央文献研究室：《十二大以来重要文献选编（中）》，中央文献出版社，第56页。
④ 中共中央文献研究室：《十二大以来重要文献选编》，中央文献出版社，第57页。
⑤ 中共中央文献编辑委员会：《邓小平文选》（第3卷），人民出版社，第83页。
⑥ 中共中央文献编辑委员会：《邓小平文选》（第3卷），人民出版社，第203页。

的十三大报告突破了改革初期计划与市场各分一块的旧框架。

1987 年，党的十三大报告根据我国经济体制改革发展的实际情况，提出了建立"计划与市场内在统一的体制"的思路，并强调了三个基本观点：一是社会主义商品经济同资本主义商品经济的本质区别在于所有制基础不同，"社会主义商品经济的发展离不开市场的发育和完善，利用市场调节决不等于搞资本主义"；二是必须把计划工作建立在商品交换和价值规律的基础上，不能把计划调节和指令性计划等同起来；三是计划和市场的作用范围都是覆盖全社会的，新的经济运行机制是"国家调节市场，市场引导企业"的机制。① 从党的十三大报告可以看出，商品经济的存在属性是由其所有制基础决定的，市场经济也非资本主义经济的专属，同时社会主义商品经济的发展也必须建立在价值规律基础上。党的十三大报告中计划与市场内在统一论的提出，结束了长期以来在理论上或是实践上计划与市场各分一块、相互割裂的二元格局，对于后续经济体制改革进一步深化起到了重要推动作用。

在党的十四大确立起构建社会主义市场经济体制目标以前，中国共产党对于社会主义市场经济的第一步探索就是建立起有计划的商品经济发展模式，特别是党的十三大把社会主义有计划商品经济理论发展到新阶段，并明确了市场经济的"手段"而非"制度"属性，这为后来关于计划与市场经济的新认识奠定了基础。

二、正式确立构建社会主义市场经济体制的目标

党的十三大以后，我国经济体制改革向着市场取向迅速发展，但在这个过程中有不少人将计划与市场的问题同社会主义基本制度的存废联系起来。我国社会主义市场经济的发展面临着重大理论阻碍，为此中国共产党对计划与市场经济进行新的认识探索。正确地认识计划和市场的本质属性，是社会主义改革能够进一步深入发展的关键环节，也能扫清对本质认知不清的理论障碍。1992年年初，邓小平在视察南方谈话中明确提出："计划经济不等于社会主义，资本主义也有计划；市场经济不等于资本主义，社会主义也有市场。计划和市场都是经济手段。"② 邓小平这一论断解决了社会主义市场经济姓"资"姓"社"的问题，明确提出了计划和市场都是经济手段，而非社会性质的表现形式，破

---

① 《中国共产党第十三次全国代表大会文件汇编》，人民出版社，第 3132 页。

② 中共中央文献编辑委员会：《邓小平文选》（第 3 卷），人民出版社，第 373 页。

除了计划与市场等同于不同社会性质的传统观念，从根本上理清了计划经济、市场经济和社会主义的关系，推动了对经济体制改革目标新的认识，为社会主义市场经济的进一步发展扫清了理论障碍。

1992年12月，党的十四大报告明确提出，"我国经济体制改革的目标是建立社会主义市场经济体制，以利于进一步解放和发展生产力"，"社会主义市场经济体制是同社会主义基本制度结合在一起的"[①]。将我国经济体制改革的目标确定为建立社会主义市场经济体制具有十分重大的历史意义，突破了市场经济和社会主义相互对立的传统观念，解决了关系我国经济体制改革的方向性重大问题，彻底消除了改革开放多年以来在理论和实践中的困惑，实现了改革开放新的历史性突破。[②]

党的十四大不仅正式提出了建立社会主义市场经济体制的目标，同时对社会主义市场经济体制也提出三个层次的要求：一是在所有制结构上，社会主义市场经济是以公有制即全民所有制和集体所有制经济为主体，个体经济、私营经济、外贸经济为补充，多种经济成分长期共同发展的市场经济；二是在分配制度上，社会主义市场经济是以按劳分配为主体，其他分配方式为补充，效率优先、兼顾公平的市场经济；三是在宏观调控上，社会主义市场经济是国家能够利用宏观调控手段，把人民的当前利益与长远利益、局部利益与整体利益结合起来的市场经济。[③]

在党的十四大以后，建立起社会主义市场经济体制已然成为我国经济体制改革的目标，市场经济活力的充分释放，极大地解放和发展生产力，活跃了各经济主体活力，推动着我国经济增长和发展。

从学术界的理论争论上看，1978—1992年社会主义市场经济理论经历了1978年以前的否定阶段，承认市场作用和利用市场调节阶段，"主辅论"阶段，重视市场调节和发展有计划的商品经济以及创立完善社会主义市场经济理论阶段。从改革的实践发展上看，自党的十二届三中全会正式提出有计划的商品经济之后，我国在实践中就推动了国家调节市场、市场引导企业的改革，以及基于邓小平同志南方谈话，党的十四大正式明确了建立社会主义市场经济体制为经济体制改革的目标，从而推动我国社会主义经济的发展。

---

① 《中国共产党第十四次全国代表大会文件汇编》，人民出版社，第22页。
② 《马克思主义政治经济学概论》编写组：《马克思主义政治经济学概论》（第二版），人民出版社，第283页。
③ 《中国共产党第十四次全国代表大会文件汇编》，人民出版社，第23页。

第四章

社会主义市场经济体制的基本形成（1992—2002）

第一节　20世纪90年代初期中国经济的基本国情和外部环境

一、20世纪90年代初期中国经济的基本国情

在我国社会经济发展历程中，20世纪90年代初期是具有重要意义的一个历史阶段。20世纪80年代末、90年代初，由于国际国内形势的深刻变化，我国的经济体制改革与对外开放实践面临困境，改革开放在理论上遭遇诸多难题的困扰。首先，经济运行中存在的深层次问题尚未得到根本解决，经济发展速度有所放缓。其次，经济体制改革陷入停滞甚至局部倒退的困境，在理论上面临被从根本上否定的危险。最后，对外开放举步维艰，在理论上遭遇重重责难。在面临多重困境和不利因素的情况下，改革开放往哪个方向走？中国经济体制改革又该往何处去？这些时代问题亟待得到科学准确的回答。

1992年，邓小平南方谈话分析了国际国内形势，总结了改革开放以来党的实践与经验，并从根本上理清了计划经济、市场经济和社会主义的关系，回答了困扰多年的认识问题，推动改革开放进入了新的阶段。党的十四大的召开也揭开了我国新一轮经济体制改革的帷幕，在党的历史上第一次明确提出了建立社会主义市场经济体制的目标，为建设有中国特色的社会主义指明了继续前进的方向。将社会主义基本制度和市场经济结合起来，建立社会主义市场经济体制，是中国共产党提出的、在理论和实践上的伟大创举。社会主义市场经济体制目标的确立，为我国经济体制改革明确了方向，成功回答了经济体制改革方向的问题。

20世纪90年代，由于确立了建设社会主义市场经济体制的目标，我国经济体制改革进入了新一阶段，经济运行迸发出了巨大活力。从经济增长角度来看，我国经济处于新一轮经济增长的高峰期。党的十五大报告指出，1992—1996年，我国国内生产总值年均增长12.1%，既实现了快速增长，又抑制了通货膨胀。投资的迅速增长是支撑这一轮经济增长的主要原因，但从根本上来看，经济体制改革所释放出的积极信号和巨大红利才是促成经济发展的根本原因。从产业结构来看，20世纪90年代初产业结构的变化反映出了我国工业化

程度逐渐加深的趋势。第一产业增加值占比由 1990 年的 26.6% 下降至 1996 年的 19.3%，第二产业增加值占比由 1990 年的 41.0% 增至 1996 年的 47.1%，第三产业增加值占比由 1990 年的 32.4% 增至 1996 年的 33.6%。[①] 从 1985 年开始，第三产业增加值占比已超过第一产业，并呈现出逐年拉大的趋势。[②] 综上，20 世纪 90 年代初产业结构的变动体现了我国产业结构逐渐优化的健康发展趋势。从人民生活角度来看，党的十五大报告指出，1992—1996 年，我国城镇居民人均生活费收入年均实际增长 7.2%，农村居民人均纯收入年均实际增长 5.7%，是增长最快的时期之一，全国农村贫困人口减少了 3200 万，人民生活水平有所提高。从对外开放的角度来看，我国融入全球化格局的程度日益加深，对外贸易总量日益增高。首先，邓小平南方谈话后，我国出台了一系列重大措施，在全国范围内推进对外开放，形成了对外开放的新局面。在这一时期，沿江沿边开放、兴建保税区、推进外贸体制改革成为对外经济政策的重点环节。经过多年的对外开放的实践，不断总结经验和完善政策，我国的对外开放由南到北、由东到西层层推进，基本上形成了"经济特区——沿海开放城市——沿海经济开放区——沿江和内陆开放城市——沿边开放城市"这样一个宽领域、多层次、有重点、点线面结合的全方面对外开放新格局。中央还着手外贸体制改革，努力建立适应国际贸易惯例、符合社会主义市场经济要求的新型外贸体制，统一对外经贸政策，提高政策法规透明度，有利促进了对外贸易和利用外资的发展。[③] 其次，我国对外贸易发展迅速，中国进出口贸易总额持续增长。进入 20 世纪 90 年代的"八五"时期（1991—1995 年），我国进出口总额突破一万亿美元，是"六五"时期的 4 倍、"七五"时期的 2.1 倍。[④] 最后，中国外商直接投资势头发展迅猛。"八五"时期，外商直接投资在中国资本总量中所占比重已达 13.7%，比"七五"时期提高近 11 个百分点，年均增速达 70.9%，大大高于中国资本总量年均增长 6.1% 的速度。[⑤]

20 世纪 90 年代初期是我国经济体制改革的重要阶段，在中国共产党的坚强领导下，在中国人民共同的努力奋斗下，国民经济的整体实力经历了由弱到

① 数据来源：国家统计局年度数据库。
② 数据来源：国家统计局年度数据库。
③ 《马克思主义政治经济学概论》编写组：《马克思主义政治经济学概论》（第二版），人民出版社，第 385 页。
④ 陈耀庭：《90 年代中国经济开放度和国际化研究》，《世界经济与政治》，2000 年第 8 期，第 11~15 页。
⑤ 陈耀庭：《90 年代中国经济开放度和国际化研究》，《世界经济与政治》，2000 年第 8 期，第 11~15 页。

强、由小到大的转变。综合国力显著增强，经济结构从低水平向高水平、从不平衡向相对平衡进行了大幅度调整，经济发展的协调性显著增强。但同时应当注意的是，能源消耗严重、资源浪费、环境污染问题日益突出，城乡之间、地区之间、产业之间发展不平衡等经济发展中的新问题也开始显现。

二、20 世纪 90 年代初期中国经济的外部环境

在 20 世纪 80 年代末到 90 年代初，由于苏联模式被长期强加于东欧各个社会主义国家，阻碍了东欧国家独立自主地探索适合本国国情的社会主义发展道路。东欧各国陷入经济危机，与西欧国家经济差距的逐渐拉大也诱发了政治危机与民族矛盾，同时在西方和平演变政策的推动下，波兰、匈牙利、捷克斯洛伐克等东欧国家的共产党纷纷丧失政权，东欧各国政治经济制度发生了根本性的变化，由社会主义制度演变为资本主义制度。发生在 20 世纪 80 年代末90 年代初的东欧剧变最终以苏联解体告终。东欧剧变与苏联解体意味着社会主义制度在国际上的影响力减弱，同时标志着美苏对峙的两极格局的瓦解，美苏冷战结束。国际形势发生的深刻变化给我国社会主义制度带来了严峻的考验，但也为我国的发展提供了新的机遇。一方面，东欧剧变与苏联解体意味着在东欧国家实行社会主义的失败，对我国实行社会主义制度也产生了质疑的声音；同时，苏联解体使我国在国际社会中的角色发生转变，美国的战略重心转向亚洲，压缩了我国的发展空间。但从另一方面来看，苏联解体宣告了冷战的结束，推动了世界格局多极化进程，使得我国可以在经济领域进一步向世界开放。同时，苏联解体也为我国提供了深刻的经验教训，坚定了我国改革开放的决心，证明了我国走具有中国特色的社会主义的道路的正确性。

东欧剧变与苏联解体后，世界向着多极化发展，各国经济的联系更为紧密，全球化趋势加速推进。国际贸易以超越全球经济增速的水平持续增长，分工体系的国际化程度更加深入，生产过程的全球参与更加普遍。我国实行完全独立自主的和平外交政策，广泛融入国际社会，积极寻求多边合作，为谋求经济发展创造有利的外部条件。1992 年，党的十四大报告中明确指出，要"积极扩大我国企业的对外投资和跨国经营"。在国际形势的变化与我国对外政策的调整之下，我国对外贸易取得了良好的增长态势，我国进出口商品结构也有了一定的优化。1991—1996 年，进出口总额年均增长达 27.3％。其中出口年均增长 26.9％，进口年均增长 27.7％；1996 年，我国出口商品中工业制成品

比重达到 85.5%。①② 对外贸易的迅速增长，使得中国经济与世界经济的纽带更为紧密。中国的贸易依存度已由 1990 年的 29.5% 提升至 1996 年的 33.6%，③④ 这一方面体现了中国在开拓国际市场及利用国际资源方面的良好成效，但同时也意味着中国经济对外依赖程度的提高。在这一时期，我国逐渐摆脱了国际形势变化产生的不利因素，坚持对外开放的基本国策，抓住经济全球化带来的机遇，并把对外开放推进到一个全新的高度，为我国对外贸易的高速增长和外向型经济的发展奠定了坚实的基础。

第二节　关于社会主义市场经济的争论

随着社会主义市场经济体制的确立，发展社会主义市场经济成为我国经济发展的必然要求。但对于社会主义市场经济的理论认识慢于实践，因此我国学术界在党的十四大之后围绕社会主义市场经济展开了新一轮的争论。这次争论不再停留于是否发展社会主义市场经济层面，而是关注于社会主义经济与社会主义市场经济的关系、对社会主义市场经济的理解以及如何发展社会主义市场经济等方面。

一、社会主义经济与社会主义市场经济

学术界关于社会主义经济与社会主义市场经济之间联系的讨论，首先聚焦于社会主义经济是什么，而后再讨论社会主义经济是否与社会主义市场经济等同。学术界就此问题的讨论展现了发展社会主义市场经济的必要性。

（一）何为社会主义经济

如何认识社会主义经济是社会主义市场经济体制确立后学术界讨论的热门话题，学者们主要从所有制层面回答了这一问题。于光远（2000）提出"社会

---

① 中华人民共和国国家统计局：《中国统计年鉴（1992）》，中国统计出版社，第 627~628 页。
② 中华人民共和国国家统计局：《中国统计年鉴（1997）》，中国统计出版社，第 588~593 页。
③ 中华人民共和国国家统计局：《中国统计年鉴（1991）》，中国统计出版社，第 31+615 页。
④ 中华人民共和国国家统计局：《中国统计年鉴（1997）》，中国统计出版社，第 42+588 页。

主义＝生产资料的社会所有＋（社会主义市场经济＋按劳分配）"①，可以看出社会主义市场经济只是其中一项。黄范章（1998）持有与于光远类似的观点，他认为社会主义经济从本质上讲就是公有制与市场经济相结合的。② 孙尚清等（1980）也指出，"社会主义经济是计划经济，有计划发展规律是社会主义经济的调节者"这种说法是不够全面的，社会主义经济是公有制基础上的商品经济，在有计划规律对它起调节作用的同时，价值规律也必然对它起调节作用。③ 而卫兴华（1999）认为，在我国现实社会主义社会的经济，或社会主义初级阶段的经济，或我国社会主义的国民经济，或社会主义市场经济，以公有制为主体的多种所有制经济都是其构成部分，而"社会主义经济"是不包括非公有制经济，即种种私有制经济的。④ 可以看出卫兴华的观点是有特定限制的。胡培兆（1999）也认为社会主义有广义和狭义，全称与简称的区别，限定条件不同则其意义也不相同。⑤ 厉有为（1998）认为社会主义与资本主义的本质区别是存在的，但不是在全民所有制经济、计划经济体制和按劳分配三方面，其本质区别只有一条，即从生产资料的占有上来区别社会主义和资本主义，少数人占有大多数生产资料就是资本主义；多数人占有大多数生产资料就是社会主义。⑥ 白洋等（1992）也分析了社会主义与资本主义的区别，认为二者的根本区别在于所有制关系的不同，社会主义是以公有制为基础，资本主义是以私有制为基础，这是区别两种制度最重要、最本质的特征。⑦ 与上述所有制层面论述不同的，晓亮（1998）认为，公有制和国有制不是社会主义的本质特征，公有与国有的概念界定不清，用以区分社会主义社会的本质特征未必恰当，因此他提出只有社会所有或社会所有制才可以体现社会主义经济本质。⑧

（二）社会主义经济与社会主义市场经济关系

党的十二届三中全会已经明确社会主义经济是以公有制为基础的有计划的

---

① 刘学文：《中国如何面对 21 世纪的世界历史大调整——于光远访谈录》，《当代经济科学》，2000 年第 1 期，第 1~4 页。

② 黄范章：《论公有制与市场经济的结合》，《经济学家》，1998 年第 5 期，第 4~7 页。

③ 孙尚清，陈吉元，张卓元：《我国社会主义经济的计划性与市场性的关系》，吉林人民出版社，第 9 页。

④ 卫兴华：《再论究竟怎样正确认识社会主义经济》，《当代经济研究》，1999 年第 4 期，第 2~13 页。

⑤ 胡培兆：《也谈社会主义经济》，《理论前沿》，1999 年第 18 期，第 13~14 页。

⑥ 厉有为：《对社会主义公有制实现形式问题的几点认识》，《理论学刊》，1998 年第 5 期，第 42~45 页。

⑦ 白洋，吴志辉，林廷列：《计划与市场——社会主义市场经济的思考》，广东高等教育出版社，第 15 页。

⑧ 晓亮：《所有制研究六题（上）》，《经济经纬》，1998 年第 4 期，第 12~15 页。

商品经济，因此应首先明确商品经济与市场经济的关系，再讨论社会主义经济与社会主义市场经济的关系。

首先，关于商品经济与市场经济关系的讨论。周天骥（1987）认为，商品经济与市场经济有联系也存在区别。一方面，市场经济是商品经济的范畴，市场经济必然是商品经济，商品经济是市场经济的基础；另一方面，商品经济不等于市场经济，市场经济是商品经济发展到一定阶段的产物，是商品经济的高级形态，是社会化、市场化的商品经济。[①] 白洋等（1992）也认为，商品经济是和经济运行过程的基本特征联系在一起的，它是和自然经济相对立的一个概念，当商品生产和商品交换不是个别、偶然的经济行为，而是反复、经常出现，成为一种经济过程时，就形成了商品经济。而市场经济则是从通过市场进行配置资源这一角度来看的，它强调了市场在配置资源中的作用，它是和计划经济相对立的一种概念；而且，从商品经济发展的时间顺序上看，商品经济包含了市场经济，市场经济即商品经济，但它是商品经济发展的高级形态，是现代商品经济。[②] 王珏（1993）指出，市场经济是商品经济的实现形式，是商品经济条件下资源配置的一般方式，与社会制度没有本质联系，在当今世界，无论社会制度如何，只要实行的是商品经济，就必然采取市场经济的形式。[③] 刘国光（1992）认为商品经济属于比较抽象、本属的内容层次，而市场经济则是更为具体、现象的形式层次；可以说市场经济是商品经济的一种高度发展的现象形态。[④] 张朝尊和文力（1992）也持有类似观点。[⑤] 但胡培兆（1992）持相反看法，他认为市场经济与商品经济在本质上是相同的，不能把商品经济与市场经济分割开来，市场经济是商品经济高度发达以后才有的产物。[⑥]

其次，关于社会主义经济与社会主义市场经济关系的讨论。关于这一问题的讨论，学术界聚焦于社会主义经济是否等同于社会主义市场经济。卫兴华（1999）认为，"社会主义经济"与"社会主义市场经济"是两个虽有联系但不等同的概念。[⑦] 刘国光（1992）认为可以将"社会主义市场经济"约定俗成地

---

① 周天骥：《社会主义市场经济理论》，大连理工大学出版社，第28页。

② 白洋，吴志辉，林廷列：《计划与市场——社会主义市场经济的思考》，广东高等教育出版社，第6页。

③ 刘国光：《改革开放的新起点——建立社会主义市场经济体制纵横谈》，吉林人民出版社，第92～93页。

④ 刘国光：《关于社会主义市场经济理论的几个问题》，《经济研究》，1992年第10期，第8～18页。

⑤ 张朝尊，文力：《论社会主义市场经济》，《中国社会科学》，1992年第4期，第3～13页。

⑥ 胡培兆：《市场经济与社会主义》，《经济研究》，第1992年第11期，第17～21页。

⑦ 卫兴华：《究竟怎样正确认识社会主义经济（上）》，《理论前沿》，1999年第9期，第14～16页。

理解为"社会主义条件下"或"社会主义制度下的市场经济"。① 曲春郊
（1999）也认为，社会主义市场经济和社会主义经济是两个不同的问题，不能
将两者混为一谈，具体来说：社会主义经济是指这样一种社会性质的经济形
式，即建立在生产资料公有制基础上的经济；市场经济则是指一种经济运行机
制，一种经济体制，在这种机制和体制下市场在资源配置上起基础性作用。②
李钧泽（1999）认为，市场经济与社会主义基本经济制度之间存在着矛盾，这
种矛盾主要表现在市场调节与计划调节之间。③ 方生（1998）则认为，建设有
中国特色社会主义经济同发展社会主义市场经济，是完全一致的，而不是两个
完全不同的概念。④

二、对于社会主义市场经济的理解

随着社会主义市场经济体制的建立，我国学术界开始对社会主义市场经济
理论进行研究，学者们从不同角度对社会主义市场经济给予解释，论证了我国
发展社会主义市场经济的内在逻辑。关于如何理解社会主义市场经济的争论，
学术界主要从以下几个方面展开论述。

（一）社会主义市场经济的含义

对于社会主义市场经济的含义，龚育之（1992）指出，社会主义市场经济
就是在社会主义公有制为主体基础上的、有社会主义国家政策、计划宏观调控
的市场经济。⑤ 李文（1992）认为市场经济的概念包括以下几个方面：一是市
场经济运行的动力是各级经济活动者对物质利益的追求；二是市场经济对社会
经济运行的调节是自动进行的；三是市场经济调节经济运行的主要手段是价
格；四是市场经济发挥作用的基本形式是竞争。⑥ 张雷声（1993）也提出了社
会主义市场经济的四个方面的内涵：一是，在社会主义国家宏观调控下，市场
对资源配置起基础性作用，从而使社会经济活动遵循价值规律的要求，适应供
求关系的变化；二是，通过价格杠杆和竞争机制的功能，把资源配置到效益较

---

① 刘国光：《关于社会主义市场经济理论的几个问题》，《经济研究》，1992 年第 10 期，第 8～18 页。

② 曲春郊：《也谈非公有制经济的社会性质问题》，《理论前沿》，1999 年第 6 期，第 15～16 页。

③ 李钧泽：《社会主义市场经济的几个基本关系问题》，《理论视野》，1999 年第 3 期，第 54～57 页。

④ 方生：《认真学习有中国特色社会主义经济理论（下）》，《理论前沿》，1998 年第 21 期，第
10～11 页。

⑤ 龚育之：《不从定义出发，不等于不要定义》，《经济日报》，1992 年 9 月 26 日。

⑥ 曾国祥：《社会主义市场经济重点疑点难点问答》，中国经济出版社，第 6 页。

好的环节中去，并给企业以压力和动力，实现优胜劣汰；三是，运用市场对各种经济信号反应比较灵敏的优点，促进生产和需求的及时协调；四是，国家依据客观规律的要求，运用好经济政策、经济法规、计划指导和必要的行政管理，通过对经济的宏观调控，克服市场的弱点和消极方面，引导市场健康发展。[①] 沈立人（1992）提出了具有中国特色的社会主义市场经济的内涵，即公有制为主体或主导，处于社会主义初级阶段且符合中国国情的市场经济。[②] 周天骥（1987）持有相同看法，认为中国社会主义市场经济是具有中国特色的现代市场经济。[③] 董辅礽（1998）认为，对社会主义市场经济的理解可从两个互相联系的方面来看，一方面是社会主义市场经济是社会主义经济和市场经济的综合，另一方面是社会主义市场经济是社会公平和市场效率的综合。[④] 而张朝尊（1999）反对董辅礽的这种表述，他认为此观点所体现的社会主义和市场经济似乎是两张皮，社会主义自身没有市场经济形成的客观条件，市场经济是从别的地方引入进来的。[⑤] 卫兴华（2000）则认为，社会主义市场经济是社会主义经济、市场经济以及非公有制经济的综合，社会主义市场经济是对市场经济做了新的界定，既超越了与私有制或资本主义联系的理解，也超越了原来的完全由价值规律自发调节、"无政府""盲目性"生产的理解。[⑥]

（二）社会主义市场经济的客观基础

对于社会主义市场经济的客观基础，董辅礽与张朝尊观点不同。董辅礽（1998）认为，在单一公有制经济的基础上是不可能形成市场经济的，只有在以多种公有制为主导、多种所有制经济共同发展的混合所有制经济才能形成市场经济，他指出非公有制经济是市场经济必不可缺少的部分。[⑦] 而张朝尊（1999）反对董辅礽的看法，他认为社会主义市场经济不可从别处引入，从而是由社会主义经济本身产生，因此他指出社会主义市场经济的存在是公有制经济的本质特征，过去对它实行计划经济是错误的理论和错误的政策造成的，进

---

① 顾海良：《社会主义市场经济100题》，北京经济学院出版社，第33页。

② 沈立人：《实践选择了社会主义市场经济——我国经济体制改革面临的机遇和挑战》，《经济体制改革》，1992年第5期，第20~30+126~127页。

③ 周天骥：《社会主义市场经济理论》，大连理工大学出版社，第32页。

④ 董辅礽：《重新认识社会主义经济》，《天津社会科学》，1998年第3期，第5~11页。

⑤ 张朝尊：《怎样认识社会主义市场经济——与董辅礽同志商榷》，《理论前沿》，1999年第7期，第5~7页。

⑥ 卫兴华：《关于社会主义市场经济理论与实践的历史回顾与评析》，《高校理论战线》，2000年第1期，第12~20页。

⑦ 董辅礽：《重新认识社会主义经济》，《天津社会科学》，1998年第3期，第5~11页

行社会主义市场经济体制改革的核心问题，就是要改革或纠正过去对公有制经济实行计划经济的错误，按照公有制经济本质特征的本来面貌，重新建立起社会主义市场经济。① 魏杰和张宇（1993）认为，传统公有制模式与市场经济存在着矛盾，要实现公有制与市场经济的兼容，应探索适应现代社会化大生产和商品经济发展的新的所有制形式。②

（三）社会主义市场经济与资本主义市场经济的区别

对于该问题，胡培兆（1992）谈到市场经济有社会主义市场经济和资本主义市场经济之区分，一般的市场经济属中性，与特定生产方式相联系的具体的市场经济属特性。③ 李文（1992）认为，不同于资本主义市场经济，社会主义市场经济的特点是由社会主义制度的基本特征决定的，因此社会主义市场经济在处理计划与市场、刺激经济效率和实现社会公正的关系等方面比资本主义市场经济更为有效。④ 王珏（1993）认为，两者的根本区别不是有计划与无计划，计划性与盲目性，自觉性与自发性，有调控与无调控之类，而是所有制的不同。⑤ 林凌（1992）从多方面进行比较，指出社会主义市场经济是公有制为主体，资本主义市场经济是私有制为主体；前者是按劳分配为主要形式，目标是共同富裕，后者是按资分配，导致两极分化；除此以外，任何附加都是不科学的。⑥ 王积业（1993）也同样认为，二者区别在于所有制基础不同、目的不同、宏观调控的范围和力度不同。⑦

三、建设社会主义市场经济体制

学术界关于社会主义经济理论的讨论的另一个重心是如何建设社会主义市场经济，这对于我国社会主义经济体制改革具有重要的实践意义。但学术界就此问题的讨论未形成统一共识，各学者从不同角度给予政策建议。

① 张朝尊：《怎样认识社会主义市场经济——与董辅礽同志商榷》，《理论前沿》，1999 年第 7 期，第 5~7 页。

② 魏杰，张宇：《市场经济与公有制体制改革》，《经济研究》，1993 第 3 期，第 26~31＋51 页。

③ 胡培兆：《市场经济与社会主义》，《经济研究》，1992 年第 11 期，第 17~21 页。

④ 曾国祥：《社会主义市场经济重点疑点难点问答》，中国经济出版社，第 10~11 页。

⑤ 王珏：《建立社会主义市场经济体制的基本思路》，载贾春峰：《著名学者论社会主义市场经济（续编）》，人民出版社，第 14 页。

⑥ 林凌：《关于计划与市场的"中性"分析——兼论社会主义市场经济》，《经济体制改革》，1992 年第 4 期，第 10~13 页。

⑦ 王积业：《社会主义市场经济与宏观计划调控》，《财贸经济》，1993 年第 2 期，第 9~14 页。

（一）市场经济模式视角

高尚全（1992）认为，要从现代市场经济的内在规律研究社会主义市场经济体制，从所有制、国企改革、生产要素商品化、市场配置资源、公平与效率相结合等多方面构建社会主义市场经济模式。①魏杰和张宇（1993）指出应对国有企业进行改造，一是积极发展多种所有制形式，实现产权结构的多元化以弥补国有经济的不足，通过各种所有制之间的相互融合与竞争提高国有经济的效率；二是重新划定国有企业的基本职能和存在范围，改革国有企业的管理体制，建立适应市场经济要求的产权形式。②厉以宁（1992）则认为，社会主义市场经济体制就是以政企分开、自主经营、自负盈亏的企业为微观基础的、以市场调节为第一调节、以政府调节为第二次调节的经济体制。③尹文书（1992）提出，宏观总量由国家计划控制，微观经济活动由市场直接调节，宏观结构关系发挥市场机制和计划双重作用，实现社会主义宏观经济运行的双重目标，即总量均衡与结构均衡。④

（二）市场与政府关系视角

在社会主义市场经济体制建立起来时，学术界对于市场与政府的关系普遍持政府干预市场的观点。钱颖一（1992）指出，政府在市场的交易中扮演什么样的角色问题上，有两种不同的看法：一是"国家推动发展论"，即认为市场是混乱的，所以要管它；二是"增进市场论"，即认为为了市场有效的运作，政府应施以一定的规则和约束。⑤白洋等（1992）认为，在市场经济条件下，政府的宏观管理应面向市场，为市场服务，调控的目的是克服市场机制的缺陷和不足，对市场机构起弥补和支持作用。⑥厉以宁（1993）指出，在处理政府与市场的关系时必须让政府行为保持适度，政府只做市场做不到的事，且政府作为市场的管理者，有责任维护市场秩序，保证市场交易活动的正常进行。⑦赖昭瑞（1999）从现代市场经济属性出发，认为现代市场经济是一种市场机制

---

① 高尚全：《尽快建立社会主义市场经济新体制》，《北京日报》，1992年10月20日。

② 魏杰，张宇：《市场经济与公有制体制改革》，《经济研究》，1993第3期，第26～31+51页。

③ 厉以宁：《市场调节经济，政府管理市场》，《经济研究》，1992年第11期，第11～13页。

④ 尹文书：《社会主义市场经济及其运行模式研究》，《经济纵横》，1992年第11期，第1～7页。

⑤ 钱颖一：《目标与过程》，《经济社会体制比较》，1999年第2期，第1～7页。

⑥ 白洋，吴志辉，林廷列：《计划与市场——社会主义市场经济的思考》，广东高等教育出版社，第215页。

⑦ 刘国光：《改革开放的新起点——建立社会主义市场经济体制纵横谈》，吉林人民出版社，第6～8页。

与政府干预有机统一的运行模式。[①] 而董辅礽（1999）虽然也强调了政府干预市场的重要性，但他反对建立一种政府主导型的市场经济，认为这种是计划经济的反复。[②] 对于政府干预市场的程度，陈东琪（1999）认为，在政府干预问题上，经济学家之间真正的分歧主要是政府可不可以介入微观事务。[③] 陈耿之（1999）指出，政府干预只是解决"市场失灵"的产物，绝不是取代市场的产物。[④] 胡杨和唐丽娜（2001）则认为由于市场在信息的获得和占有方面先天优于政府，必然会在很多领域取代政府的作用，使全能政府客观地向有限政府过渡。[⑤] 可以看出，学者们对于政府干预市场已形成共识，但干预程度与范围仍有争议。

（三）建设社会主义市场经济体制的具体框架

许多学者都认为建设社会主义市场经济体制离不开建立现代企业制度、完善市场体系、完善宏观调控体系、建立适应市场经济要求的社会保障体系等。例如，周天骥（1987）指出，现代市场经济体制的基本框架是：市场经济体制的微观基础，建立现代企业制度；市场运行机制本身，建立全国统一开放的市场体系；建立以间接手段为主的完善的宏观调控体系；建立健全适应市场经济发展需要的法律体系，规范经济行为。[⑥] 白洋等（1992）也认为，建设社会主义市场经济体制，一是要建立适应市场公平竞争法则的现代企业制度；二是要改革市场体制，完善市场体系；三是要建立适合社会主义市场经济本质要求的宏观调控体系；四是要加快社会保障体系建设。[⑦] 亮安（1992）也提出建立社会主义市场体制的主要任务：建立适应市场经济要求的企业制度、建立新的价格形成机制和完备的市场体系、建立新的政府管理经济制度和宏观经济调控体系、建立适应市场经济要求的社会服务化体系和社会保障体系，以及建立维护社会主义市场经济正常运行的法律体系和监督体系。[⑧] 此外，程恩富（1998）

① 赖昭瑞：《现代市场经济与政府职能耦合》，《山东经济》，1999 年第 4 期，第 8～11 页。

② 董辅礽：《市场经济漫笔》，广西人民出版社，第 100 页。

③ 陈东琪：《现代市场经济为什么需要政府——对经济学中老问题的新思考》，《财贸经济》，1999 年第 6 期，第 17～24 页。

④ 陈耿之：《关于建立中国政府主导型市场经济体制》，《韩山师范学院学报》，1999 年第 1 期，第 1～8 页。

⑤ 胡杨，唐丽娜：《从全能政府到有限政府——市场经济对政府机构改革的必然选择》，《西北大学学报（哲学社会科学版）》，2001 年第 1 期，第 58～62 页。

⑥ 周天骥：《社会主义市场经济理论》，大连理工大学出版社，第 52 页。

⑦ 白洋，吴志辉，林廷列：《计划与市场——社会主义市场经济的思考》，广东高等教育出版社，第 204～216 页。

⑧ 曾国祥：《社会主义市场经济重点疑点难点问答》，中国经济出版社，第 35～39 页。

认为，重要的是要建立社会主义的市场经济体制，即以公有制为主体的市场经济模式，而不是以私有制为主体的市场经济模式，因此他提出应建立和完善公有主体型的多种类产权形态，劳动主体型的多要素分配形态、国家主导型的多结构市场形态和自力主导型的多方位开放形态。[1] 刘诗白（1999）认为，建立社会主义市场经济体制就是要使市场在国家调控下对资源配置起基础作用，并提出了所有制结构、国企改革、分配制度、宏观调控体系以及社会保障体系等方面具体措施。[2] 洪银兴（1999）则认为，针对我国市场发育的现状，需要根据现代市场的标准提出现代市场的任务，主要包括建设现代市场和建立市场规范两大方面。[3]

第三节　社会主义市场经济体制的基本形成

自党的十四大提出建立社会主义市场经济体制的目标后，中国共产党对于社会主义市场经济体制的探索开始转向整体系统地构建、丰富与发展的阶段，中国共产党根据改革不断深化的新形势，从理论和实践两方面不断丰富和发展社会主义市场经济体制。在 1992—2002 年这一时期，中国共产党对社会主义市场经济体制的丰富与发展主要体现在推动社会主义市场经济体制基本框架形成，培育和发展社会主义市场体系，转变政府职能三个方面。

一、社会主义市场经济体制基本框架

1992 年，党的十四大报告明确了我国经济体制改革的目标是建立社会主义市场经济体制，这要求我国经济基础和上层建筑的相关领域做出一系列相适应的体制改革和政策调整。1993 年，党的十四届三中全会从理论和实践两个方面总结了我国改革开放以来在社会主义市场经济方面的经验，并做出《中共中央关于建立社会主义市场经济体制若干问题的决定》，确定了构成社会主义

---

① 程恩富：《重构和完善社会主义初级阶段的基本经济形态》，《经济学家》，1998 年第 5 期，第 8~12 页。

② 刘诗白：《社会主义市场经济与主体产权制度的构建》，《经济学家》，1999 年第 1 期，第 4~13 页。

③ 李志强：《现代市场经济理论和社会主义市场经济体制的建设——访著名经济学家、南京大学副校长洪银兴教授》，《经济师》，1999 年第 1 期，第 4~9 页。

市场经济体制的基本框架，主要内容是：（1）建立适应市场经济要求，产权清晰、权责明确、政企分开、管理科学的现代企业制度是建立社会主义市场经济体制的中心环节，是巩固社会主义制度和发挥社会主义优越性的关键所在；（2）建立全国统一开放的市场体系，实现城乡市场紧密结合，国内市场与国际市场相互衔接，促进资源的优化配置；（3）转变政府管理经济的职能，建立保证国民经济健康运行，以间接手段为主的完善的宏观调控体系；（4）建立以按劳分配为主体，效率优先、兼顾公平的收入分配制度，鼓励一部分地区一部分人先富起来，走共同富裕的道路；（5）建立多层次的社会保障制度，为城乡居民提供同中国国情相适应的社会保障，促进经济发展和社会稳定。[1] 这一决定构建起我国社会主义市场经济体制的基本框架，指出了建立社会主义市场经济体制就是要使市场在国家的宏观调控下对资源配置起基础性作用。建立社会主义市场经济体制不仅要从所有制、分配制以及企业制度等方面，还要从社会保障、政府职能方面着手，这一决定丰富和发展了我国社会主义市场经济体制的内涵。

从党的十四大之后的决议文件可以看出，我国社会主义市场经济体制本质特征主要体现在基本制度和资源配置两个方面。基本制度方面，社会主义市场经济是同社会主义基本制度结合在一起的；资源配置方面，社会主义市场经济体制就是要使市场在社会主义国家宏观调控下对资源配置起基础性作用。以公有制为主体的现代企业制度是社会主义市场经济体制的基础。党的十四届三中全会指出"建立现代企业制度是企业改革的目标"，并将现代企业制度基本特征概括为"产权清晰、权责明确、政企分开、管理科学"[2]。同时，对不同规模的国有企业提出了不同的改革要求："国有大中型企业是国民经济的支柱，推行现代企业制度，对于提高经营管理水平和竞争能力，更好地发挥主导作用，具有重要意义。"[3] 1999 年，党的十五届四中全会通过了《中共中央关于国有企业改革和发展若干重大问题的决定》，其明确指出，国有企业改革是整个经济体制改革的中心环节；建立和完善社会主义市场经济体制，实现公有制与市场经济的有效集合，最重要的是使国有企业形成适应市场经济要求的管理体制和经营体制。据此，我国在国有企业内引入多元化投资主体，以产权多元化推进产权关系明晰化，实质性地推进了国有企业的产权制度改革，混合所有

---

① 《中共中央关于建立社会主义市场经济体制若干问题的决定》，人民出版社，第 5~21 页。

② 中共中央文献研究室：《十四大以来重要文献选编（上）》，中央文献出版社，第 453 页。

③ 中共中央文献研究室：《十四大以来重要文献选编（上）》，中央文献出版社，第 456 页。

制成为公有制经济的一种有效实现形式。[1]

2002 年，党的十六大报告进一步提出完善社会主义市场经济体制的任务：“坚持社会主义市场经济的改革方向，使市场在国家宏观调控下对资源配置起基础性作用”“建成完善的社会主义市场经济体制和更具活力、更加开放的经济体系”。[2]

从党的十四大明确建立社会主义市场经济体制改革的目标，到党的十六大提出建立完善的社会主义市场经济体制，中国共产党对社会主义市场经济十多年的探索与实践已取得了阶段性的成果。

二、培育和发展市场体系

市场体系是建立与发展社会主义市场经济体制的重要条件。党的十四届三中全会通过的《中共中央关于建立社会主义市场经济体制若干问题的决定》就指出，要发挥市场在资源配置中的基础性作用，必须培育和发展市场体系。党的十六大进一步提出，要在更大程度上发挥市场在资源配置中的基础性作用，健全统一、开放、竞争、有序的现代市场体系。由此可见，培育和发展市场体系是中国共产党对社会主义市场经济体制丰富和发展的重要一环。将这一时期中国共产党关于培育和发展市场体系的发展总结为以下几个方面。[3]

第一，建立统一、开放、竞争、有序的现代市场体系。这明确了我国现代市场体系的目标与属性。“统一性”是针对地区之间和部门之间的割裂和垄断提出的，为此，党的十五大报告强调要“清除市场障碍，打破地区封锁、部门垄断”[4]。党的十六大又进一步提出了要整顿市场经济秩序、健全现代市场经济的社会信用体系、打破行业垄断和地区封锁、促进商品和生产要素在全国市场自由流动。[5]

第二，大力发展生产要素市场。针对市场体系中要素市场发展的不平衡，党的十五大报告强调：“继续发展各类市场，着重发展资本、劳动力、技术等

① 杨瑞龙：《国有企业改革逻辑与实践的演变及反思》，《中国人民大学学报》，2018 年第 5 期，第 44~56 页。

② 《中国共产党第十六次全国代表大会文件汇编》，人民出版社，第 19 页。

③ 张雷声，董正平：《中国共产党经济思想史》，河南人民出版社，第 434~436 页。

④ 《中国共产党第十五次全国代表大会文件汇编》，人民出版社，第 26 页。

⑤ 《中国共产党第十六次全国代表大会文件汇编》，人民出版社，第 26 页。

生产要素市场"，① 明确了把抓紧培育和规范生产要素市场放在首要位置上。在此基础上，党的十六大又进一步提出了发展产权市场、土地市场的要求。②

第三，深化价格改革，完善价格形成机制。从党的十四大以来，经过深化价格改革，我国已经建立起以市场形成价格为主的机制，但价格形成机制还不够完善，特别是在生产要素价格形成机制方面。因此，要不断深化价格改革的重点，即完善生产要素价格形成机制，从政府定价转变为市场定价，实现价格市场化。

第四，健全市场规则，加强市场管理，保证市场的有序运行。这一时期，市场管理较为混乱，市场处于无序发展的状态，因此，党的十五大、十六大都明确强调：要保证各类市场的有序运行，必须健全市场规则，加强市场管理，整顿和规范市场经济秩序。为此，要制定和完善市场进入、市场竞争、市场交易以及维护市场秩序的法律法规，规范市场主体行为。

中国共产党在探索社会主义市场经济体制的过程中，特别注重培育和发展市场体系，以市场体系来发挥市场配置资源的作用，这反映了我国社会主义市场经济体制改革更加尊重市场经济规律，不断丰富和发展着社会主义市场经济的本质与内涵。

三、转变政府职能，加强宏观经济调控

在构建社会主义市场经济体制的过程中，要充分发挥市场机制的作用和正确运用政府经济职能。这一时期，中国共产党对于转变政府职能、加强宏观经济调控的探索包含以下两个内容。

第一，正确处理市场机制作用与政府职能作用的关系。自党的十四大以来，中国共产党进一步认识到转变政府职能是建立社会主义市场经济体制和加快经济发展的迫切要求和重要条件，明确了转变政府职能的根本途径是实行政企分开、政社分开等。同时，在党的十四届三中全会上进一步强调了政府宏观调控与市场调节的关系：国家宏观调控和市场机制的作用都是社会主义市场经济体制的本质要求，二者是统一的，是相辅相成、相互促进的。要改革传统的计划经济体制，必须强调充分发挥市场在资源配置方面的基础性作用，不如此便没有社会主义市场经济。但是，同时也要看到市场存在自发性、盲目性、滞

---

① 《中国共产党第十五次全国代表大会文件汇编》，人民出版社，第 25 页。
② 《中国共产党第十六次全国代表大会文件汇编》，人民出版社，第 26 页。

后性的消极一面，这种弱点和不足必须靠国家对市场活动的宏观指导和调控，来加以弥补和克服。①

第二，加强和改善宏观调控。在由传统计划经济向社会主义市场经济转变的过程中，政府必须适应这一变化，加强和改善宏观调控。党的十四大明确了社会主义市场经济体制的内涵：使市场在宏观调控下对资源配置起基础性作用，并提出"也要看到市场有其自身的弱点和消极方面，必须加强和改善国家对经济的宏观调控"②。面对1992年以后出现的投资与消费双膨胀的苗头，1993年6月，《中共中央、国务院关于当前经济情况和加强宏观调控的意见》提出解决当前问题必须采用新思路、新办法，从加快新旧体制转变中找出路，把改进和加强宏观调控、解决经济中的突出问题，变成加快改革、建立社会主义市场经济体制的动力。在此之后又提出了社会主义市场经济体制下宏观调控的主要任务：保持经济总量基本平衡，促进经济结构的优化，引导国民经济持续、快速、健康发展，推动社会全面进步。③党的十四届五中全会进一步提出，要将抑制通货膨胀也作为宏观经济调控的主要任务之一，确定"九五"期间宏观调控的首要任务是抑制通货膨胀。1997年，党的十五大报告不再将政府宏观调控作为市场发挥资源配置基础作用的前提，而是将二者并列，提出要充分发挥市场机制作用，健全宏观调控体系，加快国民经济市场化进程。④同时，进一步提出了宏观调控的主要任务：保持经济总量平衡，抑制通货膨胀，促进重大经济结构优化，实现经济稳定增长。⑤2002年，党的十六大将我国宏观经济调控的主要目标确定为：促进经济增长、增加就业、稳定物价、保持国际收支平衡；将宏观调控体系表述为：国家计划和财政政策、货币政策等相互配合；将政府的职能规定为：经济调节、市场监管、社会管理和公共服务。⑥

① 江泽民：《在中国共产党第十四届中央委员会第三次全体会议上的讲话》，《求是》，1994年第2期，第2~7页。

② 《中国共产党第十四次全国代表大会文件汇编》，人民出版社，第22页。

③ 钟才：《〈中共中央关于制定国民经济和社会发展"九五"计划和2010远景目标的建议〉名词术语解释》，人民出版社，第62页。

④ 程霖，陈旭东：《改革开放40年中国特色社会主义市场经济理论的发展与创新》，《经济学动态》，2018年第12期，第37~47页。

⑤ 江泽民：《高举邓小平理论伟大旗帜，把建设有中国特色社会主义事业全面推向二十一世纪——在中国共产党第十五次全国代表大会上的报告（1997年9月12日）》，《求是》，1997年第18期，第2~23页。

⑥ 《中国共产党第十六次全国代表大会文件汇编》，人民出版社，第26~27页。

第五章

社会主义市场经济体制的不断完善（2002—2012）

第一节　21 世纪初期中国经济的基本国情和外部环境

2002 年 11 月 8 日，中国共产党第十六次全国代表大会在京举行。党的十六大报告指出：经过改革开放 20 年的发展，我国国民经济持续快速健康发展。实施扩大内需的方针，适时采取积极的财政政策和稳健的货币政策，克服亚洲金融危机和世界经济波动对我国的不利影响，保持了经济较快增长。经济结构战略性调整取得成效，农业的基础地位继续加强，传统产业得到提升，高新技术产业和现代服务业加速发展。建设了一大批水利、交通、通信、能源和环保等基础设施工程。西部大开发取得重要进展。此外，我国社会主义市场经济体制初步建立，国有企业改革稳步推进，市场体系建设全面展开，开放型经济迅速发展，商品和服务贸易、资本流动规模显著扩大，我国加入世贸组织，对外开放进入了新的阶段。

一、21 世纪初期中国经济的基本国情

改革开放以来，在中国共产党的领导下，我国全面推进经济体制改革，在理论和实践上都取得了重大进展。尤其是步入 20 世纪 90 年代，中国共产党带领人民明确了社会主义市场经济体制改革的目标，形成了社会主义市场经济体制基本框架，中国共产党对社会主义市场经济二十多年的探索与实践已取得了阶段性的成果，主要表现在以下几个方面：

首先是基本经济制度方面。公有制为主体、多种所有制经济共同发展的基本经济制度已经确立，所有制结构日趋多元化，国民经济的微观活力增强。一方面，公司制改造推动了国有企业制度创新和机制转换。国有经济实行战略性调整，虽然国有经济在 GDP 中的比重下降，但是效益有所提高。1989—2001年，国有企业户数由 10.23 万户减少到 4.68 万户，但利润从 743 亿元增加到2388.56 亿元。[①] 另一方面，各种新型的混合所有制经济迅速壮大，成为经济发展的重要支撑力量。私营企业的户数和就业人数分别从 1997 年的 96.1 万

---

① 四川省社会科学院：当前国企改革及产权制度建设的紧迫性与风险 [EB/OL]，（2004-10-22）[2023-03-01]，http://www.sass.cn/109001/1252.aspx。

户、1349.3 万人，增长到 2002 年的 243.5 万户、3409.3 万人，年均增长率分别达到 20％和 19.6％。[1] 多元化的所有制结构符合社会主义初级阶段生产力发展的内在要求，日益显现出旺盛的生命力。其次是市场体系建设方面。生产要素市场初具规模，市场体系基本形成。农产品指令性计划全部取消，绝大多数商品和服务价格由市场竞争决定，企业普遍实现自主生产经营。资本市场发展迅速，股票市场市值达到 4.6 万亿元，[2] 全国统一的同业拆借市场和外汇市场相继建立。劳动力市场的发展促进了劳动者的自主择业。技术市场和房地产市场的交易量不断扩大，行业垄断和地区封锁逐渐被打破。同时，为进一步发展市场经济并回应世贸组织的要求，我国加强相关法治建设，陆续颁布了规范市场经济秩序的一系列重要法律，推动了政府机构改革和职能的转换。再次是收入分配方面。收入分配方式更加合理。平均主义的分配制度基本被打破，按劳分配为主体、多种分配方式并存的分配格局不断发展，劳动、资本、技术和管理等生产要素参与分配的新制度正在形成，各种劳动收入与合法的非劳动收入得到国家保护和社会认可。最后是政府职能的规范化方面。我国通过"简政放权"的方式基本打破了高度集中的计划经济体制，经济增长潜力已基本释放，但政府职能还没有发生根本性的转变。

　　虽然我国通过经济体制改革取得了诸多成果，但 21 世纪初，我国经济发展也呈现出一些问题。例如，我国出现了经济结构失衡，进而出现了企业破产、工人下岗的问题；[3] 国有企业依然存在产权不清、运行机制滞后等问题；[4]就业矛盾突出、资源环境压力加大等情况也尚未解决。此外，中国与发达国家相比仍有巨大差距，主要表现在以下四个方面：一是，中国与发达国家在综合竞争力方面存在差距。2000 年，中国 GDP 占世界总量的 3.6％，美国 GDP 则占 30.2％；2010 年，中国 GDP 占世界总量的 9.1％，美国 GDP 则占 22.5％，虽然十年间我国 GDP 占世界比重有所增长，但仍与世界第一强国有较大差距。[5] 特别是中国的综合竞争力与发达国家仍然有很大的差距。根据洛桑国际管理学院的标准，中国的竞争力排名从 2005 年的第 29 位上升至 2008 年的第

---

　　①　白永秀，宁启：《改革开放 40 年中国非公有制经济发展经验与趋势研判》，《改革》，2018 年第 11 期，第 40～48 页。

　　②　王益：《中国资本市场的全面分析（上）》，《管理现代化》，2001 年第 3 期，第 4～8 页。

　　③　崔学兰：《论经济体制改革中的几个问题》，《山西财经大学学报》，1999 年第 2 期，第 20～24 页。

　　④　白永秀：《改革与发展中的若干深层问题及解决办法》，《经济学家》，1999 年第 3 期，第 42～48 页。

　　⑤　数据来源：快易数据库。

17位;① 根据日内瓦"世界经济论坛"公布的《2008—2009全球竞争力报告》，中国竞争力排名首次进入前30位。② 二是，中国装备制造业相对落后，制约了技术创新能力的提升。中国经济持续高速发展及投资环境的改善，使中国成为寻求低劳动力成本的外国企业投资的场所。1998年，外商投资企业进出口总额达到1576.8亿美元，首次超过国有企业，成为中国外贸发展的第一推动力；1998年中国出口额的44%、进口额的55%、机电产品出口额的60%、加工贸易出口额的66%都是由外商投资企业完成的。③ 外商投资企业利用中国廉价劳动力优势，将劳动密集型产品或劳动密集型生产环节转移至中国生产，大力发展加工贸易。这使得服装、玩具等产品出口至全球各地，并使"中国制造"享誉全球。但要注意的是，这时的"中国制造"是知识含量较低的劳动密集型产品的制造，而非资本密集型装备制造业产品的制造。21世纪初期，中国3万多家装备制造业企业中没有一家跻身于世界50强，装备规模也只有美国的1/25、日本的1/26、德国的1/20,④ 由此可见中国以装备制造业为代表的资本密集型产业较为落后。正因此，中国的对外投资能力较弱，包括中国在内的"金砖国家"的对外直接投资总额还不及荷兰，可见中国仍然是"用数百万双鞋子换取一架波音飞机的低附加值产品的世界工厂"。三是，中国人民生活水平的提高并不与GDP同步增长。2000年，中国人均GDP只有959美元，位居世界的134位；2010年，中国人均GDP上升至4550美元，但仍位于世界的115位，大约相当美国GDP的9.4%、日本GDP的10.1%。⑤ 四是，虽然中国是世界第一大出口国，GDP总量位居世界第二，也是联合国安理会的常任理事国，但在世界经济三大组织中的话语权较小。例如，国际货币基金组织成员份额一直向美国和欧洲发达国家倾斜，虽然近几年中国在国际货币基金组织成员份额中的比重有所提高，位居世界第三，但美国仍然拥有超过15%的一票否决权。⑥

---

① 新浪财经：2008年全球竞争力得分榜公布中国大陆升至第17位 [EB/OL]，（2008−05−20）[2023−03−01]，http://finance. sina. com. cn/hy/20080520/19404890273. shtml。

② 新浪网：世界经济论坛公布竞争力排名中国列第30位 [EB/OL]，（2008−10−08）[2023−03−01]，https://news. sina. com. cn/c/2008−10−08/192016418281. shtml。

③ 王允贵：《21世纪初期中国开放型经济发展战略研究》，《改革》，2000年第2期，第15~21页。

④ 顾颖，房路生：《中德装备制造业的优劣势分析及其启示》，《经济管理》，2005年第18期，第82~86页。

⑤ 数据来源：由快易数据库数据计算所得。

⑥ 中国政府门户网：中国正式成为IMF第三大股东 [EB/OL]，（2016−01−29）[2023−03−01]，http://www. gov. cn/xinwen/2016−01−29/content_5037031. htm。

总之，随着改革的不断深化，我国通过经济体制改革取得了很多成果。我国社会生产力、综合国力和人民生活水平不断提高，经济实力也在不断增强，1978年我国国内生产总值只有3678.7亿元，2000年中国国内生产总值首次突破10万亿元，达到100280.1亿元。[①] 但也存在一些不容忽视的问题。出现这些问题的重要原因在于我国的市场经济发展处于初级阶段，社会主义市场经济体制不够完善，生产力发展仍面临诸多体制性障碍。虽然20世纪90年代中期以来的深化改革，使我国在20世纪末初步建立起社会主义市场经济体制的基本框架，但我国社会主义市场经济体制改革实际上已步入制度创新阶段，要形成较为完善、成熟的新体制，还须经过相当长时间的艰苦探索和不懈努力。

二、21世纪初期中国经济的外部环境

进入21世纪，伴随着经济全球化进程的不断加快，信息化、科技化程度的不断提高以及金融危机的冲击，各国的经济力量不断发生变化。发达国家之间，发展中国家之间，发达国家和发展中国家之间开始了新的竞争与合作，促使新的全球经济格局的形成。21世纪初期，中国经济的外部环境特征主要表现在以下四个方面。

第一，经济全球化仍然是世界经济发展的主旋律，但呈现出一些新的特点。首先，以信息技术为标志的新技术革命，强化了国际的经济联系，世界经济正在走向网络化和信息化。以网络化与信息化为依托，国际贸易的范围和规模加速扩大，全球化的商品市场加速形成。其次，作为全球化载体的跨国公司"以世界为工厂，以各国为车间"进行生产，资本在全球重新分配，这加速了新的经济格局的形成。发达国家和新兴工业化经济体向发展中国家大规模转移劳动密集型轻加工组装业已基本结束，除了劳动密集型生产工序以外，新一轮产业转移还集中在比较复杂的成熟技术制造业，以及高科技产业中的劳动密集型工序和非核心技术的中间产品。规模空前的企业跨国并购和资产重组浪潮，促使生产要素在全球范围内加速流动和重新配置，从而形成新的国际分工格局。在新一轮国际经济结构大调整中，世界各国能否争取到有利的位置、确立自己新的相对竞争优势，成为世界各国关注的重点；这对发展中国家而言，是机遇更是挑战。最后，金融资本国际化的加速发展带来了双重影响。随着国际资本流动数量的迅速增长，跨国流动障碍的日益消除，金融工具的不断创新，

跨国金融机构力量日益增强，各国金融市场在不断扩大，各资本市场的相关性日益提高。这为国家带来资本的同时也导致了经济安全性的下降，一旦一国发生经济危机，就会快速扩散，演化成全球性的经济危机。亚洲金融危机就是典型案例。世界各国为克服金融危机纷纷加快了经济结构调整的步伐，同时为顺应经济全球化和新科技革命的趋势，发达国家纷纷抢占高科技产业的制高点，一些发展中国家也力争高科技产业中的一席之地。

第二，世界经济格局向多极化方向发展。步入 21 世纪，无论是发达国家之间还是发展中国家与发达国家之间的力量对比都发生了变化，特别是 2008 年全球经济危机的爆发，使各国面临着国际地位的重新洗牌。以部分发达国家为例，美国虽然遭受经济危机的重创，经济面临着转型，但其世界经济领头羊的地位仍不可动摇；虽然欧盟在世界经济中的地位得到提升，但由于其是主权国家组成的联合体，无法在决策上如同单一主权国家一样形成合力，特别是受2008 年经济危机的影响，欧盟多国的政府债务使得经济前景黯淡，因此无法在世界经济领域取得应有的主导权和话语权。

第三，以中国为代表的一些新兴市场国家经济增长势头强劲。"金砖国家"（一般指：巴西、俄罗斯、印度、中国、南非）一词，已成为新兴市场在全球经济中崛起的缩略语。"金砖国家"在世界经济中占有重要地位。据统计，2001 年，"金砖国家"GDP 占世界总量的 8％，[1] 2010 年这项指标已增至17.5％。[2] "金砖国家"在展开互相合作、发挥互补优势的同时，与以"G7"国家为代表的老牌经济强国之间的差距逐渐缩小，有经济学家预测未来的经济格局将由"三个中心"（美国、日本、欧盟）向"七国集团"＋"金砖国家"过渡。这意味着发展中国家与发达国家的关系，由最初的依附从属关系逐渐向平等和相互依存的关系过渡。新兴经济体将成为世界经济新的力量群体，这为多边合作注入了新的活力。除了"金砖国家"以外，一些中小国家为了在多极化的全球经济格局中占有一席之地，通过结成区域一体化组织来聚合力量与强国竞争，由此形成了东盟、非盟、阿盟等一系列区域集团。此外，一些发达国家为了巩固实力，也不断通过区域一体化的方式联合自身所在地区的国家，如北美自由贸易区。

---

[1] 简易财经，2001 年"金砖国家"GDP 总和 2.7 万亿，占全球 8％，那么 2021 年呢？[EB/OL]，（2022－04－02）[2023－03－01]，https://baijiahao. baidu. com/s? id = 1728922975745449260&wfr = spider&for=pc。

[2] 聚汇数据：2010 年金砖五国 GDP 占世界的 17.5％，现在呢？[EB/OL]，（2021－05－09）[2023－03－01]，https://gdp. gotohui. com/list/158295. html。

第四，高科技迅猛发展，全球合作进一步加强。微电子、信息技术、生物工程、新材料、新能源、航天技术等高科技迅猛发展，为商品、资金、人员在世界范围内的流通提供了便利。但高科技的开发所需投入较大，许多大企业采取联合投资的办法，建立"战略联盟"以达到优势互补、节约成本的目的。在全球化时代，由于人类面对的共同问题越来越多，特别是在高科技领域更需要各国相互协作，因此，国家之间的科技联合速度也在不断加快。

在这样的国际环境下，中国必须对内深化改革，不断完善社会主义市场经济体制，对外高水平开放，才能增强国家经济实力，在经济全球化的浪潮中保持优势和竞争力，不断获得国际地位的提升。

第二节　关于完善社会主义市场经济体制的讨论

从社会主义市场经济体制目标的确立到中共十六大提出完善市场经济体制的目标，经过十多年的发展，经济体制改革的成果已基本显现，且效果显著。学界主要围绕非公有制经济的发展、国有资产管理体制改革、收入差距扩大等市场经济体制完善过程中的突出问题进行了深入讨论和研究，并提出了解决发展中的问题、巩固改革开放成果的措施，不断完善社会主义市场经济体制。

一、非公有制经济的发展

关于非公有制经济的内涵，学界主要有以下四种观点。第一种观点是：基于所有制的视角，认为公有制经济（国有经济和集体经济）以外的经济成分都属于非公有制经济范畴。王克忠（2003）认为非公有制经济实际上是个体经济、私营经济、港澳台同胞投资独资经济和外商投资独资经济等经济的总称。[1] 第二种观点是：基于财产权的视角，认为市场经济客观上要求其微观主体具有清晰的产权。伴随着我国改革的全面深入和市场经济的发展，再从所有制的角度来界定非公有制经济已不合时宜。杨洪（2006）等认为非公有制经济是从经济活动单位的财产所有权意义上把握的概念，非公有制是社会主义市场

---

① 王克忠：《非公有制经济论》，上海人民出版社，第 1 页。

经济运行机制中的"重要组成部分"，为市场机制充分发挥作用。① 第三种观点是：基于"公""私"概念对比的视角，主张用私有制代替非公有制经济概念。晓亮（2007）认为非公有制经济就是私有制经济，主要包括个体经济和有雇佣劳动关系的私营经济。② 第四种观点是：基于经营形式的视角，主张用民营经济（即内资非国有经济）来代替非公有制经济概念。阳小华（2000）认为，民营经济就是非国有经济。③ 持此观点的学者，认为当代中国公有制经济之外的多种所有制经济，既不同于新中国成立之初的各类资本主义经济，也不同于当代资本主义国家的经济，而是立足于中国特色社会主义实践的一种经济形式，具有民有、民营、民享的本质属性，因此使用民营经济概念取代非公有制经济概念更为恰当。

关于非公有制经济的性质，国内学者对其认识存在较大分歧，主要有两种观点：一种观点认为现阶段我国的生产力水平还不够高，还需要通过多种所有制经济的发展来提高生产力，持这一观点的学者认为非公有制经济也是我国现阶段的经济基础。此外，他们还认为我国的非公有制经济是在拥护社会主义制度和坚持改革开放政策前提下发展起来的，受到社会主义经济、政治、文化等多方面因素的制约，在这种"普照之光"的影响下，我国的非公有制经济与资本主义社会经济是有明显区别的，即使不能说完全有社会主义性质，也是带有部分社会主义因素在内的。李青（2004）认为，现阶段我国的私营经济像挂在社会主义火车头上行进的带有某种社会主义因素的私人资本的车厢。④ 王克忠（2011）也认为，非公有制经济是具有不同程度社会主义因素、为社会主义现代化事业服务的一种新型经济形式。⑤ 另一种观点则直接指出，非公有制经济仍然是资本主义性质的。此观点认为，判断一种经济成分性质的主要依据是生产资料所有制、生产中人们之间的关系以及劳动产品的分配，非公有制经济尤其是私营企业，企业主凭借生产资料的占有权，使工人在生产过程中处于被支配地位，在产品分配上处于从属地位，企业主可以获取超出预付工人工资的剩余价值，这与资本主义经济本质是一致的，因而是资本主义性质的。卫兴华（2000）认为不应将非公有制的重要地位和作用，与其自身的社会经济性质混淆，非公有制经济是非社会主义经济，这只是从其客观规定性着眼，不存在任

① 杨洪，张鹏：《国民经济的新基点——非公有制经济》，《商业研究》，2006年第2期，第8~9页。
② 晓亮：《非公有制经济与中国特色社会主义》，《理论学刊》，2007年第7期，第32页。
③ 阳小华：《民营经济内涵问题探析》，《江汉论坛》，2000年第5期，第38~40页。
④ 李青：《中国共产党对资本主义和非公有制经济的认识与政策》，中共党史出版社，第287页。
⑤ 王克忠：《非公经济与中国特色社会主义》，上海财经大学出版社，第15页。

何轻视和贬抑。[①] 方正（2000）指出，非公有制经济作为有中国特色社会主义经济的重要内容或组成部分，并没有变成社会主义性质的经济。[②] 白书祥（2000）也持有相同看法。[③] 周新城（2007）认为，从本质上讲，如果一种所有制关系为私有制，客观上也存在着雇佣和剥削的现象，那么它就不可能是社会主义性质的。[④]

关于非公有制经济存在及其发展的必要性，学界主要有三种观点：第一种观点认为生产力落后、发展不平衡是非公有制经济存在的原因。此种观点曾一度占据主导地位。王克忠（2003）认为，我国社会主义初级阶段的生产力发展水平低、层次多且不平衡的状况，决定了必须要在公有制经济为主体的条件下，大力发展个体、私营经济等多种所有制经济。[⑤] 王观松（2004）指出，在社会主义初级阶段，在社会生产力水平比较低而且发展不平衡的条件下，超越阶段搞单一的公有制的路子是走不通的。[⑥] 赵国良等（2004）认为解放非公有制经济就是解放社会生产力。[⑦] 李太森等（2007）认为，由于我国的生产力水平还远没有达到"财富分流"或者使"劳动成为人们生活第一需要"的程度，还需要通过非公有制经济的发展，提高生产力水平、满足人们对物质财富的需求。[⑧] 秦刚（2013）认为，解放和发展生产力是社会主义初级阶段首要、长期的艰巨任务，要顺利完成这一历史任务，仅靠公有制经济的发展显然不符合国情实际，还需要通过非公有制经济的发展来提高我国现阶段的生产力水平。[⑨] 需要指出的是，也有部分研究者认为，非公有制经济存在和发展的主要原因是适应生产力发展的需要，而不是生产力落后的现实。谷春祥（2004）指出，仅从我国生产力的落后来论证非公有制经济存在的必然性是不科学的。因为，非公有制经济，即生产资料的私有制，并不是仅仅与生产力低水平相适应的，如

① 卫兴华：《社会主义经济和有中国特色社会主义经济的几个理论问题》，《中共中央党校学报》，2000 年第 11 期，第 61 页。

② 方生：《有中国特色社会主义经济理论的若干认识问题》，《中共中央党校学报》，2000 年第 2 期，第 1~8 页。

③ 白书祥：《对我国现阶段所有制关系的再认识》，《经济与管理研究》，2000 年第 3 期，第 9~13 页。

④ 周新城：《关于私营经济若干问题的理论思考》，《山西财经大学学报》，2007 年第 1 期，第 2 页。

⑤ 王克忠：《非公有制经济论》，上海人民出版社，第 99 页。

⑥ 王观松：《发展非公有制经济的再思考》，《国家行政学院学报》，2004 年第 1 期，第 54~56 页。

⑦ 赵国良，陈健生，丁红重：《"三个代表"与发展非公有制经济》，《毛泽东思想研究》，2004 年第 2 期，第 1~3 页。

⑧ 李太森，张文：《论我国大力发展非公有制经济的必然性、必要性及长期性》，《河南师范大学学报（哲学社会科学版）》，2007 年第 9 期，第 83 页。

⑨ 秦刚：《中国特色社会主义理论体系》，中共中央党校出版社，第 49 页。

原始社会生产力极其低下，但其实行的却是公有制。① 第二种观点认为，非公有制经济的存在和发展，是建立市场经济体制的客观要求。曲澎（2006）认为，市场经济的基本特征是开放性、竞争性，这在客观上要求形成多种经济成分并存的局面，② 并在相互协调和发展的基础上，参与世界经济的竞争和发展。第三种观点认为，社会主义建设的实践证明，必须处理好公有制与非公有制经济之间的关系。方生（2000）认为，追求"一大二公三纯"的传统社会主义所有制结构，因其不利于社会生产力的发展，必然要被改革开放以来出现的新的公有制经济形式所代替，例如混合所有制经济、股份制经济、股份合作制经济等。③ 李太森等（2007）也认为，发展非公有制经济的必要性，并不首先来自社会主义理论的需要，而是来自我国曾经实行"一大二公三纯"所有制结构的经验教训。④ 查朱和（2011）认为，我国社会主义建设实践证明，追求'纯而又纯'的公有制经济在初级阶段是万万行不通的。⑤

二、国有资产管理体制改革

分类推进国有企业改革是国有资产管理体制改革的一项重要内容，关于加大资本对公共性和政策性行业的投入已经成为普遍的共识，但有关一般竞争性领域的国有资本仍存在争论。对于竞争性领域国有企业的发展和监管，争论的主要焦点在于国有资本是否应退出一般竞争性领域。

第一种观点认为，国有资本应该退出一般竞争性领域。毛程连（2002）认为如果将国有资本投入一般商品的生产领域将会形成"跷跷板效应"，即国有资本在一般商品生产领域投入过剩与在社会公共领域投入不足形成矛盾，因此国有资本应该通过各种途径退出竞争性领域。⑥ 黄群慧（2013）认为国有资本从一般竞争性领域逐步退出可以缩减国资委的管理范围，有利于明确各个国有

---

① 谷春祥：《发展非公有制经济原因的不同思考》，《渤海大学学报（哲学社会科学版）》，2004 年第 9 期，第 56 页。

② 曲澎：《论非公有制经济在构建社会主义和谐社会中的地位》，《商业研究》，2006 年第 19 期，第 7 页。

③ 方生：《有中国特色社会主义经济理论的若干认识问题》，《中共中央党校学报》，2000 年第 2 期，第 1～8 页.

④ 李太森，张文：《论我国大力发展非公有制经济的必然性、必要性及长期性》，《河南师范大学学报（哲学社会科学版）》，2007 年第 9 期，第 82 页。

⑤ 查朱和：《关于发展非公有制经济若干问题的思考》，《思想理论教育导刊》，2011 年第 7 期，第 47 页。

⑥ 毛程连：《公共产品理论与国有资产管理体制改革》，《当代财经》，2002 年第 9 期，第 19～22 页。

企业的使命和产业定位，更好地实现国有资本的功能和作用。[1]

第二种观点认为，必须巩固和发展国有经济，国有资本不应退出一般竞争性行业。谷书堂（2001）[2]、张维达（2003）[3]和蒋学模（2004）[4]从资本主义的社会化大生产与私有制之间的本质矛盾出发，强调巩固和发展国有经济的重要意义。宗寒（2010）认为国有资本不仅能够弥补市场失灵，而且是建设社会主义事业的物质技术基础和生产关系基础。[5]荣兆梓（2012）认为国有资本不能从一般竞争性领域完全退出是由我国的基本经济制度决定的。[6]刘纪鹏（2014）认为如果国有资本全面退出一般竞争性行业，将否定国有经济的主导作用和公有制的主体地位，不仅违背我国的基本经济制度，也否定了三十多年来经济改革的成就。[7]

三、收入差距扩大问题

改革开放之初，我们鼓励并允许一部分人通过诚实劳动合法经营，先富起来，先富带动后富，起到示范作用，最终实现共同富裕。经过二十多年的改革开放和经济建设，收入差距成为经济生活中亟须解决的问题，并逐步呈现出不断扩大的趋势。学界对这一问题进行了深入研究，主要存在以下四种观点。

第一种观点认为，实行市场经济造成收入差距扩大。持这一观点的学者普遍认为收入差距扩大是市场经济所造成的，是实行市场经济的副产品。申琳（2009）指出，在市场经济中，产品的分配是通过生产要素的价格来实现的，由于每个人对生产要素的占有数量不同，所分得的产品数量必然就会不相等，从而会出现贫富分化，这是建立和发展市场经济的必然结果。[8]蒋玮（2010）也认为，市场经济发展的一般规律决定了我国在经济体制转轨过程中必然会出

① 黄群慧：《新时期如何积极发展混合所有制经济》，《行政管理改革》，2013 年第 12 期，第 49～54 页。

② 谷书堂：《"新经济"浪潮与中国经济》，《南开经济研究》，2001 年第 4 期，第 30～32 页。

③ 张维达：《国有经济结构调整要有新突破》，《理论学刊》，2003 年第 1 期，第 86～88 页。

④ 蒋学模：《关于新政治经济学的思考》，《经济学家》，2004 年第 2 期，第 12～16 页。

⑤ 宗寒：《正确认识国有经济的地位和作用——与袁志刚、邵挺商榷》，《学术月刊》，2010 年第 8 期，第 74～82 页。

⑥ 荣兆梓：《国有资产管理体制进一步改革的总体思路》，《中国工业经济》，2012 年第 1 期，第 16～25 页。

⑦ 刘纪鹏：《中国国资改革创新模式探索》，《经济导刊》，2014 年第 5 期，第 49～53 页。

⑧ 申琳：《市场经济、收入分配与贫富分化》，《税务与经济》，2009 年第 5 期，第 61～63 页。

现居民收入差距的扩大。① 顾钰民（2012）指出，由于市场经济中存在竞争机制，不可避免地会出现优胜劣汰，收入差距扩大不可避免。② 还有的学者从市场机制出发探究市场经济中收入差距扩大的原因。曾世宏（2005）认为，经济转轨过程中市场机制发育具有非均衡性。由于地区之间、行业之间、城乡之间的市场机制发育完善程度不同，因而会存在收入分配的差距。③

第二种观点认为，改革不彻底造成收入差距扩大。持这一观点的学者则认为收入差距扩大的根源不是改革开放，不是实行市场经济，而是改革开放不彻底造成的。唐小果（2006）指出，在改革过程中，收入越来越市场化，那些有技能并接受过培训的人比一般人获益更多，也有相当一部分人（主要是那些暴富阶层）的发家靠的是官商勾结、权钱交易等"寻租"行为，反映在收入分配领域，即收入差距拉大；农业生产率和"城市"工业生产率的差距非常大，导致城乡收入差距拉大；沿海发展战略只给了某些省份优惠政策，使得它们的经济迅速腾飞，这也进一步加大了不同地区之间的收入差距。④ 吴敬琏（2012）认为，我国出现的贫富悬殊、环境破坏等种种问题的根本原因是中国改革尚未取得完全成功，所以他建议"重启中国改革"。⑤

第三种观点认为，经济转轨时期的制度缺失拉大了收入差距。杨艳红（2004）认为，中国从计划经济体制转向市场经济体制的过程中，难免会出现一些制度的空缺及漏洞：首先，双轨制导致大量租金的产生和寻租行为的泛滥，巨额租金流向少数人及组织的手中，造成了一批暴富者；其次，内部人控制造成国有资产大量流失到有控制权的内部人或有关主管部门的"腰包"；再次，收入再分配制度的不配套不仅没有能有效调节收入差距，反而在一些领域加剧了收入差距；最后，法治建设的落后，使大量的非法收入存在，加深了收入分配不均的程度。⑥ 肖玉明（2004）认为，市场管理体制不健全、法律建设

---

① "收入分配研究"课题组，姜玮：《当前我国居民收入分配差距的现状、特点及原因研究》，《江西社会科学》，2010 年第 10 期，第 65～74 页。

② 顾钰民：《社会主义市场经济理论、道路、体制的创新与发展》，《思想理论教育》，2012 年第 21 期，第 12～17 页。

③ 曾世宏：《转型期的经济发展与收入分配公平》，《生产力研究》，2005 年第 1 期，第 115～116 页.

④ 唐小果：《完善市场经济条件下更趋公平的收入分配机制》，《生产力研究》，2006 年第 4 期，第 16～17 页。

⑤ 吴敬琏：《重启改革议程》，《读书》，2012 年第 12 期，第 3～7 页。

⑥ 王振中：《政治经济学研究报告 5——市场经济的分配理论研究》，社会科学文献出版社，第 332～334 页。

滞后以及管理政策的疏漏，是导致我国居民收入差距扩大的重要原因。[①]

第四种观点认为，政策受益群体的不同导致收入差距的增加。丁任重等（2004）认为，国家产业政策、税收政策的实施对收入分配产生着重要影响，例如政府在农村实行的具有"累退效应"的税费政策，扩大了农民之间的实际收入差距，有利于富人，不利于穷人。[②] 曾世宏（2005）认为，税种和税率直接关系到收入分配，税率越低，税种越多，税收的征收面积就越大，对低收入人群就越不利，这在一定程度上有碍公平。[③]

四、市场与政府关系

继党的十六届三中全会指出"更加发挥市场的基础性作用"后，学术界关于市场与政府在经济体制改革、资源配置中的作用的争论主要围绕政府和市场权利边界的界定展开。高尚全（2012）认为在经济体制完善的过程中，政府存在着"越位""缺位""错位"的问题，解决这些问题政府必须"让位"，成为有限政府、服务型政府，强化政府职能转变[④]。在政府和市场的选择中既要注重发挥政府在完善和扩展市场中的作用，尽可能地缩小市场缺陷的影响范围和程度，又要有效发挥市场力量在完善政府功能上的潜在作用，通过在政府管理中注入市场因素，尽可能缩小政府缺陷的影响范围和程度。连云（2000）指出，市场经济体制下，政府要履行"守夜人"职能、发挥宏观调控职能、执行政府管制职能与直接经营职能。[⑤] 阮成发（2000）认为，在市场经济条件下，凡是市场能解决的问题就由市场解决，市场解决不了的问题才由政府去管，市场不能有效解决的问题有公共物品、外部环境、自然垄断、社会公平和经济行为短期化等，政府应该自觉、主动地通过强制性的税收与规范及非强制性的利益诱导手段去解决，引导市场经济主体的行为符合社会整体利益和长远利益的

---

① 肖玉明：《论社会公平与收入分配——关于我国目前分配秩序的整合》，《长白学刊》，2004 年第 2 期，第 86~92 页。

② 王振中：《政治经济学研究报告 5——市场经济的分配理论研究》，社会科学文献出版社，第 153 页。

③ 曾世宏：《转型期的经济发展与收入分配公平》，《生产力研究》，2005 年第 1 期，第 115~116 页.

④ 高尚全：《市场经济条件下政府与市场的关系》，《改革与开放》，2012 年第 15 期，第 4~6 页。

⑤ 连云：《市场经济下政府经济职能的力度分层探析》，《经济问题》，2000 年第 5 期，第 7~9 页。

需要。① 池元吉（2001）认为，现代市场是政府调控下的市场。② 井敏（2002）提出适度政府论，并从政府规模的一般理论、适度政府规模的衡量指标两个方面对这一理论进行了探讨。③ 王玉海（2005）认为，政府的干预要与经济发展和市场发育程度相结合，市场缺陷的存在只是政府干预的前提，并不存在政府干预的必要性，更不是充分条件，同时其强调政府的首要任务是制度创新，通过制度创新来培育市场，建立符合市场经济运行的新秩序。④ 黄桂田认为现代市场经济与政府相结合是一个不需要讨论的问题，而政府如何有效地发挥职能则是一个永恒的话题⑤。周冰认为地方政府经济目标间的平行竞争导致了许多负效应，政府在经济体制改革中应以公共管理为主要目标，而不是以经济建设为主要目标。⑥

第三节　中国共产党对社会主义市场经济体制的进一步完善

　　2002 年党的十六大至 2012 年党的十八大期间，中国共产党对中国社会主义市场经济体制的完善主要表现在完善现代市场体系、完善宏观调控体系、完善现代产权制度、完善农村土地家庭承包经营体制以及完善社会保障体系五个方面。

一、完善现代市场体系

　　现代市场体系的完善是社会主义市场经济体制深入改革的重要一环。为此，党的十六大报告提出："健全现代市场体系，加强和完善宏观调控。在更大程度上发挥市场在资源配置中的基础性作用，健全统一、开放、竞争、有序的现代市场体系。推进资本市场的改革开放和稳定发展。发展产权、土地、劳

---

　　① 阮成发：《适应市场经济体制　转变地方政府职能》，《城市发展研究》，2000 年第 5 期，第 69～72 页。

　　② 池元吉：《论市场与政府》，《经济评论》，2001 年第 6 期，第 3～6 页。

　　③ 井敏：《政府与市场的关系：适度政府论》，《理论与改革》，2002 年第 3 期，第 111～113 页。

　　④ 王玉海：《政府干预市场理论对转型条件下政府与市场关系的启示》，《中国流通经济》，2005 年第 4 期，第 17～20 页。

　　⑤ 胡家勇：《"市场经济中的政府职能"研讨会综述》，《经济研究》，2005 年第 8 期，第 18～23 页。

　　⑥ 胡家勇：《"市场经济中的政府职能"研讨会综述》，《经济研究》，2005 年第 8 期，第 18～23 页。

动力和技术等市场。创造各类市场主体平等使用生产要素的环境。深化流通体制改革，发展现代流通方式。整顿和规范市场经济秩序，健全现代市场经济的社会信用体系，打破行业垄断和地区封锁，促进商品和生产要素在全国市场自由流动。"[1] 党的十六届三中全会通过的《中共中央关于完善社会主义市场经济体制若干问题的决定》从完善市场体系的角度对深化社会主义市场经济体制改革进行了战略部署：要加快建设全国统一市场，大力推进市场对内对外开放，大力发展资本和其他要素市场，促进商品和各种要素在全国范围自由流动和充分竞争。这一决定是第三个指导中国经济体制改革的纲领性文件，其创新之处在于提出了以人为本的科学发展观，也体现了以人为本的改革观，成为21世纪第一个十年的经济体制改革的行动纲领。

2007年，党的十七大报告再次重申了健全现代市场体系的任务："加快形成统一开放竞争有序的现代市场体系，发展各类生产要素市场，完善反映市场供求关系、资源稀缺程度、环境损害成本的生产要素和资源价格形成机制，规范发展行业协会和市场中介组织，健全社会信用体系。"[2]

2012年，党的十八大报告重点强调了完善资本市场，指出要深化金融体制改革，健全促进宏观经济稳定、支持实体经济发展的现代金融体系，加快发展多层次资本市场，稳步推进利率和汇率市场化改革，逐步实现人民币资本项目可兑换；加快发展民营金融机构；完善金融监管，推进金融创新，提高银行、证券、保险等行业竞争力，维护金融稳定。

这十几年间，在党中央的部署下，我国逐渐建立了多层次的消费品市场，劳动力、土地、资本、技术等生产要素市场也在迅速发展；在市场机制的作用下，通过价值规律调节供求关系，商品和服务的供给能力大为增强，商品交换效率大大提升；逐步形成了体系完整、机制健全、统一开放、竞争有序的现代市场体系。

二、完善宏观调控体系

社会主义市场经济体制的完善不仅依赖于健全的现代市场体系，也依赖于完善的宏观调控体系。党的十六大报告提出了政府宏观调控的主要内容和调控目标：要加强和完善宏观调控，完善政府的经济调节、市场监管、社会管理和

① 中共中央文献研究室：《十六大以来重要文献选编（上）》，中央文献出版社，第20~21页。
② 中共中央文献研究室：《改革开放三十年重要文献选编（下）》，中央文献出版社，第1725页。

公共服务的职能，减少和规范行政审批；要把促进经济增长，增加就业，稳定物价，保持国际收支平衡作为宏观调控的主要目标。党的十六届三中全会进一步提出，要继续完善国家宏观调控体系，加快转变政府职能，深化行政审批制度改革，切实把政府经济管理职能转到主要为市场主体服务和创造良好发展环境上来。党的十七大对宏观调控的完善进行了详细部署：要深化财税、金融等体制改革，完善宏观调控体系。一是，要围绕推进基本公共服务均等化和主体功能区建设，完善公共财政体系；二是，深化预算制度改革，强化预算管理和监督，健全中央和地方财力与事权相匹配的体制，加快形成统一规范透明的财政转移支付制度，扩大一般性转移支付规模和提高其比例，加大公共服务领域投入；三是，完善省以下财政体制，增强基层政府提供公共服务能力；四是，实行有利于科学发展的财税制度，建立健全资源有偿使用制度和生态环境补偿机制；五是，推进金融体制改革，发展各类金融市场，形成多种所有制和多种经营形式、结构合理、功能完善、高效安全的现代金融体系；六是，发挥国家发展规划、计划、产业政策在宏观调控中的导向作用，综合运用财政、货币政策，提高宏观调控水平。党的十八大进一步提出，要完善宏观调控体系，完善开放型经济体系，推动经济更有效率、更加公平、更可持续发展。

在党和国家的努力下，我国逐渐建立起宏观经济预测监测体系，逐步健全财政转移支付制度和公共财政制度，深化投资体制改革，推进商业银行股份制改革，进一步转变了政府职能；通过深化计划、财政、金融、投资等方面的改革，实现了宏观调控从直接调控向间接调控为主的转变；国家主要运用经济、法律的手段，并辅之以必要的行政手段，促进经济总量平衡和结构优化，抑制通货膨胀，基本形成了开放条件下较为稳健的宏观调控体系，并在长期宏观调控的实践中，有效解决了投资过热、通货紧缩、金融秩序混乱、货币过量发行、物价涨幅过高等突出的矛盾和问题，改变了计划经济时代经济多次大起大落的状况，保持了持续较快稳定增长。[①]

三、完善现代产权制度

2003 年，党的十六届三中全会提出要建立"归属清晰、权责明确、保护严格、流转自由"的现代产权制度。从建立现代企业制度到建立现代产权制度

---

① 曾培炎：《伟大的历程 辉煌的成就 宝贵的经验——写在社会主义市场经济体制改革目标确立 20 周年之际》，《求是》，2012 年第 11 期，第 10～14 页。

是国有企业改革新的历史突破，是党的十六届三中全会的又一重大理论创新。2007年，党的十七大报告进一步指出，要深化国有企业公司制股份制改革，健全现代企业制度，优化国有经济布局和结构，增强国有经济活力、控制力、影响力；要以现代产权制度为基础，发展混合所有制经济；现代产权制度是构建现代企业制度的需要，是宏观经济调控的微观运行基础。

事实上，现代产权制度的建立对完善社会主义市场经济体制具有重要意义。从宏观层面来讲，一方面，有利于进一步巩固和发展公有制经济，鼓励、支持和引导非公有制经济发展；另一方面，能够缩小居民收入差距，提高居民收入水平，进而扩大消费需求，促进经济增长。从微观层面来讲，一是，能够推动国有资本的合理流动，盘活国有资本；二是，能够吸收大量社会资金进入企业，为企业提供有力的资金支持；三是，能够增强企业活力，提升企业经营效率、技术水平与竞争力；[1] 四是，有利于增强企业创新的动力，推动技术进步。

四、完善农村土地家庭承包经营体制

21世纪以来，党中央对深化农村土地制度改革也做出了一系列重大决策部署，从重视土地分配公平转向重视土地利用效率，促进了农村土地家庭承包经营体制的不断完善。

随着我国经济体制改革的不断深化，农民家庭与土地的关系不断弱化，承包地对农民家庭收入的贡献在不断下降，国家对土地流转的限制也在逐渐减弱。2002年通过的《中华人民共和国农村土地承包法》规定，通过家庭承包取得的土地承包经营权可以依法采取转包、出租、互换、转让或者其他方式流转，完善土地承包经营权权能，依法保障农民对承包土地的占有、使用、收益等权利，同时，对农村土地承包中发包方和承包方的权利和义务、承包的原则和程序、承包期限和承包合同、土地承包经营权的保护、土地承包经营权的流转、其他方式的承包、争议的解决和法律责任等问题做了具体规定。这为农村土地经营提供了操作层面的正式法律制度安排，标志着我国农村土地经营进入了一个新的法治化阶段，对稳定农村土地经营秩序、维护农民土地利益具有重要意义。2002年12月，第九届全国人大常委会第31次会议修订通过了《中

---

① 孙海军，郑克清：《胡锦涛对中国特色社会主义所有制结构理论的丰富和发展》，《探索》，2010年第5期，第10~13页。

华人民共和国农业法（2002 修订）》，进一步肯定和明确了以家庭承包经营为基础、统分结合的双层经营体制。同年，党的十六大报告提出："坚持党在农村的基本政策，长期稳定并不断完善以家庭承包经营为基础、统分结合的双层经营体制。有条件的地方可按照依法、自愿、有偿的原则进行土地承包经营权流转，逐步发展规模经营。"① 2003 年，党的十六届三中全会进一步阐明了完善农村土地家庭经营承包体制的重要性，并重申了农民拥有土地承包经营权："土地家庭承包经营是农村基本经营制度的核心，要长期稳定并不断完善以家庭承包经营为基础、统分结合的双层经营体制，依法保障农民对土地承包经营的各项权利。农户在承包期内可依法、自愿、有偿流转土地承包经营权，完善流转办法，逐步发展适度规模经营。"② 2004 年，国务院办公厅下发《关于妥善解决当前农村土地承包纠纷的紧急通知》，再一次规定了流转土地承包经营权是农民享有的法定权利，任何组织和个人不得侵犯和剥夺。③ 2007 年《中华人民共和国农民专业合作社法》的实施以及 2008 年党的十七届三中全会的召开，使各级政府开始鼓励土地规模化集约化经营，对合作社、家庭农场和农业企业等进行财政直补，促进了大量的产权组织形式和经营实体的产生。④ 而后，无论是党的十七大还是党的十八大，都赋予农民更加充分而有保障的土地承包经营权，并鼓励发展多种形式的适度规模经营。

从改革开放初期对承包权的关注，到 21 世纪初期对农民流转土地承包经营权的保护，以及对适度规模经营的鼓励，党和国家逐渐将改革重点放在了土地利用效率方面，促进了农村土地家庭承包经营体制的完善。

五、完善社会保障体系

社会保障是促进一个国家经济发展、政治稳定、社会和谐的重要协调与保障机制。随着我国经济体制改革的不断深化，我国经济发展水平不断提升，但社会保障制度建设却明显滞后于经济发展。例如，社会保障覆盖面只惠及全民所有制企业和部分集体所有制企业的职工，且随着国有企业的改革，一些下岗

---

① 中共中央文献研究室：《十六大以来重要文献选编（上）》，中央文献出版社，第 18 页。

② 中共中央文献研究室：《十六大以来重要文献选编（上）》，中央文献出版社，第 468 页。

③ 李伟伟，张云华：《农民家庭土地承包经营权及其政策界定》，《改革》，2012 年第 8 期，第 91～97 页。

④ 邓朝春，辜秋琴：《我国农村土地承包经营制度的演进逻辑与改革取向》，《改革》，2022 年第 5 期，第 143～154 页。

职工没有得到相应生活保障等。因此，为促进社会公平、维护社会稳定，同时提高居民生活水平，党和国家为完善社会保障体系做出了较大努力。

2002年，党的十六大报告指出了完善社会保障体系的重要性：建立健全同经济发展水平相适应的社会保障体系，是社会稳定和国家长治久安的重要保证。同时指出了未来努力的方向：一是，坚持社会统筹和个人账户相结合，完善城镇职工基本养老保险制度和基本医疗保险制度；二是，健全失业保险制度和城市居民最低生活保障制度；三是，多渠道筹集和积累社会保障基金；四是，对各地社会保障的发展提出了要求，各地要根据实际情况合理确定社会保障的标准和水平，有条件的地方，探索建立农村养老、医疗保险和最低生活保障制度。2003年，中共十六届三中全会召开，会议通过的《中共中央关于完善社会主义市场经济体制若干问题的决定》也明确指出要加快建设与经济发展水平相适应的社会保障体系，完善企业职工基本养老保险制度，健全失业保险制度，继续改革城镇职工基本医疗保险制度，完善城市居民最低生活保障制度，农村养老保障以家庭为主，同社区保障国家救济相结合等。

2006年，中央召开全国农村工作会议，首次提出要在全国农村普遍建立农村的最低生活保障制度。这个举措意味着党和国家在社会保障体系的建设上实现了由城市低保向农村低保，再到全民低保的转变，是党和政府解决困难群众民生问题的最重要的制度安排，是我国社会保障制度逐渐走向完善的一个标志。[1] 2007年，党的十七大报告提出了"深入贯彻落实科学发展观，积极构建社会主义和谐社会"的历史新任务，首次阐述了可持续发展的基本要求是"全面协调可持续"，并指出应将"加快建立覆盖城乡居民的社会保障体系，保障人民基本生活"作为"加快推进以改善民生为重点的社会建设"的一项基本任务，[2] 同时指明了未来努力的方向。一是，要以社会保险、社会救助、社会福利为基础，以基本养老、基本医疗、最低生活保障制度为重点，以慈善事业、商业保险为补充，加快完善社会保障体系；二是，促进企业、机关、事业单位基本养老保险制度改革，探索建立农村养老保险制度；三是，全面推进城镇职工基本医疗保险、城镇居民基本医疗保险、新型农村合作医疗制度建设；四是，完善城乡居民最低生活保障制度，逐步提高保障水平；五是，完善失业、工伤、生育保险制度，提高统筹层次，制定全国统一的社会保险关系转续办

---

① 任映红：《改善民生以促进公平正义：胡锦涛社会建设思想解读》，《浙江学刊》，2009年第4期，第5~9页。

② 孟颖颖：《改革与跃变：社会保障制度公平可持续发展的中国实践》，《社会保障研究》，2014年第6期，第62~68页。

法；六是，健全社会救助体系，做好优抚安置工作，发扬人道主义精神，发展残疾人事业，加强老龄化人口工作，强化防灾减灾工作，健全廉租住房制度，加快解决城市低收入家庭住房困难。

自党的十七大召开以来，以统筹城乡发展为指导思想，中国特色社会主义的社会保障体系建设进入了城乡统筹、全民覆盖、全面发展的新时期，国务院先后颁布了《关于开展城镇居民基本医疗保险试点的指导意见》《关于在全国建立农村最低生活保障制度的通知》《关于开展新型农村社会养老保险试点的指导意见》等一系列政策法规，规范和完善了包括城镇居民医疗保险制度在内的多项制度的制度模式、权责界定及保障范围，[①] 不断推进我国社会保障体系深度建设。2012 年，党的十八大报告对我国社会保障体系建设的成就进行了总结："城乡基本养老保险制度全面建立，新型社会救助体系基本形成。全民医保基本实现，城乡基本医疗卫生制度初步建立。保障性住房建设加快推进。"[②] 我国社会保障体系建设成就的取得，标志着我国社会保障体系建设已实现了从单位保障到全民保障的历史性跨越。

---

① 孟颖颖：《改革与跃变：社会保障制度公平可持续发展的中国实践》，《社会保障研究》，2014年第 6 期，第 62～68 页。

② 中共中央文献研究室：《十八大以来重要文献选编（上）》，中央文献出版社，第 3 页。

第六章

社会主义市场经济体制的深化改革（2012年至今）

第一节　新时代中国经济的基本国情和外部环境

一、新时代中国经济的基本国情

习近平总书记在党的十九大报告中明确提出"中国特色社会主义进入了新时代""我国社会主要矛盾已经转化为人民日益增长的美好生活需要和不平衡不充分的发展之间的矛盾"的重大政治论断，同时强调"我国仍处于并将长期处于社会主义初级阶段的基本国情没有变，我国是世界最大发展中国家的国际地位没有变"。一系列重要论述，指明了党和国家事业发展所处的时代坐标，为我们认清基本国情、把握新时代赋予的新使命提供了根本遵循。

（一）新时代中国经济取得举世瞩目成就

党的十八大以来，以习近平同志为核心的党中央统筹中华民族伟大复兴战略全局和世界百年未有之大变局，团结带领全党全国各族人民砥砺奋进，攻坚克难，领航"中国号"巨轮驶向高质量发展的壮丽航程。国内生产总值从 2012 年的 53.9 万亿元增长到 2022 年的 121 万亿元；货物进出口总额从 24.4 万亿元增长到 42.1 万亿元；制造业增加值从 2012 年的 16.7 万亿元增加到 2021 年的 25.3 万亿元；居民人均可支配收入从 1.65 万元增长到 3.51 万元。[①] 十余年来，我国在经济和社会发展方面取得了里程碑式的成就。世界第二大经济体的地位得到巩固和改善，实现了全面建成小康社会的第一个百年奋斗目标，开启了全面建设社会主义现代化国家的新征程。创新、协调、绿色、开放、共享的新发展理念深入贯彻。最突出的理论成果，是形成了习近平新时代中国特色社会主义思想。最突出的实践成果，是经济发展有了大提高、生态环境有了大改善，人民生活质量和社会共享水平取得历史性进步、全方位跃升。

我国绝对贫困现象消除，人民生活进入相对殷实富足阶段。2012 年，我国按国家贫困标准计算的农村贫困人口有 9899 万人，到 2020 年已全部实现了

---

① 数据来源：国家统计局年度数据库。

脱贫,① 脱贫攻坚战取得全面胜利。同时,我们建成了世界上规模最大的教育体系、社会保障体系和医疗卫生体系,2021 年,基本养老保险参保人数达 10.3 亿,基本医疗保险的参保人数增加到 13.6 亿;② 人均预期寿命也由 75.4 岁提高到了 2021 年的 78.2 岁。③ 2021 年,居民人均可支配收入超过 3.5 万元,是 2012 年的两倍还要多,增速快于经济增长;城乡居民收入比显著缩小至 2.5∶1;居民收入基尼系数由 0.474 降低到了 0.466;④ 中等收入群体的比重由 1/4 左右上升到了 1/3 左右。⑤

我国经济实现新跨越,全球竞争力迈上新台阶。2021 年,我国经济占全球经济比重由 2012 年的 11.3% 上升到 18.4%。⑥ 我国作为世界第二经济大国的地位得到巩固提升。综合国力不断增强,取得了新的突破。2012—2021 年,我国 GDP 从 54 万亿元扩大至 114 万亿元,名义 GDP 扩大了 60 万亿元,⑦ 相当于翻了一倍多;实际 GDP 增长了 76.9%,年均增长率 6.5%,⑧ 实现了中高速增长,这一增速在世界主要经济体中名列前茅。2021 年,我国人均 GDP 达到 80976 元人民币,按年均汇率折算为 1.2551 万美元,⑨ 超过了全球人均 GDP 的平均水平,已接近世界银行划定的中等收入国家人均国民总收入的上限,即高收入国家的下限。这标志着我国经济向中高端水平迈进取得了新的突破。

（二）经济发展进入新常态,我国迈入新发展阶段

2013 年,党中央做出判断,我国经济发展正处于增长速度换挡期、结构

---

① 光明网:一组数字,见证人类减贫史上的奇迹![EB/OL],（2021—02—25）[2023—03—03],https://m. gmw. cn/baijia/2021—02/25/1302133083. html。

② 环球网:国家卫健委:全国参加基本养老保险 10.3 亿人基本医疗保险覆盖 13.6 亿人 [EB/OL],（2022—09—20）[2023—03—03],https://baijiahao. baidu. com/s? id = 1744460559622030326&wfr = spider&for=pc。

③ 中华人民共和国中央人民政府网:2021 年我国居民人均预期寿命提高到 78.2 岁 [EB/OL],（2022—07—12）[2023—03—03],http://www. gov. cn/xinwen/2022—07/12/content_5700668. htm。

④ 数据来源:国家统计局年度数据库。

⑤ 天津市人民政府外事办公室:驻卡拉奇总领事李碧建在《商业纪事报》发表"中国这十年"系列署名文章之一《贯彻新发展理念推动高质量发展》[EB/OL],（2022—06—21）[2023—03—03],https://fao. tj. gov. cn/XXFB2187/WJZS8235/202206/t20220621_5912099. html。

⑥ 数据来源:快易数据库。

⑦ 中华人民共和国国家统计局:《中国统计年鉴（2022）》,中国统计出版社,第 56~57 页。

⑧ 人民政协网:履职委员后接受的第一个专访,宁吉喆为啥先强调 2、3、5? [EB/OL],（2022—04—13）[2023—03—03],https://baijiahao. baidu. com/s? id=1729923320825742130&wfr = spider&for=pc。

⑨ 数据来源:快易数据库。

调整阵痛期和前期刺激政策消化期"三期叠加"阶段。2014年，党中央指出我国经济发展进入新常态。在新常态下，我国经济发展的环境、条件、任务、要求等都发生了新的变化，增长速度要从高速转向中高速，发展方式要从规模速度型转向质量效率型，经济结构调整要从增量扩能为主转向调整存量、做优增量并举，发展动力从主要依靠资源和低成本劳动力等要素投入转向创新驱动。这些变化，是我国经济向形态更高级、分工更优化、结构更合理的阶段演进的必经过程。党的十九大明确提出，我国经济已由高速增长阶段转向高质量发展阶段。党的十九届五中全会进一步指出，"十四五"时期经济社会发展要以推动高质量发展为主题，必须把发展质量问题摆在更为突出的位置，着力提升发展质量和效益。

根据党的十九届五中全会精神，2021年起，我国进入新发展阶段。这是在全面建成小康社会、实现第一个百年奋斗目标之后，全面建设社会主义现代化国家、向第二个百年奋斗目标进军的发展阶段。习近平总书记在2020年8月召开的经济社会领域专家座谈会上指出，"十四五"时期是我国全面建成小康社会、实现第一个百年奋斗目标之后，乘势而上开启全面建设社会主义现代化国家新征程、向第二个百年奋斗目标进军的第一个五年，我国将进入新发展阶段。[①] 在省部级主要领导干部学习贯彻党的十九届五中全会精神专题研讨班开班式上再次强调，新发展阶段是我们党带领人民迎来从站起来、富起来到强起来历史性跨越的新阶段。[②]

进入"强起来"的新发展阶段，我国面临的一项十分紧迫的任务是转变经济发展方式，从"高速增长"转向"高质量发展"。为此，必须坚持创新在我国现代化建设大局中的核心地位。具体到"十四五"时期，就是要加快发展现代产业体系，坚定不移建设制造强国、质量强国、网络强国、数字中国，推进产业基础高级化、产业链现代化，提高经济质量效益和核心竞争力。

（三）构建新发展格局成为重大战略性布局

创新、协调、绿色、开放、共享的新发展理念，是习近平新时代中国特色社会主义思想的重要内容，科学回答了关于发展的目的、动力、方式、路径等

---

① 中华人民共和国中央人民政府网：习近平主持召开经济社会领专家座谈会并发表重要讲话 [EB/OL]，（2020-08-24）[2023-03-03]，https://www.gov.cn/xinwen/2020-08/24/content_5537091.htm。

② 中华人民共和国最高人民检察院：习近平在省部级主要领导干部学习贯彻党的十九届五中全会精神专题研讨班开班式上发表重要讲话 [EB/OL]，（2021-01-11）[2023-03-03]，https://www.spp.gov.cn/spp/tt/202101/t20210111_506079.shtml。

一系列理论和实践问题，深刻揭示了实现更高质量、更有效率、更加公平、更可持续、更为安全发展的必由之路。在新发展理念指引下，我国经济发展取得了历史性成就、发生了历史性变革。

2020年4月10日，在中央财经委会议上，习近平总书记强调要构建以国内大循环为主体、国内国际双循环相互促进的新发展格局。习近平总书记强调："当今世界正经历百年未有之大变局，但时与势在我们一边，这是我们定力和底气所在，也是我们的决心和信心所在。"① 构建新发展格局是关系我国发展全局的重大任务，是推进经济现代化的必由之路，是把握未来发展主动权的重大战略性布局。

2021年1月11日，习近平总书记在省部级主要领导干部学习贯彻党的十九届五中全会精神专题研讨班上的讲话中，进一步强调了构建新发展格局的主要任务：构建新发展格局的关键在于经济循环的畅通无阻。一是，必须坚持深化供给侧结构性改革这条主线，继续完成"三去一降一补"的重要任务，全面优化升级产业结构，提升创新能力、竞争力和综合实力，增强供给体系的韧性，形成更高效率和更高质量的投入产出关系，实现经济在高水平上的动态平衡；二是，构建新发展格局最本质的特征是实现高水平的自立自强，必须更强调自主创新，全面加强对科技创新的部署，集合优势资源，有力有序推进创新攻关的"揭榜挂帅"体制机制，加强创新链和产业链对接；三是，要建立起扩大内需的有效制度，释放内需潜力，加快培育完整内需体系，加强需求侧管理，扩大居民消费，提升消费层次，使建设超大规模的国内市场成为一个可持续的历史过程；四是，构建新发展格局，实行高水平对外开放，必须具备强大的国内经济循环体系和稳固的基本盘；五是，要塑造我国参与国际合作和竞争新优势，重视以国际循环提升国内大循环效率和水平，改善我国生产要素质量和配置水平，推动我国产业转型升级。②

（四）推进供给侧结构性改革是新时代经济发展的主线

近年来，一种经济现象引发广泛关注，我国一些领域的消费需求在国内得不到有效供给，消费者将大把钞票花费在出境购物、"海淘"购物上，致使大量"需求外溢"。据统计，1995年中国出境旅游支出居世界第25位，2014—

---

① 光明网：时与势在我们一边［EB/OL］，（2021-03-14）［2023-03-03］，https://m.gmw.cn/baijia/2021-03/14/34684238.html.

② 习近平：《论把握新发展阶段、贯彻新发展理念、构建新发展格局》，中央文献出版社，第485页。

2017 年稳居世界第 1 位，且购物成为出境游的主要消费形式。[①] 面对我国经济发展中供给与需求的深层次结构性矛盾和问题，党中央做出推进供给侧结构性改革重大战略决策。习近平总书记强调，这是对我国经济发展思路和工作着力点的重大调整，是化解我国经济发展面临困难和矛盾的重大举措，也是培育增长新动力、形成先发新优势、实现创新引领发展的必然要求和选择。

推进供给侧结构性改革，理解"结构性"三个字十分重要。我国经济运行面临的突出矛盾和问题，虽然有周期性、总量的因素，但根源是重大结构性失衡。概括起来，主要表现为"三大失衡"，即实体经济结构性供需失衡，金融和实体经济失衡，房地产和实体经济失衡。推进供给侧结构性改革，要从生产端入手，重点是促进产能过剩有效化解，促进产业优化重组，降低企业成本，发展战略性新兴产业和现代服务业，增加公共产品和服务供给，提高供给结构对需求变化的适应性和灵活性。简言之，就是去产能、去库存、去杠杆、降成本、补短板，以实现由低水平供需平衡向高水平供需平衡跃升。同时，世界经济结构正在发生深刻调整，我们也需要从供给侧发力，找准在世界供给市场上的定位。

为深化供给侧结构性改革、推动经济高质量发展，党中央提出"巩固、增强、提升、畅通"的八字方针。"巩固"即要巩固"三去一降一补"成果，推动更多产能过剩行业加快出清，降低全社会各类营商成本，加大基础设施等领域补短板力度。"增强"即要增强各类市场主体活力，建立公平开放透明的市场规则和法治化营商环境，促进正向激励和优胜劣汰，发展更多优质企业。"提升"即要提升产业链供应链现代化水平，注重利用技术创新和规模效应形成新的竞争优势，培育和发展新的产业集群。"畅通"即要畅通国民经济循环，加快建设统一开放、竞争有序的现代市场体系，提高金融体系服务实体经济能力，形成国内市场和生产主体、经济增长和就业扩大、金融和实体经济良性循环。[②]

二、新时代中国经济的外部环境

加入世界贸易组织 20 多年来，中国经济快速发展，国内经济体量不断扩

[①] 澎湃新闻：中国出境旅游规模消费额持续排世界第一，人均消费英国最高 [EB/OL]，（2019－11－30）[2023－03－03]，https://www.sohu.com/a/357496291_260616。

[②] 中华人民共和国中央人民政府网：中央提出"八字方针"深化供给侧结构性改革 [EB/OL]，（2018－12－21）[2023－03－03]，http://www.gov.cn/xinwen/2018－12/21/content_5350986.htm。

大，带动了全球经济的增长，并推动了世界经济格局的重构，打破了数百年来发达国家在世界经济中的主导与垄断地位。同时，这也引起了以美国为首的西方发达国家的警觉，他们不惜违反公平竞争原则，刻意打压中国高科技企业，阻碍中国发展步伐。全球化遭遇逆流，世界经济增长持续放缓，国际经济格局深度调整，中国面临日益复杂的外部环境和前所未有的挑战。2020 年 8 月 24日，习近平总书记在经济社会领域专家座谈会上的讲话指出："当今世界正经历百年未有之大变局。当前，新冠疫情全球大流行使这个大变局加速变化，保护主义、单边主义上升，世界经济低迷，全球产业链供应链因非经济因素而面临冲击，国际经济、科技、文化、安全、政治等格局都在发生深刻调整，世界进入动荡变革期。今后一个时期，我们将面对更多逆风逆水的外部环境，必须做好应对一系列新的风险挑战的准备。"[①] 在百年未有之大变局下，逆全球化思潮泛起，中美经贸摩擦、新冠疫情的全球蔓延、俄乌冲突带来的地区局势失控，给世界经济带来极大的不确定性和不稳定性，对国际贸易、对外投资、消费等经济活动造成巨大冲击，对各国的深层次影响持续发酵。

（一）逆全球化思潮泛起，贸易保护主义抬头

纵观近现代，全球化主要是发达国家驱动的，而如今发达国家贸易保护主义抬头，"脱钩"与"战略自主"成为美欧发达国家的战略重点。美国针对中国和欧洲发起贸易战，意在构筑美国主导的新的国际多边与双边自由贸易架构；2020 年以来，欧盟领导层逐步构建"欧洲战略自主"的政策体系，涵盖产业战略、贸易政策、欧元区金融架构、处理美欧关系的战略和增强欧洲主体地位的全球治理构想等，强调确立欧盟自主掌控的"经济主权"与"技术主权"。重新抬头的贸易保护主义或许会成为全球市场的一种长期现象。

逆全球化浪潮逐渐兴起。"逆全球化"趋势可由多个事件证明，如从世界贸易组织"多哈发展议程"整个谈判过程受阻，到英国脱欧、意大利修宪公投失败、再到美国大选事件等，一些西方发达国家不约而同地给予逆全球化生存的政治土壤。此外，美国近几年不断退出各种国际组织，一意孤行地对其他国家实施单边制裁和所谓的"长臂管辖"，都表明了逆全球化趋势在不断加强。

国际环境不确定性加强。对外投资连续减持的同时，英国脱欧，欧盟其他成员国如法国、意大利、希腊等国家也均表现出脱欧意向，这对欧洲一体化构成不可逆的负面影响。此外，美国政府奉行单边主义，一方面，只强调美国单

① 习近平：《论把握新发展阶段、贯彻新发展理念、构建新发展格局》，中央文献出版社，第 371 页。

方面的利益，向其他国家发动了金融战、贸易战、科技战等，特别是接二连三地对中国商品加征关税，意在打压中国的发展；另一方面，通过拖欠联合国会费、挪用款项、阻挠裁决进程、干预新成员国家投选进程等手段，导致 WTO 陷入停止运转的困境。这些国际大事件与国际冲突都给国际环境造成了很强的不确定性。

（二）新冠疫情加剧全球经济不稳定性

新冠疫情暴发后，既有的"一超多强"格局发生改变。美国成为全球疫情重灾区，国际影响力大幅下滑。中国加速崛起，但面临赶超瓶颈。欧洲整体实力下滑，未来方向具有不确定性。中、美、俄在国际政治中的影响力更加明显，三边互动对重塑未来秩序至关重要。欧、日、印的战略自主愿望则有所加强。

疫情使世界经济雪上加霜。"世界工厂"的中国，最具经济活力的东亚，全球金融、科技、航空、娱乐中心的美欧均遭受重创。世界主要经济体的 GDP 有 10％～30％的降低，[①] 世界经济衰退远超 2008 年金融危机。

全球流行病风险的长期化存在加剧全球经济不确定性：（1）全球债务风险日益升高。为应对新冠疫情的巨大冲击，各国纷纷出台大规模经济刺激政策，导致国家债务水平飙升，进一步加剧了全球经济的风险。2020 年全球债务规模占全球 GDP 的比值快速攀升，达到 355％。[②] 从国别来看，欧洲国家债务增长情况尤其严重，法国、西班牙和希腊的非金融部门债务占 GDP 比重上升了约 50 个百分点；在新兴市场，中国、土耳其、韩国和阿联酋债务占 GDP 比重增幅最大，葡萄牙 2020 年非金融部门债务占 GDP 比重达 368.8％，较 2019 年上升 32 个百分点。[③] 此外，随着未来世界各国经济稳步复苏，各经济体刺激性政策逐步放缓，全球利率水平将加快上升，各国债务风险将进一步扩大。（2）全球通胀压力显著上升。由于疫情对全球供应链等环节造成的冲击，加之劳动力供给不足，刺激性的量化宽松政策以及全球能源价格等因素的影响，全球通胀不断攀升，通胀预期破裂风险不断上升。消费端传导，呈现出持久性通

---

① 袁鹏：《新冠疫情与百年变局》，《现代国际关系》，2020 年第 5 期，第 1～6 页。

② 中华人民共和国商务部：2020 年全球债务总额占 GDP 比重创历史新高［EB/OL］，（2021－02－17）［2023－03－03］，http://www.mofcom.gov.cn/article/i/jyjl/m/202102/20210203039916.shtml。

③ 中华人民共和国商务部：2020 年全球债务总额占 GDP 比重创历史新高［EB/OL］，（2021－02－17）［2023－03－03］，http://www.mofcom.gov.cn/article/i/jyjl/m/202102/20210203039916.shtml。

胀的迹象。数据显示，2021 年全球大宗商品价格上涨超过 50%。① （3）疫情进一步加剧了逆全球化及贸易本地化趋势。新冠疫情带来的持久经济衰退，使各国收入差距进一步拉大，直接改变了部分国家对经济全球化趋势的态度，进一步加深了国家主义、区域主义的贸易倾向，部分发达国家奉行的贸易保护主义及单边主义行为进一步加剧，逆全球化趋势加强，这对当前的世界经济格局及国际政治经济秩序带来了较大冲击。

（三）地区冲突引发对世界经济发展的新一轮冲击

虽然俄乌两国占全球 GDP 和全球贸易的比重并不高，但是由于美欧对俄实施一系列严厉制裁，让遭受新冠疫情影响本就脆弱的世界经济受到更为剧烈的打击，在某种程度上改变了国际竞争格局。

全球能源和粮食供需失衡，导致其价格大幅上涨。当前，由于俄乌冲突持续升级、美欧的制裁封锁以及交通运输的中断，使得俄乌两国出口受阻，导致全球能源和粮食供需失衡，引发了国际能源、粮食危机。世界银行数据显示，俄乌冲突对大宗商品市场造成巨大冲击，预计 2022 年全球能源价格将上涨50.5%，其中，布伦特原油期货平均价格将维持在 100 美元，较 2021 年上涨42%，远高于 60 美元/桶的近五年平均水平。② 联合国粮农组织 2022 年 3 月份食品价格指数平均为 159.3 点，同比上涨 34%，大幅跃升至该指数自 1990 年设立以来的最高水平；谷物价格指数平均为 170.1 点，同比上涨 37%；植物油价格指数平均为 248.6 点，同比上涨 56%。均升至创纪录的高位。③

西方国家"价值观"取代"经济效率"，全球产业链被撕裂。在美国极力鼓动西方对俄实施制裁下，已有欧盟、日、澳等三十多个国家或地区参与其中。还有数百家跨国公司碍于美国"长臂管辖"暂停了在俄的业务。由于参与制裁的经济体在全球分工体系中占有较大份额，从而引发全球产业链、供应链重构，从根本上动摇了经济全球化的根基。当前，美欧竭力构建一个"去俄"的全球产业链体系。这种基于价值观的产业链切割和脱钩，无疑会极大冲击全

---

① 王力：关于当前全球通货膨胀的思考 [EB/OL]，（2022-03-14）[2023-03-03]，https://baijiahao. baidu. com/s?id=1727254779215563438&wfr=spider&for=pc。

② 胡子南：《俄乌冲突对全球经济的影响及中国的策略》，《亚太经济》，2022 年第 4 期，第 18~24 页。

③ 胡子南：《俄乌冲突对全球经济的影响及中国的策略》，《亚太经济》，2022 年第 4 期，第 18~24 页。

球经济秩序。[1] 一是，贸易保护和贸易制裁使得国际贸易、跨境投融资不再顺畅，同时也将导致孤立主义、民粹主义和反全球化思潮的进一步盛行。二是，美欧对异己者构筑壁垒，可能导致世界被分割为两个敌对阵营——合作与孤立。这不仅会导致全球贸易成本大幅上升，还会对经济全球化造成重创。三是，基于安全的考量，美欧正在加速资本密集型、技术密集型的产业回流，这使国际产业转移出现混乱，阻碍了发展中国家的经济增长与科技进步。

第二节　关于深化市场经济体制的讨论

一、深化市场经济体制改革的必要性

（一）解决中国发展问题的必然选择

关于深化经济体制改革的必要性，大多数学者从当前我国经济发展面临的问题着手进行论证。例如，刘尚希（2012）认为，尽管我国的生产力得到了极大发展，但这并不意味着我国生产力进一步发展的体制障碍已经彻底消除，相反，当前遇到了新的体制障碍。这些新的体制障碍的产生，既有市场化改革没有完成的原因，也有我国生产力发展到了一个新阶段，出现了新情况、新问题，要进一步深化改革，进一步解放和发展生产力的原因。[2] 刘进军（2014）指出，当前我国经济体制改革处于不进则退的十字路口，社会主义市场经济体制建设的许多理论与实践难题尚未真正破题，因此需要推动经济体制改革实现新的突破。[3] 任保平和李梦欣（2016）、李章忠（2018）也持有相同看法。任保平和李梦欣（2016）认为，在新常态背景下的经济新阶段，我国面临重塑经济增长动力的艰巨任务，但经济增长的动力转换又面临一系列新约束，主要包括要素驱动约束、追赶型战略走到尽头、需求动力弱化、供给结构与需求结构

---

① 保建云：《百年变局下的俄乌冲突与世界格局演变——马克思主义国际政治经济学视角的分析》，《当代世界与社会主义》，2022 年第 4 期，第 14~20 页。

② 刘尚希：《经济体制改革的总体态势及其着力点》，《重庆社会科学》，2012 年第 4 期，第 5~13 页。

③ 刘进军：《全面深化经济体制改革若干实质问题探讨》，《甘肃社会科学》，2014 年第 6 期，第 157~162 页。

不适应等，亟须构建起促进经济增长的新动力。① 李章忠（2018）认为，进入新时代以后，社会主义市场经济体制已经建立起来，我国经济呈现出"新常态"特征，经济发展阶段处于由富起来向强起来、由高速增长向高质量发展转变的时期，经济体制改革面临的问题和环境与过去相比已经发生了很大变化，过去要解决的是"有没有"的问题，今天要解决的是"好不好"的问题，过去经济高速发展过程中所积累起来的问题又成了现在进一步深化经济体制改革的新的逻辑起点。他还指出了当前我国发展面临的具体问题：部分中低端产品产能严重过剩；全社会总债务率上升过快；金融存在"脱实向虚"现象；房地产泡沫风险大；城乡地区居民收入差距过大；各种发展不平衡、不协调问题大量存在；存在利益固化的藩篱；改革动力衰减；现代经济体制仍然还处于定型的过程之中等，这均表明经济体制改革任务尚未完成。② 王一鸣（2017）认为进入新常态后，经济增长的约束条件发生变化，传统增长动力日益减弱，需要围绕培育经济增长新动力深化经济体制改革。③ 刘元春（2018）认为党的十八大以来，中国经济改革出现的新问题、新矛盾和新任务表明改革已经步入新时代，需要采取新思路、新框架、新举措进行全面深化改革。④

（二）经济发展新常态的必然要求

部分学者从我国所处阶段出发，指出深化经济体制改革的必然性。任保平和段雨晨（2016）指出，在经济"新常态"下，体制改革是目前中国最大的红利，进一步深化改革能够给中国带来更广阔的发展机遇。⑤ 逄锦聚（2018）强调党的十八届三中全会对于市场在资源配置中的作用的认识，从"基础性"到"决定性"，同时提出"更好发挥政府的作用"，反映了对社会主义市场经济的认识达到了新的高度，对于全面深化改革和未来中国的发展，具有十分重大的意义。⑥

---

① 任保平，李梦欣：《中国经济新阶段质量型增长的动力转换难点与破解思路》，《经济纵横》，2016 年第 9 期，第 33～40 页。
② 李章忠：《我国经济体制改革 40 年的主要特点》，《理论与改革》，2018 年第 6 期，第 76～85 页。
③ 王一鸣：《中国经济新一轮动力转换与路径选择》，《管理世界》，2017 年第 2 期，第 1～14 页。
④ 刘元春：《新时期中国经济改革的新思路和新框架》，《政治经济学评论》，2018 年第 1 期，第 35～40 页。
⑤ 任保平，段雨晨：《关于经济新常态研究的评述》，《政治经济学评论》，2016 年第 2 期，第 145～160 页。
⑥ 逄锦聚：《加快完善社会主义市场经济体制》，《政治经济学评论》，2018 年第 6 期，第 18～27 页。

二、深化经济体制改革的目标

市场化是深化经济体制改革的方向已经在学术界达成共识，但对于深化经济体制改革的目标，学术界有着不同的观点。刘尚希（2012）从经济体制的角度指出，深化经济体制改革的目标是建立健全社会主义市场经济体制，其中不只是健全和完善，还要"扩建"现行体制，如土地制度、自然资源制度、国有金融资产制度、国有无形资产制度、"社会企业"制度、户籍制度等依然处于缺位或无序状态，需要以改革的方式来建立与市场经济相适应的新制度，建立与健全应当并重，这都是深化改革的目标。[①] 白永秀和吴丰华（2013）也从相同角度对改革目标进行了阐述，其将 2003—2050 年称为"后改革时代"，该时期的经济体制改革目标是从所有制结构、经济协调运行模式、分配方式三方面着手，建立一个"三位一体"的现代市场经济体制新格局。[②] 常荆莎和易又群（2018）从基本制度的角度指出，以改革经济体制促进社会主义制度的自我完善和发展，这是我国经济体制改革性质暨根本目的，是经济体制改革的思想和理论底线，同时将改革目标分为了三个层次，包括改革对象目标、改革结果目标、改革模式目标。[③] 张宇（2013）综合以上学者的观点，指出必须从基本制度和经济体制两个方面来认识经济体制改革的目标，从基本制度方面看，改革是社会主义制度的自我完善和发展；从经济体制方面看，改革是建立和完善社会主义市场经济体制。[④] 李章忠（2018）则从党的初心角度阐释了深化经济体制改革的目标，其认为今天所进行的经济体制改革仍然是没有忘记初心，正在持续深化的经济体制改革也同样是要让人民过上幸福美好的生活，这也是经济体制改革 40 年来自始至终坚持不变的根本遵循和坚定不移贯穿始终的核心思想。[⑤]

---

① 刘尚希：《经济体制改革的总体态势及其着力点》，《重庆社会科学》，2012 年第 4 期，第 5~13 页。

② 白永秀，吴丰华：《"后改革时代"深化经济体制改革的主题、目标、关键及重点》，《社会科学辑刊》，2013 年第 1 期，第 96~102 页。

③ 常荆莎，易又群：《认识经济体制改革性质与目标必须厘清的几个问题》，《当代经济研究》，2018 年第 12 期，第 26~32 页。

④ 张宇：《全面深化经济体制改革若干重大问题的思考》，《红旗文稿》，2013 年第 5 期，第 4~10 页。

⑤ 李章忠：《我国经济体制改革 40 年的主要特点》，《理论与改革》，2018 年第 6 期，第 76~85 页。

三、深化经济体制改革的重难点

经济体制改革是全面深化改革的重点，只有把握好经济体制改革的重难点，才能更好改革经济体制，促进改革的全面深化。学者们对深化经济体制改革的重难点进行了分析。大多数学者认为，经济体制改革的重难点在于政府与市场的关系。例如，刘尚希（2012）认为，处理好政府与市场、社会的关系是深化经济体制改革的主要任务。[①] 刘进军（2014）提出了深化经济体制改革的其中一个难题：改革理论突破的难题，即在发挥市场在资源配置中起决定性作用的同时如何更好地发挥政府的作用，厘清政府与市场"两只手"的行为边界，防止市场失灵与政府失效，仍然是亟待破解的重大难题。[②] 孙蚌珠（2018）[③]、宁阳（2022）[④]、唐任伍（2023）[⑤] 持有相同观点，认为构建高水平社会主义市场经济体制，核心之一是厘清政府和市场的边界，处理好二者之间的关系。汪仕凯（2018）[⑥]、李章忠（2018）[⑦]、常庆欣（2021）[⑧] 也从政府与市场关系角度提出深化经济体制改革的重点：经济体制改革的核心问题则是处理好政府和市场之间的关系，使市场在资源配置中起决定性作用和更好发挥政府作用，为各市场主体创造一个更加规范有序、公平竞争的市场环境。陈雪娟（2014）除了认为政府和市场的关系问题是完善社会主义市场经济体制的根本问题之外，还将社会主义基本经济制度核心特征之一的公有制的定位问题作为深化经济体制改革的重点。[⑨]

此外，刘尚希（2012）还提出了深化经济体制改革的 5 个重点关系：一是

① 刘尚希：《经济体制改革的总体态势及其着力点》，《重庆社会科学》，2012 年第 4 期，第 5~13 页。

② 刘进军：《全面深化经济体制改革若干实质问题探讨》，《甘肃社会科学》，2014 年第 6 期，第 157~162 页。

③ 孙蚌珠：《中国经济体制改革核心问题的演变》，《求索》，2018 年第 4 期，第 18~25 页。

④ 宁阳：《高水平社会主义市场经济体制的内在本质与构建》，《人民论坛》，2022 年第 24 期，第 18~21 页。

⑤ 唐任伍：《构建高水平社会主义市场经济体制的价值内涵、内容呈现和路径选择》，《贵州师范大学学报（社会科学版）》，2023 年第 1 期，第 1~10 页。

⑥ 汪仕凯：《全面深化改革、市场经济与国家治理的逻辑》，《南京社会科学》，2018 年第 10 期，第 80~88 页。

⑦ 李章忠：《我国经济体制改革 40 年的主要特点》，《理论与改革》，2018 年第 6 期，第 76~85 页。

⑧ 常庆欣：《有效市场和有为政府更好结合推进构建高水平社会主义市场经济体制》，《山东社会科学》，2021 年第 2 期，第 20~25 页。

⑨ 陈雪娟：《2012 年以来政治经济学重大问题研究综述——党的十八大与十八届三中全会有关经济领域改革问题的理论探索》，《河北经贸大学学报》，2014 年第 6 期，第 143~149 页。

价格与规制的关系；二是公共产权与私人产权的关系；三是垄断与竞争的关系；四是金融经济与实体经济的关系；五是排斥与包容的关系。[1] 白永秀和吴丰华（2013）认为，在"后改革时代"，深化经济体制改革的重点是收入分配方式改革、发展方式转变、国有企业改革、非公有制经济发展四个方面。[2] 刘进军（2014）也提出了深化经济体制改革的其他 4 个难题：一是，改革规划设计与改革目标细化难题。如何准确界定中央与地方以及地方各级政府的改革边界与重点，明晰地方各级改革的具体目标、重点与步骤，对省情市（县乡）情与改革形势的科学判断问题。二是，改革内容攻坚的难度。类似转变政府职能、深化财税体制改革、完善金融市场体系这样的改革内容事关全局，配套要求高，甚至超出了经济体制改革范围，其进展很大程度上取决于中央顶层设计，地方有所作为的方面相对有限。三是，利益调整与补偿难题。新时期的经济体制改革触及深层次矛盾，包括中央与省上，省上与市县乡、集体与企业，企业与个人，以及城乡之间，城市居民与农民之间，干部与群众之间的利益关系重组。四是，改革动力不足难题。主要表现在有些干部患得患失、形式主义、空谈改革等方面。[3]

四、深化经济体制改革的路径

在社会主要矛盾转变、中国特色社会主义进入新时代的今天，我们应该针对当前我国发展过程中出现的问题，来制定深化经济体制改革的路径。刘尚希（2012）提出了全面深化经济体制改革的 4 个着力点：一是，以公共产权制度改革为核心，完善基本经济制度；二是，以价格改革为先导，深化改革资源配置方式；三是，围绕市场与社会、企业与社会组织关系的重塑，加快推进社会体制改革；四是，从市场经济体制的完整性出发，深化行政管理体制改革。[4] 刘进军（2014）提出了全面深化经济体制改革的五个着力点：一是，要正确处理政府与市场的关系，使市场在资源配置中起决定性作用和更好发挥政府作用；二是，要正确处理经济体制改革与其他体制改革的关系，以经济体制改革

---

① 刘尚希：《经济体制改革的总体态势及其着力点》，《重庆社会科学》，2012 年第 4 期，第 5～13 页。

② 白永秀，吴丰华：《"后改革时代"深化经济体制改革的主题、目标、关键及重点》，《社会科学辑刊》，2013 年第 1 期，第 96～102 页。

③ 刘进军：《全面深化经济体制改革若干实质问题探讨》，《甘肃社会科学》，2014 年第 6 期，第 157～162 页。

④ 刘尚希：《经济体制改革的总体态势及其着力点》，《重庆社会科学》，2012 年第 4 期，第 5～13 页。

为重点全面协调推进各方面改革；三是，要着力构建深化经济体制改革的动力与约束机制；四是，要加强和改善党和政府对经济体制改革工作的领导；五是，着力凝聚和蓄积改革的正能量、增强改革公信力。① 方福前（2015）也提出了全面深化经济体制改革的 3 个着力点：一是通过深化改革提高个人与生产要素的自由流动性；二是地方政府逐步淡出经济发展的主角作用；三是分配改革应当重视财富再分配。② 刘国光（2018）认为，建立完善社会主义市场经济体制应从 3 个方面着手：一是做优做强做大国有经济和集体经济，发挥国有经济的主导作用和公有经济的主体作用；二是转变政府职能，减少对微观经济不必要的干预，加强国家宏观经济调控和规制导向能力；三是着力改善民生问题，逐步解决财富和收入两极分化问题。③ 王维平和牛新星（2021）也从 5 个角度提出了深化经济体制改革路径：加快构建高水平开放型社会主义市场经济体制，需要坚持和加强党对经济工作的集中统一领导；坚持人民主体地位，推进经济体制改革；用新发展理念引领市场经济的新发展格局；构建职能明确的政府与市场的协调运行机制；建设高水平的开放型市场经济体系。④

汪仕凯（2018）从政治能力的视角提出深化经济体制改革路径：单纯进行经济体制改革并不足以实现建立成熟的市场经济体制的目标，只有同时具备强大的政治能力才能凝聚人民整体力量，从而控制住强大的市场力量并使之服务于增进公共利益和实现共同富裕，强大的政治能力是政治体制有效运转的结果，因此要在完善社会主义市场经济体制的同时具备强大的政治能力，就必须在进行经济体制改革的同时推进政治体制的改革。⑤

还有部分学者从有效市场与有为政府的结合方面提出深化经济体制改革的路径。例如，李兴山（2014）提出，围绕使市场在资源配置中发挥决定性作用，必须深入进行一系列的改革，其中重要的一项改革，就是要进一步转变政

① 刘进军：《全面深化经济体制改革若干实质问题探讨》，《甘肃社会科学》，2014 年第 6 期，第 157~162 页。

② 方福前：《全面深化经济体制改革的三个着力点》，《北京交通大学学报（社会科学版）》，2015 年第 3 期，第 1~6 页。

③ 刘国光，王佳宁：《中国经济体制改革的方向、目标和核心议题》，《改革》，2018 年第 1 期，第 5~21 页。

④ 王维平，牛新星：《中国共产党对社会主义市场经济体制的认识过程、理论创新与实践指向》，《上海经济研究》，2021 年第 2 期，第 17~24 页。

⑤ 汪仕凯：《全面深化改革、市场经济与国家治理的逻辑》，《南京社会科学》，2018 年第 10 期，第 80~88 页。

府职能，规范和改善宏观调控。[①] 谢京辉（2014）[②]、宁阳（2022）[③] 也指出，要实现有为政府和有效市场的结合，政府要合理划定边界，尊重市场经济一般规律，最大限度减少政府对市场资源的直接配置和对微观经济活动的直接干预，但这并不等于放任不管，完全放弃计划手段，政府要通过制定计划的合理科学的安排，弥补市场不足，确保市场正常、高效运转。除了有为政府要弥补市场缺陷以外，常庆欣（2021）还提出，政府也要通过在市场体制引导、营商环境塑造和主体活力激发上"有为"，推动市场在方向把握、运行公平和创新突破上"有效"，从而进一步推动经济高质量发展，增进人民福祉、实现共同富裕。[④] 任保平和段雨晨（2016）分析了新常态下政府和市场的界限，认为政府要进一步实行简政放权，大幅度减少对资源的直接配置，让市场在资源配置中起更多的决定作用，充分发挥市场的活力；同时，政府要致力于建立健全市场竞争规则，消除市场壁垒，努力营造公平的竞争环境，建立全国统一的大市场。[⑤] 赵振华（2013）将政府职能转变路径具体化，提出当前政府深化改革的战略重点：由以前的国企转向政府，要由直接干预微观经济主体，转变为调控和监督市场；由以前的过多行政手段干预经济为主，转变为主要依靠经济和法律手段，辅之以必要的行政手段；由以前审批和资源配置为主，转变为服务和创造良好环境为主。[⑥]

---

① 李兴山：《坚持社会主义市场经济改革方向进一步加快政府职能转变》，《中国行政管理》，2014 年第 6 期，第 125～126 页。

② 谢京辉：《全面深化改革背景下市场与计划关系的解读》，《社会科学》，2014 年第 4 期，第 37～43 页。

③ 宁阳：《高水平社会主义市场经济体制的内在本质与构建》，《人民论坛》，2022 年第 24 期，第 18～21 页。

④ 常庆欣：《有效市场和有为政府更好结合推进构建高水平社会主义市场经济体制》，《山东社会科学》，2021 年第 2 期，第 20～25 页。

⑤ 任保平，段雨晨：《关于经济新常态研究的评述》，《政治经济学评论》，2016 年第 2 期，145～160 页。

⑥ 陈雪娟：《2012 年以来政治经济学重大问题研究综述——党的十八大与十八届三中全会有关经济领域改革问题的理论探索》，《河北经贸大学学报》，2014 年第 6 期，第 143～149 页。

第三节　中国共产党对社会主义市场经济体制的深化改革

一、坚持和完善基本经济制度

（一）社会主义基本经济制度的发展

党的十八大提出"构建系统完备、科学规范、运行有效的制度体系，使各方面制度更加成熟更加定型"，随后提出了"要加快完善社会主义市场经济体制，完善公有制为主体、多种所有制经济共同发展的基本经济制度，完善按劳分配为主体、多种分配方式并存的分配制度"①，将三者放在了相邻的位置，表明了三者都是社会主义经济制度体系的重要组成部分。党的十八届三中全会在坚持"两个毫不动摇"的基础上，提出"两个都是"，进一步确立了公有制经济与非公有制经济的作用。

党的十九大明确提出新时代坚持和发展中国特色社会主义的基本方略，再次强调"必须坚持和完善我国社会主义基本经济制度和分配制度"，坚持"两个毫不动摇"，提出"使市场在资源配置中起决定性作用，更好发挥政府作用"②，彰显了三者在新时代新发展中的重要地位。党的十九届四中全会则将三者都明确为社会主义初级阶段的基本经济制度。可以看出，从"一个层面"的基本经济制度的建立到"三个层面"的基本经济制度的确立，既是认识深化的过程，又是实践的探寻过程，还经受住了历史的检验，为各个时期经济社会的发展提供了有力的制度支撑。

（二）坚持和完善基本经济制度的举措

1. 坚持"两个毫不动摇"

公有制经济，是与社会化大生产的要求相适应，与社会主义的方向相一致的。只有巩固和发展公有制经济，守住社会主义的底线和国民经济的命脉，才能不断提高人民的生活水平，满足人民的多样化需要。非公有制经济，是与社

---

① 中共中央文献研究室：《十八大以来重要文献选编（上）》，中央文献出版社，第14~15页。
② 中共中央党史和文献研究院：《十九大以来重要文献选编（上）》，中央文献出版社，第15页。

会主义初级阶段生产力发展要求相适应的，能够推动社会主义市场经济发展。只有鼓励、支持、引导非公有制经济发展，才能活跃市场经济，确保良性的市场秩序和竞争环境，满足人民多层次、个性化的需要。

2. 坚持按劳分配为主体、多种分配方式并存

按劳分配为主体、多种分配方式并存的制度，是新时代共享发展和共同富裕的重要保障。习近平总书记指出：“必须坚持发展为了人民、发展依靠人民、发展成果由人民共享，做出更有效的制度安排，使全体人民朝着共同富裕方向稳步前进，绝不能出现‘富者累巨万，而贫者食糟糠’的现象。”① 坚持和完善这一制度，应从四个方面重点发力。一是在分配取向上，正确处理先富与后富的关系。二是在分配方式上，坚持按劳分配与按生产要素分配相结合。三是在分配原则上，正确处理效率与公平的关系。四是在分配路径上，建立居民增收长效机制。拓展城乡居民增收渠道，确保居民收入和经济同步增长，促进社会财富稳步增加。

3. 坚持以习近平新时代中国特色社会主义经济思想为指导

关于“怎么坚持”“如何完善”社会主义基本经济制度，我们须从习近平新时代中国特色社会主义经济思想中寻找启示。第一，要把党对经济工作的集中统一领导与完善基本经济制度结合起来。坚持中国共产党领导，发挥党总揽全局、协调各方的领导核心作用，这是中国特色社会主义制度的最大优势，也是坚持和完善社会主义基本经济制度的一个重要特征。第二，要把新发展理念与完善基本经济制度结合起来。新发展理念是不可分割的整体，相互联系、相互贯通、相互促进。第三，要把坚持“两手论”与完善基本经济制度结合起来。经济体制改革是全面深化改革的重点，核心问题是处理好政府和市场的关系，消除西方新自由主义“市场万能论”的影响，既要“有效的市场”，也要“有为的政府”，“看不见的手”和“看得见的手”都要用好，实现国民经济双重调节功能上的“强市场”与“强政府”高效有机结合。

4. 坚持以人民为中心的发展立场

坚持以人民为中心的发展思想，是马克思主义政治经济学的根本立场。它与资本主义国家实质上是以垄断资本寡头为中心的发展思想，有着性质上的根本区别。人民是历史的创造者，要坚持把实现好、维护好、发展好最广大人民根本利益，作为推进改革的出发点和落脚点，让发展成果更多更公平惠及全体人民。坚持和巩固社会主义基本经济制度，就是为满足广大人民群众的需要所

---

① 中共中央文献研究室：《习近平关于社会主义经济建设论述摘编》，中央文献出版社，第 25 页。

做出的制度安排。要坚持把增进人民福祉、促进人的全面发展、朝着共富共享方向稳步前进，作为进一步改进社会主义基本经济制度及其政策体系的出发点和落脚点。

二、使市场在资源配置中起决定性作用和更好发挥政府作用

（一）使市场在资源配置中起决定性作用和更好发挥政府作用的提出

党的十八大提出"更大程度更广范围发挥市场在资源配置中的基础性作用"[①]。2013年党的十八届三中全会提出，我国经济体制改革的下一个目标是使市场对资源配置起决定性作用，同时更好发挥政府的作用。这是我们党对中国特色社会主义建设规律认识的一个新突破，是马克思主义中国化的一个新的成果，标志着社会主义市场经济发展进入了一个新阶段。

"决定性作用"和"基础性作用"之间，虽然只有两字之差，但对市场作用是一个全新的定位，"决定性作用"和"基础性作用"这两个定位是前后衔接、继承发展的。使市场在资源配置中起决定性作用和更好发挥政府作用，二者是有机统一的，不是相互否定的，不能把二者割裂开来、对立起来，既不能用市场在资源配置中的决定性作用取代甚至否定政府作用，也不能用更好发挥政府作用取代甚至否定使市场在资源配置中起决定性作用。[②] 党的十九大再次强调"使市场在资源配置中起决定性作用"[③]。2020年《中共中央关于制定国民经济和社会发展第十四个五年规划和二〇三五年远景目标的建议》指出，要坚持和完善社会主义基本经济制度，充分发挥市场在资源配置中的决定性作用，更好发挥政府作用，推动有效市场和有为政府更好结合。

正如习近平总书记所说："经过二十多年实践，我国社会主义市场经济体制不断发展，但仍然存在不少问题，仍然存在不少束缚市场主体活力、阻碍市场和价值规律充分发挥作用的弊端。这些问题不解决好，完善的社会主义市场经济体制是难以形成的，转变发展方式、调整经济结构也是难以推进的。我们要坚持社会主义市场经济改革方向，从广度和深度上推进市场化改革，减少政

---

① 中共中央文献研究室：《十八大以来重要文献选编（上）》，中央文献出版社，第15页。

② 中共中央宣传部：《习近平新时代中国特色社会主义思想学习纲要》，学习出版社，人民出版社，第116页。

③ 中共中央党史和文献研究院：《十九大以来重要文献选编（上）》，中央文献出版社，第15页。

府对资源的直接配置，减少政府对微观经济活动的直接干预，加快建设统一开放、竞争有序的市场体系，建立公平开放透明的市场规则，把市场机制能有效调节的经济活动交给市场，把政府不该管的事交给市场，让市场在所有能够发挥作用的领域都充分发挥作用，推动资源配置实现效益最大化和效率最优化，让企业和个人有更多活力和更大空间去发展经济、创造财富。"①

（二）使市场在资源配置中起决定性作用和更好发挥政府作用的举措

1. 发挥市场的决定性作用，建设有效市场

市场决定资源配置突出表现在市场的自主性，市场自主形成价格、同时自主决定资源配置的方向，而不受政府的不当干预。价值规律调节社会生产资源在各个生产部门之间的有效分配，支配着参与市场经济活动的人们之间经济利益的公平分配。竞争规律促使平均利润和生产价格的形成，推动社会技术进步和企业创新，提高资源流动性和配置效率。供求规律影响着商品生产者的生产方向、规模和结构，影响需求的方向、规模和结构，因而能调节对商品的供给和需求，进而调节地区经济结构。因此，全面深化改革，构建高水平社会主义市场经济体制，不能盲目发挥主观能动性的作用，而是要在更加尊重市场规律的前提下，增强市场活力，推进相关领域的改革，从而推动社会生产向更高层次、更高水平和更宽领域发展，从而激发市场主体活力，提高经济运行效率。

2. 加快转变政府职能，建设有为政府

首先，政府要深化简政放权，全面实行政府权责清单制度，做"有限"政府，避免权利过度集中或政府部门机构重叠带来的行政效率低下问题。其次，政府要实现由全能型政府向服务型政府的转变，做"有为"政府。"健全以国家发展规划为战略导向，以财政政策和货币政策为主要手段，就业、产业、投资、消费、环保、区域等政策紧密配合，目标优化、分工合理、高效协同的宏观经济治理体系"②，推动有效市场和有为政府结合，对我国保持宏观经济稳定具有重要意义。首先，要完善国家重大发展战略和中长期经济社会发展规划制度，搞好跨周期政策设计，提高决策的科学性。其次，要构建区域经济协调发展新机制，完善重大区域战略推进实施机制，形成主体功能明显、优势互补、高质量发展的区域经济布局，健全城乡融合发展体制机制。最后，还要加强宏观经济治理数据库等建设，充分利用大数据、人工智能等新技术，增强宏

---

① 中共中央文献研究室：《习近平关于社会主义经济建设论述摘编》，中央文献出版社，第 60 页。

② 《中国共产党第十九届中央委员会第五次全体会议文件汇编》，人民出版社，第 39 页。

观治理体系的时效性和精准度。

3. 坚持党的领导和依法治国，营造健康的市场环境

坚持党的领导，发挥党总揽全局、协调各方的领导核心作用，是我国社会主义市场经济体制的一个重要特征。在我国，党的坚强有力领导是政府发挥作用的根本保证。[①] 无论政府职能怎么转变，和市场的关系如何界定，更好发挥政府作用的宗旨始终是"为人民服务"，这与党的宗旨根本一致。因此，政府应该在党的领导下，独立负责任地履行好应有职能，推动社会主义市场经济体制不断完善、社会主义市场经济更好发展。加强法律法规对市场以及市场主体的监管，是完善社会主义基本经济制度，促进社会和谐、有序发展的必然要求。建设法治市场，营造健康的市场环境，要加强法律宣传，提高市场主体法律意识和法治观念，树立全社会尊重法律、遵守法律的理念，在社会上形成良好的法治观念，保障社会主义市场经济依法有序发展。

三、立足新发展阶段、贯彻新发展理念、构建新发展格局

（一）立足新发展阶段、贯彻新发展理念、构建新发展格局的提出

党的十九届五中全会通过的《中共中央关于制定国民经济和社会发展第十四个五年规划和二〇三五年远景目标的建议》，明确提出要"坚定不移贯彻创新、协调、绿色、开放、共享的新发展理念"，"把新发展理念贯穿发展全过程和各领域"。[②] 并且将坚持新发展理念作为"十四五"时期经济社会发展必须遵循的一项重要原则。习近平总书记也着重指出，"新时代新阶段的发展必须贯彻新发展理念"[③]。立足新发展阶段、贯彻新发展理念、构建新发展格局，是由我国经济社会发展的理论逻辑、历史逻辑、现实逻辑决定的。立足新发展阶段明确了我国发展的历史方位，贯彻新发展理念明确了我国现代化建设的指导原则，构建新发展格局明确了我国经济现代化的路径选择。因此，当前和今后一个时期，在新发展阶段推动高质量发展中，必须加快构建以国内大循环为主体、国内国际双循环相互促进的新发展格局，坚定不移贯彻新发展理念。

---

① 习近平：《习近平谈治国理政》（第一卷），外文出版社，第 118 页。

② 中共中央党史和文献研究院：《十九大以来重要文献选编（中）》，中央文献出版社，第 790~791 页。

③ 中共中央党史和文献研究院：《十九大以来重要文献选编（中）》，中央文献出版社，第 782 页。

（二）立足新发展阶段、贯彻新发展理念、构建新发展格局的举措

1. 强化国家战略科技力量

在 2020 年中央经济工作会议上，强化国家战略科技力量再次被"置顶"，并明确提出，要以战略性需求为导向，发挥新型举国体制优势，发挥好重要院所高校国家队作用，支持领军企业、中小企业创新活动，抓好人才和机制两个基本点，加快国内人才培养，加强国际交流合作，调动一切可以调动的力量，攻克制约国家发展和安全的重大难题。

2. 增强产业链供应链自主可控能力

抗击疫情和大国博弈使我们深刻认识到，作为一个大国，要保障国内大循环、促进国内国际双循环畅通，应当形成完整而有韧性的产业链、供应链，特别是在关系国计民生和国家经济命脉的重点领域要自主可控。要"两手抓两手硬"，统筹推进补齐短板和锻造长板，尽快解决一批"卡脖子"问题，同时在产业优势领域精耕细作，形成更多独门绝技。"基础不牢，地动山摇"，对产业链、供应链的安全也是如此。要实施好产业基础再造工程，夯实基础硬件和基础软件，千方百计把产业基础能力提升上去。

3. 坚持扩大内需这个战略基点

形成强大国内市场是构建新发展格局的重要支撑。有效扩大内需，释放超大规模市场潜力，既要完善政策，又要在合理引导消费、储蓄、投资等方面进行有效制度安排。要促进就业，完善社保，优化收入分配结构，扩大中等收入群体，扎实推进共同富裕。要有序取消一些行政性限制消费购买的规定，充分挖掘县乡消费潜力。要增强投资增长后劲，既要发挥中央预算内投资的引导和撬动作用，更要激发全社会投资活力。特别是在数字经济、新型基础设施、制造业设备更新，以及技改投资、城市更新、乡村振兴、现代物流体系建设等方面，要加大投资力度。

4. 全面推进改革开放

构建新发展格局，必须用好改革开放这个重要"法宝"。以改革促开放、以开放促改革，是我们多年来实践证明行之有效的做法。今后一个时期，必须构建高水平社会主义市场经济体制，实行高水平对外开放，推动改革和开放相互促进。要坚持"两个毫不动摇"，深入实施国企改革三年行动，优化民营经济发展环境，营造市场化、法治化、国际化营商环境，激发各类市场主体活力。同时，对外开放要把握好力度和节奏，大力提升国内监管能力和水平，完善安全审查机制，重视运用国际通行规则维护国家安全。

四、深化党和国家机构改革

（一）深化党和国家机构改革的提出

党和国家机构是党治国理政功能的根本载体，是国家机器构成和运行的核心部位，是国家公共权力的集中体现。深化党和国家机构改革，是以习近平同志为核心的党中央着眼党和国家事业发展全局做出的重大战略部署，是使国家体制机制更好契合社会主义本质特征的重大步骤，是提高党的执政能力和领导水平的重大措施。

党的十九届三中全会审议通过了《中共中央关于深化党和国家机构改革的决定》和《深化党和国家机构改革方案》，引领新一轮改革，"以加强党的全面领导为统领，以国家治理体系和治理能力现代化为导向，以推进党和国家机构职能优化协同高效为着力点"，"从建立健全党的工作的领导体制机制、强化党的组织在同级组织中的领导、发挥党的职能部门作用、优化党和国家组织机构、统筹设置党和国家机构、推进党的纪律检查体制和国家监察体制改革方面"，① 从而构建系统完备、科学规范、运行高效的党和国家机构职能体系。其价值定位是进一步将党对一切工作的全面领导权制度化，不断提高党把方向、谋大局、定政策、促改革的能力和定力；目标定位是构建中国特色现代化国家治理体系，为提升国家治理能力奠定更加坚实的组织基础；功能定位是构建系统完备、科学规范、运行高效的党和国家机构职能体系；路径选择是统筹党政军群机构改革。②

坚持党的全面领导，是我国整体性治理的当然选择。深化党和国家机构改革，强化了党的组织在同级组织中的领导地位，充分体现出全党高度的思想自觉、政治自觉、行动自觉，充分反映出党的十八大以来全面从严治党产生的良好政治效应，充分彰显党的集中统一领导和我国社会主义制度的政治优势，把党总揽全局、协调各方落到实处，是中国式整体性治理对机构改革提出的内在要求，从而在制度上保证党的长期执政和国家长治久安。

---

① 孙卫星：《深化党和国家机构改革是一场深刻变革》，《求知》，2018年第6期，第26～28页。
② 宋世明：《深化党和国家机构改革推进国家治理体系和治理能力现代化》，《行政管理改革》，2018年第5期，第4～12页。

（二）深化党和国家机构改革的举措

1. 创新政务服务管理模式

党和国家机构改革是一项系统工程，包括政府职能转变、组织机构调整、运行机制完善、行政流程优化、管理方式创新、行政权力制约等内容。在这些内容中，政府职能是深层次的、管根本的。只有把转变政府职能切实向前推进，组织机构调整等其他方面改革才能取得实质性突破，才更有意义。为此，要按照创造良好发展环境、提供优质公共服务、维护社会公平正义的总方向，科学界定政府职能范围，优化各级政府组织结构，理顺部门职责分工，突出强化责任，确保权责一致。从历次机构与行政体制改革的重点内容可以看到，政治体制调整都是围绕政府职能转变这一关键问题展开，也是学界深入研究政府机构改革的主要线索，更是处理好政府与市场关系的关键。①

2. 构建党和国家机构职能体系

习近平总书记在党的十九大报告中开宗明义地指出"统筹考虑各类机构设置，科学配置党政部门及内设机构权力、明确职责"②。这就要求政府机构改革不应只是加减法，而应引入乘除法，通过内设机构的合理设置产生加成效应，通过上下联动的机构改革产生倍增效应。党的十九届三中全会提出，统筹党政军群机构改革，是加强党的集中统一领导、实现机构职能优化协同高效的必然要求。按照党总揽全局、协调各方要求，科学配置党政部门及内设机构权力和职能，明确职责定位和任务，完善决策权、执行权、监督权既相互制约又相互协调的行政运行机制。

3. 完善党内法规制度体系

"党直接领导地对党和国家机构全覆盖全方位改革，是在法治思维规制下严格依法进行的重大政治改革和法治实践"③，"不断推进制度化是我国改革取得成功的重要原因，只有不断把成熟的改革经验变成制度甚至是法律法规，才能避免改革受到个人意志的影响，也才能使具体的改革举措从特殊性上升为普遍性，在更广的范围内发挥指导作用，也才能保证改革的成果不受侵犯"④。深化党和国家机构改革是在调整中适应、建设中实施的过程，确保改革部署顺

---

① 栗宁远，潘墨涛：《改革开放四十年我国政府机构改革：基于耦合视角》，《重庆社会科学》，2018 年第 12 期，第 35~46 页。

② 中共中央党史和文献研究院：《十九大以来重要文献选编（上）》，中央文献出版社，第 28 页。

③ 朱维究：《深化党和国家机构改革与推进法治中国建设》，《中国机构改革与管理》，2018 年第 6 期，第 1 页。

④ 韩强：《论改革开放以来党的领导体制改革》，《党政研究》，2018 年第 3 期，第 29~38 页。

利推进和改革成果取得实效，迫切需要对党内法规进行充实、调整、完善，提供坚实的制度支撑和规则保障。

五、深化医药卫生体制改革

（一）医药卫生体制改革的必要性

1. 继续深化医改是实现全面建成小康社会宏伟目标的内在要求

健康是人全面发展的基础，没有全民的健康就没有全面的小康。新中国成立以来特别是新一轮医改实施后，我国人民群众健康水平有了很大的提高。但随着经济社会进入新的发展阶段，一方面，城乡居民健康需求不断提升，并呈现多层次、多元化特点；另一方面，疾病谱变化、重大传染病防控，以及意外伤害、食品安全等各类危险因素交织叠加。这些都加剧了卫生资源供给与卫生需求日益增长之间的矛盾。

2. 继续深化医改是关系我国现代化建设全局的重大民生工程

加强以保障和改善民生为重点的社会建设，提高人民健康水平，是现代化建设的有力保障。发展卫生事业，提高全体人民素质，是把我国十几亿人口压力转化为长期的发展优势的前提。深化医药卫生体制改革，能够为促进城乡统筹发展、推动农民工融入城市创造良好的条件。因此，我们必须从扩内需、调结构、促改革、惠民生的高度，充分认识医改在经济社会发展全局中的重大作用。

3. 继续深化医改是协调推进经济社会改革的重要实践

40多年来，我国经济社会发展取得的巨大成就主要得益于改革，未来发展还必须依靠改革。改革是最大的红利。医改是我国经济社会领域的一项重大改革，触及各方面的矛盾和问题。医改是整体改革的一个重要组成部分，其积累的经验对经济社会领域的其他改革必将产生广泛而深远的影响。

（二）医药卫生体制改革的举措

1. 持续深化公共卫生服务体系改革

要建立健全疾病预防控制、健康教育、妇幼保健、精神卫生、应急救治、采供血、卫生监督和计划生育等专业公共卫生服务网络，完善医疗服务体系的公共卫生服务功能，建立分工明确、信息互通、资源共享、协调互动的公共卫生服务体系，提高公共卫生服务和突发公共卫生事件应急处置能力，促进城乡居民逐步享有均等化的基本公共卫生服务。

2. 持续深化医疗服务体系改革

持续提升基层诊疗能力，调动家庭医生作为居民健康和费用守门人的积极性，持续在人事制度、培养培训、使用激励等管理运行方面加大基层倾斜力度，实现基层卫生提质增效。

3. 持续深化药品供应保障制度改革

健全药品供求监测体系，健全以临床需求为导向的药品审评审批制度。推进基本药物、集中带量采购中选药品优先配备使用。提升各级各类医疗卫生服务机构药学服务能力，提高药师参与临床药物治疗的水平，加快开展医疗机构总药师制度试点。中央政府统一制定和发布国家基本药物目录，按照防治必需、安全有效、价格合理、使用方便、中西药并重的原则，结合我国用药特点，参照国际经验，合理确定品种和数量。

4. 持续深化医药卫生监管体制机制改革

建立协调统一的医药卫生管理体制，实施属地化和全行业管理。所有医疗卫生机构，不论所有制、投资主体、隶属关系和经营性质，均由所在地卫生行政部门实行统一规划、统一准入、统一监管。建立高效规范的医药卫生机构运行机制。公共卫生机构收支全部纳入预算管理。

六、创新社会治理方式

（一）创新社会治理方式的提出

党的十八届三中全会通过的《中共中央关于全面深化改革若干重大问题的决定》指出，全面深化改革的总目标是完善和发展中国特色社会主义制度，推进国家治理体系和治理能力现代化。

党的十八届三中全会之前，我们主要使用的概念是"社会管理"，自十八届三中全会通过《中共中央关于全面深化改革若干重大问题的决定》起，党开始用"社会治理"这一概念来替换"社会管理"。"社会管理"变为"社会治理"并非简单的"一字之变"，它反映了在治理主体、治理方式、治理范围、治理重点等方面的明显不同，是对改革开放和社会主义现代化建设新时期我们党处理社会问题、解决社会矛盾所取得经验的深刻总结，集中反映了以习近平同志为核心的党中央在我国社会建设方面取得的重要理论与实践成果。

（二）创新社会治理方式的举措

1. 坚持中国共产党领导的领导原则

"中国共产党领导是中国特色社会主义最本质的特征；坚持中国共产党领导是中国特色社会主义制度的最大优势"。[①] 在新时代，我国的社会治理的复杂程度、困难程度都大幅提升。在新时代社会治理过程中，不仅要对现存的利益关系、利益问题、社会矛盾进行协调治理，更要从我国发展实际的长远利益出发，统筹当前利益和长远利益。实践证明，只有始终坚持党的领导，才能合理有效地处理我国社会治理中的一系列问题，才能真正找出治理协调社会利益关系、化解社会矛盾的根本方法，才能在新时代社会治理中促进社会和谐发展，开创共建共治共享的社会治理新局面。只有始终坚持中国共产党协调各方、总揽全局，才能不断推进中华民族伟大复兴事业飞跃发展。

2. 强化以人民为中心的治理理念

以人民为中心是中国共产党人的初心，是以习近平同志为核心的党中央坚持和完善中国特色社会主义制度、推进国家治理体系和治理能力现代化的价值根基。以人民为中心治理理念的价值本质在于始终坚持人民至上，坚守把人民放在最高位置的政治原则和党性立场。以人民为中心治理理念的目标导向，在于为人民谋幸福，为民族谋复兴。要将满足人民群众的期待作为推进国家治理体系和治理能力现代化的重要动力。推进国家治理体系和治理能力现代化是实现社会主义现代化的应有之义，也是坚持和贯彻以人民为中心的发展思想的必然要求。应该看到，在我国现有发展水平上，社会上还存在大量有违公平正义的现象。特别是随着我国经济社会发展水平和人民生活水平不断提高，人民群众的公平意识、民主意识、权利意识不断增强，对社会不公的问题反映越来越强烈。实现好、维护好、发展好人民的根本利益是一项复杂的系统工程，必然要求实现党、国家、社会各项事务治理制度化、规范化、程序化，必然要求积极推进国家治理体系和治理能力的现代化。党的十九届六中全会指出，党的根基在人民、血脉在人民、力量在人民，人民是党执政兴国的最大底气。中国共产党的权力由人民赋予，只有密切联系群众，才能巩固党的执政基础与执政地位，才能不负中国人民和中华民族的历史重托，才能历经磨难而无往不胜。

3. 推进社会治理中的法治建设

法治是社会治理方式现代化中体现社会进步的重要标志，是国家治理体系

---

① 本书编写组：《党的十九届四中全会〈决定〉学习辅导百问》，学习出版社，第 45 页。

和治理能力的重要依托。法治使社会治理体制更具科学性和规范性，按照法治规范建立起来的社会治理制度，体现了公正公平的法治精神，减少了人为因素的主观随意性，使社会治理制度向着科学化、规范化方向发展；法治使社会治理活动更具合理性和有序性，以法治原则来规范社会治理活动，就是要求社会治理必须坚持依法治理，所有的治理活动都不能违反法律的规定，不能超越法律的边界，必须在法律所允许的范围内进行；法治使社会治理方式更具可操作性，更有实效，法治是持续有效推进社会治理的重要方式。社会治理本质上是在现代法治精神下的社会治理活动，是为了建设一个有序的现代社会。与此同时，政府、社会组织和公民在参与社会治理活动时，必须遵守法律，并在法律范围内行使权力、履行义务、承担责任，使社会治理在合法、合理和有序中进行。在中国特色社会主义新时代，我国继续实施全面依法治国战略，实践证明，以法治建设推动和规范社会治理创新，是创新社会治理体制的根本要求。要以习近平法治思想为指导，充分发挥法治固根本、稳预期、利长远的保障作用，把社会治理纳入法治化轨道。

4. 完善基层社会治理和服务体系

党的十九大报告提到，要加强社区治理体系建设，推动社会治理重心向基层下移。基层不仅是人民群众生活的主要场域，更是党同群众联系的"最后一公里"，基层治理的好坏直接影响到国家和城市的治理效能。从党的十九大提出"推动社会治理重心向基层下移"，到党的十九届四中全会提出"构建基层社会治理新格局"，再到中央出台《关于加强基层治理体系和治理能力现代化建设的意见》，提出"基层治理是国家治理的基石，统筹推进乡镇（街道）和城乡社区治理，是实现国家治理体系和治理能力现代化的基础工程"，[1] 基层治理的发展定位、发展方向、发展形势在中央对基层治理认识不断深化的基础上日益明确。在新时代，加强和创新社会治理的过程，也是不断实现社会善治的过程，而推动社会治理民主化和科学化，关键要发挥人的作用，要及时总结、发现、概括人民群众创造出来的新鲜经验，使之上升为理论和政策。社会治理共同体概念的提出，正是对社会治理中人的主体作用的高度强调。自治是社会治理方式现代化中体现人民当家作主的重要标志。基层群众自治伴随着新中国发展历程而生长起来，是最广泛、最直接、最有效的民主实践。要健全基层党组织领导的、充满活力的基层群众自治机制，在城乡社区治理、基层公共事务和公益事业中实行群众自我管理、自我服务、自我教育、自我监督。

---

[1] 《中共中央国务院关于加强基层治理体系和治理能力现代化建设的意见》，人民出版社，第 1 页。

第七章

社会主义市场经济体制总述

第一节　社会主义市场经济的所有制基础

一、所有制结构变革

（一）我国所有制结构演变的理论分析

所有制结构的演变是指社会不同所有制形式或者其实现形式的比重的变化过程。我国所有制结构演变伴随着经济体制的变动，两者紧密联系在一起。所有制结构演变不是单向的，而是同经济运行体制的变动结合在一起。在新中国成立初期的所有制结构下，公有制起领导作用，同时存在着多种经济成分，与之相对应的是计划与市场相结合的经济体制，其中市场的作用还很强大，计划手段的运用随着经济形势的发展越来越频繁。社会主义改造完成后，随着单一公有制的所有制结构的建立，经济体制也已经完全转变为计划经济体制。

改革开放以后，我国的经济体制经历缓慢而坚定的转型，伴随着市场的建设和壮大，我国经济体制逐步转变为大部分生产要素由市场进行配置，社会主义市场经济体制已经基本形成。与之相比，所有制结构的演变更是中国社会经济发展中的一项重大变革。所有制结构已经从单一公有制转变为多元化的所有制结构。不仅所有制形式多元化，而且所有制实现形式也多元化。[①] 形成了我国目前的以公有制为主体，多种所有制经济共同发展的所有制结构。

（二）由"单一"所有制到"混合"所有制的变革

改革开放之前，我国在追求社会主义公有制的道路上片面地追求单一公有制，脱离了生产力发展的实际水平。改革开放后，随着思想的解放，我国成功区分社会主义所有制和社会主义初级阶段所有制问题，在社会主义初级阶段，我国的所有制结构表现为以公有制为主体、多种所有制形式同时并存。总之，我国在理论和实践的探索中逐渐形成了具有中国特色的社会主义所有制，经历了由单一公有制到公有制为主体、多种所有制经济共同发展并不断完善的过程；又在所有制的基础之上，形成了与之适应的以按劳分配为主体，多种分配

---

① 乔惠波：《所有制结构演变与完善基本经济制度研究》，博士论文，第 102 页。

方式并存的分配制度和社会主义市场经济体制。

1982 年，党的十二大报告指出，"在农村和城市，都要鼓励劳动者个体经济在国家规定的范围内和工商行政管理下适当发展，作为公有制经济的必要的、有益的补充"①。1988 年 4 月，私营经济的合法地位被载入宪法。国家允许私营经济在法律规定的范围内存在和发展。私营经济是社会主义公有制经济的补充。国家保护私营经济的合法的权利和利益，对私营经济实行引导、监督和管理。截至 1988 年年底，个体经济方面，全国登记注册的个体工商户为1452.7 万户，从业人员达 2304.9 万人，注册资金为 311.9 亿元，个体商业、饮食业、服务业、修理业等行业的营业额为 1190.7 亿元。②

党的十八届三中全会《中共中央关于全面深化改革若干重大问题的决定》提出，"积极发展混合所有制经济。国有资本、集体资本、非公有资本等交叉持股、相互融合的混合所有制经济，是基本经济制度的重要实现形式，有利于国有资本放大功能、保值增值、提高竞争力，有利于各种所有制资本取长补短、相互促进、共同发展"③；党的十九大提出，要深化国有企业改革，发展混合所有制经济，培育具有全球竞争力的世界一流企业。经过多年的所有制改革，截至 2019 年底，我国多种所有制企业达到了 2065.2 万户，占全国企业法人总数的 97.9%。④

1979—2019 年，我国 GDP 保持着 9.4%的年平均增速，2021 年 GDP 增速达到 8.1%，高于年初 6%的目标；2019 年，第一、二、三产业指数分别达到了 1978 年的 573%、5901.7%、5677%；普通本、专科在校学生人数达到了 1978 年的 3541.5%。2021 年，我国人均国民总收入达到了 80237 元，是1978 年的 208.4 倍。⑤ 可以说，改革开放四十年呈现出了经济总量巨幅提升、结构不断优化、劳动者综合素质不断提升的景象。

（三）不断完善的产权制度

我国改革开放的历程也是不断强化产权保护的过程，产权制度改革始终与经济体制改革相伴相生。我国的经济体制改革成就是各种所有制经济产权制度

---

① 中共中央文献研究室：《十二大以来重要文献选编（上）》，中央文献出版社，第 17 页。
② 王海兵，杨蕙馨：《中国民营经济改革与发展 40 年：回顾与展望》，《经济与管理研究》，2018年第 4 期，第 3～14 页。
③ 中共中央文献研究室：《十八大以来重要文献选编（上）》，中央文献出版社，第 515 页。
④ 王海兵，杨蕙馨：《中国民营经济改革与发展 40 年：回顾与展望》，《经济与管理研究》，2018年第 4 期，第 3～14 页。
⑤ 中华人民共和国国家统计局：《中国统计年鉴（2022）》，中国统计出版社，第 4～11 页。

改革不断推进的成果，产权制度改革激发了各种所有制经济主体的市场活力和创造力，推动了改革开放以来经济的持续、高速发展。[1]

党的十八大以来，国家一直在大力推动产权制度的完善。党的十八届三中全会、四中全会、五中全会及国家"十三五"规划中，产权保护相关内容都有所体现，坚持平等保护，公有制经济财产权不可侵犯，非公经济财产权同样不可侵犯。例如，党的十八届三中全会提出完善产权保护制度，保护各种所有制经济产权及合法利益；十八届四中全会提出健全以公平为核心原则的产权保护制度，加强对各种所有制经济组织和自然人财产权的保护；十八届五中全会提出推进产权保护法治化，依法保护各种所有制经济的权益。2016 年 11 月，《中共中央 国务院关于完善产权保护制度依法保护产权的意见》正式发布，首次以中央名义出台产权保护顶层设计，也与党的十八大以来产权保护的方针政策一脉相承，彰显了党中央保护产权的决心和力度。这是改革开放史上一个里程碑式的事件。2017 年 10 月，党的十九大报告再次强调完善产权制度，提出完善产权制度和要素市场化配置机制，对各种侵权行为要依法严肃处理，对产权纠纷案件要依法甄别纠正，标志着我国坚持和完善产权保护制度的伟大实践进入一个新发展阶段。此外，2017 年 3 月，《中华人民共和国民法总则》诞生了保护私有产权的关键一页，即对私有产权保护进行了民法上总的规范。至此，我国逐步构建起保护物权、债权、知识产权、股权的私有财产权利保护法律体系。"十四五"规划更是提出要使产权制度改革和要素市场化配置改革取得重大进展、加强知识产权保护、健全产权执法司法保护制度等目标。

二、所有制结构

（一）我国所有制结构

我国实行的是以公有制为主体、多种所有制共同发展的社会主义市场经济体制，作为我国主体的公有制经济一般特征是：劳动者共同占有生产资料，并在此基础上形成了一种新型的平等关系，这种关系排除任何私人对生产资料的占有并获得特殊的利益。生产的目的是满足劳动者的共同需要，实现人的全面发展和共同富裕。在生产资料共同占有的基础上，产品和分配实行按劳分配或按需分配，人们共享社会创造的财富。[2]

---

[1]　李红娟：《我国产权制度改革历史沿革、问题及对策》，《经济纵横》，2018 第 11 期，第 81~88 页。

[2]　张宇：《中国特色社会主义政治经济学》，高等教育出版社，第 50 页。

公有制的具体形式：一是全民所有制。全民所有制是社会全体成员共同占有生产资料的一种公有制形式，具体表现为国家所有制，即国有经济。二是集体经济。集体经济是由部分劳动者共同占有生产资料的公有制经济。这种所有制的特点是在劳动者集体内部实行生产资料的共同占有和按劳分配，劳动者之间在生产资料占有上处于平等地位，而在不同劳动者集体之间则以不同的所有者相对待。三是混合所有制经济。混合所有制经济是不同性质的所有制经济组合而成的一种所有制形式。股份制企业，特别是由不同所有制经济如公有与私有、国有经济与集体经济联合组成的股份制企业，是混合所有制的典型形式。混合所有制并不是一种独立的所有制形式，而是由不同的所有制混合而成的企业组织形式，它可以建立在私有制的基础上，也可以建立在公有制的基础上。①

（二）我国所有制结构的形成原因

第一，社会主义性质和初级阶段的基本国情决定了我国的基本经济制度。首先，我国是社会主义国家，必须坚持公有制作为社会主义经济制度的基础；其次，我国处在社会主义初级阶段，需要在公有制为主体的条件下发展多种所有制经济；最后，一切符合"三个有利于"的所有制形式都可以而且应该用来为社会主义服务。

第二，公有制经济与非公有制经济各具优势。现阶段的所有制结构不是单一的、纯而又纯的，而是复杂的、并存的，我国现阶段的基本经济制度明确了公有制和多种所有制经济的定位，也就明确了生产资料的各种所有制结构需要共同发展。② 公有制经济和非公有制经济各有优势。坚持公有制为主体，国有经济在国民经济中发挥主导作用，有利于发挥社会主义制度的优越性。多种所有制经济的共同发展，则有利于形成各种所有制之间独立自主的市场竞争关系，发挥市场机制的调节作用，调动各个经济主体的积极性和创造性，保证市场经济的活力和效率。因此，公有制经济和非公有制经济的共同发展，推动了中国经济的持续快速发展。

第三，公有制经济和非公有制经济的相互促进为我国经济发展注入力量。国有企业在国民经济中具有骨干和支柱作用，可以带动非公有制经济的发展，除少数由国家独资经营外，绝大多数实现了投资主体多元化，进行了股份制改

① 张宇：《中国特色社会主义政治经济学》，高等教育出版社，第50～51页。
② 周文，程广明：《新中国70年中国政治经济学的理论演进与实践发展》，《经济学家》，2020年第2期，第33～43页。

造，成了以公有制为主的混合所有制经济，与非公有制经济你中有我、我中有你，实现了相互融合。同时，非公有制经济的发展对于推动国有企业的改革与发展也有积极作用，其为国有企业的改革与发展提供了有效的竞争环境、广阔的市场需求和全面的分工协作。公有制经济与非公有制经济的相互促进作用不断推进着我国经济的快速发展。

第二节　社会主义市场经济的分配制度

一、按劳分配为主、多种分配方式并存的初次分配

（一）基本内涵

我国当前的分配制度是按劳分配为主体、多种分配方式并存。按劳分配是指把劳动量作为个人消费品分配的主要标准和形式，按照劳动者的劳动数量和质量分配个人消费品，多劳多得，少劳少得，不劳动者不得食。其他分配方式主要包括：按经营成果分配；按劳动、资本、技术、土地等生产要素分配。按生产要素分配是多种分配方式的重要表现。生产要素是指商品生产过程中不可或缺的各种要素的总和。社会生产过程中最基本的生产要素是劳动力、土地、资本三要素。随着生产过程的不断发展和日益复杂化，生产要素的外延呈现出扩张的趋势。企业家才能、科学技术、经营管理、服务、知识、信息等要素都被纳入生产要素的范畴中来。按生产要素分配指的是这样一种经济现象：在市场经济中，劳动力、土地、资本、技术等生产要素的所有者都要根据对生产要素的占有参与收入分配，获得相应的报酬，表现为劳动者获得工资、土地所有者获得地租、资本所有者获得利润或利息等。[①] 以按劳分配为主体、多种分配方式并存的分配制度实质上反映出劳动、管理、资本、技术、土地等各种生产要素，都按贡献参与了收益分配。其中按劳分配为主体反映了劳动要素是各种生产要素中最受重视的部分。这一分配制度充分体现了效率与公平。

（二）按劳分配的主要实现方式

社会主义市场经济中按劳分配是通过三个主要环节实现的：国家与企业的

---

① 张宇：《中国特色社会主义政治经济学》，高等教育出版社，第98页。

分配、企业自有收入在积累和消费之间的分配及企业消费基金的分配。

第一，在国家与企业的分配关系上，国家以政权机关和生产资料的所有者两种不同的身份与企业发生关系。在前一种场合下，国家以政权机关身份，以税收这种无偿、强制的形式参与企业的分配过程，获取一部分收入，目的是满足国防、治安、行政等公共需要，以保证国家政权的正常运转。在后一种场合下，国家不再是一种上层建筑的范畴，不再是一种单纯的政治组织，而是生产关系的内在环节和经济基础的组成部分，是生产资料的共有者联合体在一个有形组织中的集中体现，它以所有者的身份介入到经济关系和经济生活的内部，从整体上对社会的再生产过程进行统一的调节。[①]

第二，在企业自有收入在积累和消费之间的分配关系上，企业总收益扣除了国家所有权的收益后形成的企业所有权收益构成了企业自有收入，它是实行按劳分配的基础，构成了企业所具有的经济利益。企业的自有收入要分解为积累和消费两个部分，积累部分用于企业的扩大再生产，消费部分构成了按劳分配的对象。

第三，在企业消费基金的分配关系上，企业内部消费基金的分配主要是通过企业内部直接的劳动计量来实现的。企业可根据不同岗位、职责以及劳动的质量和数量来确定报酬。这一过程的实现也要借助于劳动力市场。[②]

二、以共同富裕为目的再分配

（一）再分配的必要性

分配制度注重的是公平与效率，马克思在《哥达纲领批判》中对公平有如下论述，"生产者的权利是同他们提供的劳动成比例的；平等就在于以同一尺度——劳动——来计量"[③]。"一个人在体力或智力上胜过另一个人，因此在同一时间内提供较多的劳动，或者能够劳动较长的时间；而劳动，要当作尺度来用，就必须按照它的时间或强度来确定，不然它就不成其为尺度了。这种平等的权利，对不同等的劳动来说是不平等的权利。它不承认任何阶级差别，因为每个人都像其他人一样只是劳动者；但是它默认，劳动者的不同等的个人天

① 张宇：《中国特色社会主义政治经济学》，高等教育出版社，第 95 页。
② 张宇：《中国特色社会主义政治经济学》，高等教育出版社，第 96 页。
③ 中共中央马克思恩格斯列宁斯大林著作编译局：《马克思恩格斯选集》（第 3 卷），人民出版社，第 364 页。

赋，从而不同等的工作能力，是天然特权。所以就它的内容来讲，它像一切权利一样是一种不平等的权利。……其次，一个劳动者已经结婚，另一个则没有；一个劳动者的子女较多，另一个的子女较少，如此等等。因此，在提供的劳动相同、从而由社会消费基金中分得的份额相同的条件下，某一个人事实上所得到的比另一个人多些，也就比另一个人富些，如此等等。要避免所有这些弊病，权利就不应当是平等的，而应当是不平等的。"[1] 由此可见，马克思讨论的公平并不是完全的收入、生活水平相同，而是权利的公平，是拥有相同劳动机会，并按照劳动付出获得回报的公平，在这种分配体制下天然具有效率性质，使得人们愿意付出劳动。对于我国现阶段来说，在市场机制的作用下，由于每个人对生产要素占有存在差异，这必然导致人们收入水平的差异。但若收入差距过大会有失社会公平，同时，收入结构失衡也会导致消费结构失衡，从而影响我国经济增长。现如今，我国存在着收入差距过大、收入分配不公以及收入分配结构失衡的问题，主要表现在城乡之间、地区之间以及行业之间的收入差距过大。例如，2021 年，我国居民人均可支配收入的基尼系数为 0.466，而 20 世纪 80 年代中期这项指标仅为 0.16。[2] 因此，我国收入分配要实现公平与效率的有机统一，不仅要坚持按劳分配的原则，完善按要素分配的体制机制，而且还要借助政府的再分配调节职能。一是，通过税收、社会保障、转移支付等再分配手段，将一部分财富从高收入群体转移至低收入群体，实现社会公平正义，促进共同富裕；二是，低收入群体的消费能力有限，通过国民收入再分配来不断提高低收入群体的消费能力，从而促进经济的持续增长；三是，收入再分配还能够缩小收入差距，维护社会稳定。除了为实现公平与效率的有机统一需要国民收入的再分配以外，为满足非物质生产部门的发展的需要，也需要进行收入再分配，将物质生产部门创造的收入，通过再分配的形式转移至非物质生产部门；建立社会保证基金和社会后备基金也需要通过国民收入的再分配来实现。由此可见，我国必须坚持以共同富裕为目的的国民收入的再分配。

（二）再分配的重要实现方式：社会保障制度

1. 我国社会保障基本框架

马克思和恩格斯指出："人们为了能够'创造历史'，必须能够生活，但是

---

[1] 中共中央马克思恩格斯列宁斯大林著作编译局：《马克思恩格斯选集》（第 3 卷），人民出版社，第 364 页。

[2] 龙玉其：《社会保障收入再分配作用的理论思辨》，《理论月刊》，2013 年第 11 期，第 150～153 页。

为了生活，首先就需要衣、食、住、行以及其他东西。"① 由此可见，马克思与恩格斯承认了为保障劳动者生活而建立社会保障制度的必要性，但其认为资本主义国家建立社会保障制度是出于统治目的而实施的"施舍式"社会保障制度，根本目的是榨取工人阶级更多的剩余价值，从而实现剥削程度的最大化。②

对于实行社会主义制度的中国来说，社会保障制度是人的全面发展的基础、社会稳定的压舱石。因此，社会保障制度一直受到党和国家的重视。从党的十四大到党的十六大，以建立社会主义市场经济体制为总体目标，社会保障体系建设进入各项制度全面改革和创新时期。党的十四大开启了以建立社会主义市场经济体制为目标的改革征程。党的十四届三中全会明确提出了建立社会保障制度的基本原则、主要任务和总体目标，确立了实行社会统筹与个人账户相结合的基本养老保险和医疗保险制度模式，要求进一步健全失业保险制度，普遍建立企业工伤保险制度，建立政事分开、统一管理的社会保障管理体制，并把社会保障制度列为社会主义市场经济体制基本框架的五大支柱之一，标志着我国社会保障制度改革进入重大转折时期。党的十八届三中全会指出，要"建立更加公平可持续的社会保障制度"③。党的十九大报告进一步提出，要"按照兜底线、织密网、建机制的要求，全面建成覆盖全民、城乡统筹、权责清晰、保障适度、可持续的多层次社会保障体系"④。而后，党的十九届五中全会明确了"十四五"时期我国社会保障事业发展的蓝图：要树立战略眼光，顺应人民对高品质生活的期待，适应人的全面发展和全体人民共同富裕的进程，不断推动幼有所育、学有所教、劳有所得、病有所医、老有所养、住有所居、弱有所扶取得新进展；要增强风险意识，研判未来我国人口老龄化、人均预期寿命提升、受教育年限增加、劳动力结构变化等发展趋势，提高工作预见性和主动性。由此可见，我国社会保障基本框架逐步形成。

2. 我国社会保障制度现状

党的十八大以来，社会保障制度不断发展、完善，已建成世界上规模最大的社会保障体系。从 2013 年到 2021 年，参加基本养老保险的人数从 81968.4 万人增长到 102871.4 万人，其占 15 岁及以上人口的比例从 71.7% 提高到

---

① 中共中央马克思恩格斯列宁斯大林著作编译局：《马克思恩格斯全集》（第 3 卷），人民出版社，第 31 页。

② 汪连杰：《马克思的社会保障思想及其中国化研究》，《经济学家》，2018 年第 6 期，第 21～28 页。

③ 中共中央文献研究室：《十八大以来重要文献选编（上）》，中央文献出版社，第 537 页。

④ 中共中央党史和文献研究院：《十九大以来重要文献选编（上）》，中央文献出版社，第 33 页。

88.3％；参加基本医疗保险的人数从 57073 万人增长到 136424 万人，其占全部人口的比例从 41.7％扩大到 96.6％；[①] 职工医保待遇享受人次数从 13.4 亿提高到 20.4 亿，居民医保待遇享受人次数从 3.3 亿提高到 20.8 亿。[②] 大病保险的覆盖范围从 2013 年的 2.3 亿城乡居民扩大到 2020 年的 12.2 亿。[③] 失业保险、工伤保险和生育保险的参保人数均有所增长，2021 年末参与人数分别为 22958 万人、28286.5 万人和 23751.7 万人。[④]

虽然我国在社会保障方面取得了显著成就，但社会保障制度改革仍面临着一些新问题。例如，一是在人口老龄化趋势下我国社会保障的可持续性问题。一方面，人口老龄化将导致社会保障基金收支的压力增大，另一方面人口老龄化也孕育了庞大的养老服务需求，因此，如何保证社会保障基金充裕的前提下满足更高水平的养老需求是今后社会保障制度改革的重点。[⑤] 二是较低的社会保险统筹层次加剧了区域发展不平衡不充分问题。较低的统筹层次限制了社会保险互助共济功能发挥的同时，落后地区财政兜底压力与日俱增并可能挤占地方政府对经济社会发展的投入，使得地区间差距愈加拉大。[⑥] 三是现行社保制度不能缩小收入差距甚至扩大差距。我国的基本养老保险与基本医疗保险制度符合国情，但制度内部筹资和待遇标准差距很大；失业、工伤保险覆盖范围较窄，尤其是对弱势群体的保障不足。[⑦] 这些问题也将成为我国社会保障制度改革的重点。

三、深化分配制度改革的方向

党的十八大以来，党和国家对收入分配制度不断完善。2013 年国务院批转《关于深化收入分配制度改革的若干意见》共分 7 个部分：一是，充分认识

---

① 数据来源：国家统计局年度数据计算所得。

② 杨穗，赵小漫：《走向共同富裕：中国社会保障再分配的实践、成效与启示》，《管理世界》，2022 年第 11 期，第 43～56 页。

③ 人民网：大病保险已覆盖 12.2 亿城乡居民银保监会鼓励险企参与支付方式改革 ［EB/OL］，（2021－06－02）［2023－03－03］，http://finance. people. com. cn/n1/2021/0602/c1004－32120805. html。

④ 中华人民共和国国家统计局：《中国统计年鉴（2022）》，中国统计出版社，第 788～792 页。

⑤ 陈旭辉：《促进共同富裕的社会保障制度改革研究》，《南方金融》，2023 年第 1 期，第 78～89 页。

⑥ 郑功成：《社会保障促进共同富裕：理论与实践——学术观点综述》，《西北大学学报（哲学社会科学版）》，2022 年第 4 期，第 35～42 页。

⑦ 郑功成：《社会保障促进共同富裕：理论与实践——学术观点综述》，《西北大学学报（哲学社会科学版）》，2022 年第 4 期，第 35～42 页。

深化收入分配制度改革的重要性和艰巨性；二是，准确把握深化收入分配制度改革的总体要求和主要目标；三是，继续完善初次分配机制；四是，加快健全再分配调节机制；五是，建立健全促进农民收入较快增长的长效机制；六是，推动形成公开透明、公正合理的收入分配秩序；七是，加强深化收入分配制度改革的组织领导。《关于深化收入分配制度改革的若干意见》充分阐释了收入分配制度改革的重要性和艰巨性，指出当前收入分配领域仍存在一些亟待解决的突出问题，并提出了深化收入分配制度改革的主要目标。2017 年，为落实中央深化收入分配制度配套改革决策部署，加大改革力度，国家发改委会同 21 个深化收入分配制度改革部际联席会议成员单位，制定出台了《2017 年深化收入分配制度改革重点工作安排》，明确了 4 个方面 19 项重点工作：一是完善初次分配制度。重点是组织开展城乡居民增收综合配套政策试点，完善技术工人激励政策，实行以增加知识价值为导向的分配政策，完善机关事业单位工作人员激励制度，深化国有企业薪酬制度和混合所有制改革，增加农民收入，加大财产性收入开源清障力度。二是加大再分配调节力度。重点是推进所得税制改革，扩大享受企业所得税优惠的小型微利企业范围，将小型微利企业的年应纳税所得额上限从 30 万元提高至 50 万元。三是营造良好环境和氛围。重点是强化教育机会公平，保障就业机会公平，抑制投机，稳定预期。四是夯实收入分配制度改革基础。充分发挥深化收入分配制度改革部际联席会议的统筹协调作用，完善收入分配统计与核算，做好支付结算管理工作，建立收入分配政策评估体系以及研究制定个人收入和财产信息系统建设总体方案。该文件为下一步深化收入分配制度改革提供了具体方向。

第三节　社会主义市场经济中政府与市场的关系

一、经济体制发展的主要阶段

对于社会主义市场问题的探索和讨论从社会主义制度建立就开始了。例如，1956—1957 年关于社会主义条件下要不要市场的讨论，1958—1959 年关于社会主义经济中价值规律的讨论和 1961—1964 年关于价格形成机制的讨论，都涉及了社会主义经济中的商品关系和市场机制问题。但是，当时对于这一问题的讨论从总体上看没有超出传统计划经济框架。1978 年，党的十一届三中全会后，中国开始了改革开放的历史进程，并在实践中创造性地确立了社会主义市场经济这一重大理论。我国从计划经济向市场经济的发展经历了以下几个主要阶段。

第一阶段，计划经济为主、市场调节为辅。1979 年 3 月，陈云指出："整个社会主义时期经济必须有两个部分：（1）计划经济部分（有计划按比例的部分）。（2）市场调节部分（即不做计划，只根据市场供求的变化进行生产，即带有盲目性调节的部分）。第一部分是基本的主要的，第二部分是从属的次要的，但又是必需的。"① 1982 年，党的十二大报告对这个指导思想给予了肯定，报告中明确指出："我国在公有制基础上实行计划经济。有计划的生产和流通，是我国国民经济的主体。同时，允许对于部分产品的生产和流通不做计划，由市场来调节，也就是说，根据不同时期的具体情况，由国家统一计划划出一定的范围，由价值规律自发地起调节作用。这一部分是有计划生产和流通的补充，是从属的、次要的，但又是必需的、有益的。"② 报告还指出："正确贯彻计划经济为主、市场调节为辅的原则，是经济体制改革中的一个根本性问题。我们要正确划分指令性计划、指导性计划和市场调节各自的范围和界限，在保持物价基本稳定的前提下有步骤地改革价格体系和价格管理办法，改革劳动制度和工资制度，建立起符合我国情况的经济管理体制，以保证国民经济的健康发展。"③

第二阶段，有计划的商品经济。1984 年 10 月，党的十二届三中全会通过的《中共中央关于经济体制改革的决定》中提出有计划的商品经济理论。文件指出："改革计划体制，首先要突破把计划经济和商品经济对立起来的传统观念，明确认识社会主义计划经济必须自觉依据和利用价值规律，是在公有制基础上的有计划的商品经济。"④ 我国计划体制的基本点可概括为："第一，就总体说，我国实行的是计划经济，即有计划的商品经济，而不是那种完全由市场调节的市场经济；第二，完全由市场调节的生产和交换，主要是农副产品、日用小商品和服务修理行业的劳务活动，它们在国民经济中起辅助的但不可缺少的作用；第三，实行计划经济不等于指令性计划为主，指令性计划和指导性计划都是计划经济的具体形式；第四，指导性计划主要依靠运用经济杠杆的作用

---

① 人民出版社编辑部：《中共十一届三中全会以来大事记》，人民出版社，第 12 页。

② 中共中央文献研究室：《十二大以来重要文献选编》（上），人民出版社，第 18 页。

③ 中共中央文献研究室：《十二大以来重要文献选编》（上），人民出版社，第 19~30 页。

④ 中共中央文献研究室：《十二大以来重要文献选编（中）》，中央文献出版社，第 56 页。

来实现，指令性计划则是必须执行的，但也必须运用价值规律。"①

第三阶段，建立社会主义市场经济体制。社会主义市场经济理论是邓小平中国特色的社会主义理论的一个重要组成部分，这一理论在中国社会主义市场经济理论的形成中发挥了极其重要的作用。早在1979年，邓小平在会见美国不列颠百科全书出版公司编委会副主席吉布尼等人的谈话中就指出："市场经济只存在于资本主义社会，只有资本主义的市场经济，这肯定是不正确的。社会主义为什么不可以搞市场经济，这个不能说是资本主义。我们是计划经济为主，也结合市场经济。"② 1992年南方谈话中，邓小平进一步阐述了计划和市场的关系，"计划多一点还是市场多一点，不是社会主义与资本主义的本质区别。计划经济不等于社会主义，资本主义也有计划；市场经济不等于资本主义，社会主义也有市场。计划和市场都是经济手段"③。随后，在1992年10月召开的中共十四大上正式将"建立社会主义市场经济体制"确定为中国经济体制改革的目标。

第四阶段，完善社会主义市场经济体制。2003年10月，党的十六届三中全会通过的《中共中央关于完善社会主义市场经济体制若干问题的决定》（以下简称《决定》）宣告了社会主义市场经济在中国的初步形成。《决定》指出："十一届三中全会开始改革开放、十四大确定社会主义市场经济体制改革目标以及十四届三中全会做出相关决定以来，我国经济体制改革在理论和实践上取得重大进展。社会主义市场经济体制初步建立，公有制为主体、多种所有制经济共同发展的基本经济制度已经确立，全方位、宽领域、多层次的对外开放格局基本形成。"④《决定》还提出了进一步完善社会主义市场经济体制的目标和任务，即"按照统筹城乡发展、统筹区域发展、统筹经济社会发展、统筹人与自然和谐发展、统筹国内发展和对外开放的要求，更大程度地发挥市场在资源配置中的基础性作用，增强企业活力和竞争力，健全国家宏观调控，完善政府社会管理和公共服务职能，为全面建设小康社会提供强有力的体制保障"⑤。

第五阶段，社会主义市场经济体制的深化改革。党的十八大提出了"要加快完善社会主义市场经济体制，完善公有制为主体、多种所有制经济共同发展的基本经济制度，完善按劳分配为主体、多种分配方式并存的分配制度"。党

---

① 中共中央文献研究室：《十二大以来重要文献选编（中）》，中央文献出版社，第56~57页。
② 中共中央文献编辑委员会：《邓小平文选》（第2卷），人民出版社，第236页。
③ 邓小平：《邓小平文选》第3卷，人民出版社，第373页。
④ 中共中央文献研究室：《十六大以来重要文献选编（上）》，中央文献出版社，第464页。
⑤ 中共中央文献研究室：《十六大以来重要文献选编（上）》，中央文献出版社，第465页。

的十八届三中全会在坚持"两个毫不动摇"的基础上，提出"两个都是"，进一步确立了公有制经济与非公有制经济的作用。党的十九大明确提出新时代坚持和发展中国特色社会主义的基本方略，再次强调"必须坚持和完善我国社会主义基本经济制度和分配制度"，坚持"两个毫不动摇"，提出"使市场在资源配置中起决定性作用，更好发挥政府作用"①。2020 年《中共中央关于制定国民经济和社会发展第十四个五年规划和二〇三五年远景目标的建议》指出，要坚持和完善社会主义基本经济制度，充分发挥市场在资源配置中的决定性作用，更好发挥政府作用，推动有效市场和有为政府更好结合。这五个阶段充分展现了我国政府与市场关系的变化。

二、充分发挥市场在资源配置中的决定性作用

（一）完善要素市场配置体制机制

市场在资源配置中的作用经历了由基础性作用到决定性作用的转变。1992 年党的十四大明确提出，"要使市场在社会主义国家宏观调控下对资源配置起基础性作用"②。市场在资源配置中"起基础性作用"的提出，是重大的理论突破，对我国改革开放和经济社会发展发挥了重要作用。随着我国经济体制改革的不断深化，2013 年，党的十八届三中全会提出，经济体制改革是全面深化改革的重点，要"使市场在资源配置中起决定性作用和更好发挥政府作用"③。把市场在资源配置中的作用从"基础性作用"提升为"决定性作用"，表现了我们党对市场决定资源配置这个市场经济规律的认识进一步深化。④

党的十八届三中全会同时提出了发挥市场在资源配置中的决定性作用的关键：要使市场机制在资源配置中起更大的作用。市场配置资源的机制有 3 个，一是市场机制，二是价格机制，三是竞争机制。三者结合发挥作用才能达到效益最大化和效率最优化的目标。市场对资源配置起决定性作用意味着完全由市场机制决定生产什么、怎样生产、为谁生产，而不应该再有政府的决定作用。具体来说，有以下 3 点：⑤ 一是，市场决定生产什么，是指生产什么东西取决

---

① 中共中央党史和文献研究院：《十九大以来重要文献选编（上）》，中央文献出版社，第 15 页。
② 中共中央文献研究室：《十四大以来重要文献选编（上）》，中央文献出版社，第 16 页。
③ 中共中央文献研究室：《十八大以来重要文献选编（上）》，中央文献出版社，第 498 页。
④ 宋涛：《政治经济学教程》，中国人民大学出版社，第 244 页。
⑤ 洪银兴：《关于市场决定资源配置和更好发挥政府作用的理论说明》，《经济理论与经济管理》，2014 年第 10 期，第 5～13 页。

于消费者的货币选票，涉及资源配置的方向。市场要起到决定作用，不仅要求生产者自主经营和决策，还要求消费者主权和消费者自由选择。生产者按消费者需求，按市场需要进行生产，提供市场所需要的产品和服务。与此相应，就要取消各种政府对企业生产什么的审批。二是，市场决定如何生产，是指企业自主决定自己的经营方式，自主决定自己的技术改进和技术选择。在充分竞争的市场环境中，生产者会选择最先进的技术、最科学的经营方式、最便宜的生产方法。竞争越是充分，资源配置效率越高。与此相应的体制安排是打破各种政府保护和垄断，保证优胜劣汰得到贯彻。三是，市场决定为谁生产，是指生产成果在要素所有者之间的分配，取决于各种生产要素市场上的供求关系。市场配置的资源涉及劳动、资本、技术、管理和自然资源。各种资源都有供求关系和相应的价格，相互之间既可能替代又可能补充。

为充分发挥市场在资源配置中的决定性作用，党和国家不断推进土地、劳动力、资本、技术、数据等要素市场化改革。首先，资本市场是推动我国经济高质量发展的重要组成力量，资本市场的改革是市场发挥决定性作用的重要环节。2021 年 5 月 21 日，国务院金融稳定发展委员会召开第五十一次会议，会议指出，要继续深化改革开放。进一步推动利率汇率市场化改革，保持人民币汇率在合理均衡水平上的基本稳定。加快资本市场改革，推动债券市场高质量发展。深化金融机构改革，回归本源，坚守定位，遵循绿色理念开展投融资行为。继续扩大高水平金融开放。① 其次，土地市场改革的关键在于土地要素市场化配置。2020 年 4 月 9 日，《中共中央 国务院关于构建更加完善的要素市场化配置体制机制的意见》（以下简称《意见》），《意见》指出，要推进土地要素市场化配置。一是，要建立健全城乡统一的建设用地市场。《意见》提出了要加快修改完善土地管理法实施条例，完善相关配套制度，制定出台农村集体经营性建设用地入市指导意见等措施。二是，要深化产业用地市场化配置改革。《意见》提出了要健全长期租赁、先租后让、弹性年期供应、作价出资（入股）等工业用地市场供应体系等措施。三是，要鼓励盘活存量建设用地。《意见》提出了要充分运用市场机制盘活存量土地和低效用地，研究完善促进盘活存量建设用地的税费制度等措施。四是，要完善土地管理体制。《意见》提出了要完善土地利用计划管理，实施年度建设用地总量调控制度，增强土地

① 中华人民共和国中央人民政府网：刘鹤主持召开国务院金融稳定发展委员会第五十一次会议 [EB/OL]，（2021−05−21）［2023−03−03］，http://www.gov.cn/xinwen/2021−05/21/content_5610192.htm。

管理灵活性，推动土地计划指标更加合理化，城乡建设用地指标使用应更多由省级政府负责等措施。五是，劳动力市场改革的关键在于引导劳动力要素合理畅通有序流动。《意见》指出，要深化户籍制度改革，推动超大、特大城市调整完善积分落户政策，探索推动在长三角、珠三角等城市群率先实现户籍准入年限同城化累计互认；要畅通劳动力和人才社会性流动渠道，健全统一规范的人力资源市场体系，加快建立协调衔接的劳动力、人才流动政策体系和交流合作机制，营造公平就业环境，依法纠正身份、性别等就业歧视现象，保障城乡劳动者享有平等就业权利；要完善技术技能评价制度，创新评价标准，以职业能力为核心制定职业标准，进一步打破户籍、地域、身份、档案、人事关系等制约，畅通非公有制经济组织、社会组织、自由职业专业技术人员职称申报渠道；要加大人才引进力度，畅通海外科学家来华工作通道，在职业资格认定认可、子女教育、商业医疗保险以及在中国境内停留、居留等方面，为外籍高层次人才来华创新创业提供便利。① 随着各要素市场化改革的不断深入，市场在资源配置中的决定性作用也将充分发挥。

（二）建立健全统一、开放的市场体系

马克思在《资本论》第三卷阐述了利润率平均化的前提：第一，资本有更大的活动性，也就是更容易从一个部门和一个地点转移到另一个部门和另一个地点。第二，劳动力能够更迅速地从一个部门和一个地点转移到另一个部门和另一个地点。而实现资本和劳动力自由流动的重要前提是：社会内部已经有完全的贸易自由，消除了自然垄断以外的一切垄断，而且信用制度的发展已经把大量分散的可供支配的社会资本集中起来。②

以马克思理论为基础，党和国家不断探索建立现代市场体系的措施。2013年，习近平总书记在党的十八届三中全会上指出："理论和实践都证明，市场配置资源是最有效率的形式。市场决定资源配置是市场经济的一般规律，市场经济本质上就是市场决定资源配置的经济。健全社会主义市场经济体制必须遵循这条规律，着力解决市场体系不完善、政府干预过多和监管不到位问题。"③党的十九大报告进一步指出，要清理废除妨碍统一市场和公平竞争的各种规定和做法。党的十九届三中全会审议通过了《中共中央关于深化党和国家机构改

---

① 中华人民共和国中央人民政府网：中共中央国务院关于构建更加完善的要素市场化配置体制机制的意见［EB/OL］，（2020－04－09）［2023－03－03］，http://www.gov.cn/zhengce/2020-04/09/content_5500622.htm。
② 马克思：《资本论》（第3卷），人民出版社，第214页。
③ 中共中央文献研究室：《十八大以来重要文献选编（上）》，中央文献出版社，第499页。

革的决定》（以下简称《决定》），《决定》特别强调要加强和优化政府反垄断、反不正当竞争职能，打破行政性垄断，防止市场垄断，清理废除妨碍统一市场和公平竞争的各种规定和做法。2019 年 11 月 5 日，党的十九届四中全会通过了《中共中央关于坚持和完善中国特色社会主义制度推进国家治理体系和治理能力现代化若干重大问题的决定》，《决定》在"优化中国之治"的战略高度上进一步强调要"加快完善社会主义市场经济体制。建立高标准市场体系，完善公平竞争制度，……强化竞争政策基础地位，落实公平竞争审查制度，加强和改进反垄断和反不正当竞争执法"①。这为我国进一步健全统一、开放的市场体系提供了方向。

（三）建立与社会主义市场经济相配套的法律法规体系

党的十八大以来，习近平总书记的一系列重要讲话中，提到了执法、司法、立法对经济的重要作用，同时指出了加强法律法规体系建设的具体举措，主要涉及经济领域中的知识产权保护、地方保护主义、假冒伪劣产品、贪污腐败等问题。例如，习近平总书记在十八届中央政治局第四次集体学习时讲道，要"坚持立改废并举，提高立法科学化、民主化水平，……使法律准确反映经济社会发展要求，更好协调利益关系，发挥立法的引领和推动作用"②；在十八届四中全会第二次全体会议上的讲话中指出，要"推进严格执法，重点是解决执法不规范、不严格、不透明、不文明以及不作为、乱作为等突出问题"③；在十九届中央政治局第二十五次集体学习时提出，"要强化民事司法保护，研究制定符合知识产权案件规律的诉讼规范。要提高知识产权审判质量和效率，提升公信力。要促进知识产权行政执法标准和司法裁判标准统一，完善行政执法和司法衔接机制。要完善刑事法律和司法解释，加大刑事打击力度。要加大行政执法力度，对群众反映强烈、社会舆论关注、侵权假冒多发的重点领域和区域，要重拳出击、整治到底、震慑到位"④；在十八届中央政治局第四次集体学习时指出，"要加强对执法活动的监督，坚决排除对执法活动的非法干预，

---

① 孙晋：《习近平关于市场公平竞争重要论述的经济法解读》，《法学评论》，2020 年第 1 期，第 1～13 页。

② 中华人民共和国工业和信息化部：习近平同志《论坚持和完善人民代表大会制度》主要篇目介绍 [EB/OL]，（2024－12－08）[2025－01－09]，https://www.miit.gov.cn//wfb/szyw/art/2024/art_3888d139176647d6988490a60745d.html。

③ 中共中央文献研究室：《十八大以来重要文献选编（中）》，中央文献出版社，第 189 页。

④ 中华人民共和国中央人民政府网：习近平主持中央政治局第二十五次集体学习并讲话 [EB/OL]，（2020－12－01）[2024－01－09]，https://www.gov.cn/xinwen/2020－12/01/content_5566183.htm。

坚决防止和克服地方保护主义和部门保护主义，坚决防止和克服执法工作中的利益驱动，坚决惩治腐败现象，做到有权必有责、用权受监督、违法必追究"①。

基于习近平总书记对我国法律法规建设的指导意见，我国修改并颁布了多项法律以适应市场经济发展的需要。2013 年 12 月 28 日第十二届全国人民代表大会常务委员会第六次会议通过的修改公司法的决定，而后对《中华人民共和国企业法人登记管理条例施行细则》《外商投资合伙企业登记管理规定》《个人独资企业登记管理办法》《个体工商户登记管理办法》进行修订，2014 年 2 月 20 日颁布了《公司注册资本登记管理规定》（工商总局令第 64 号），财政部 2014 年 1 月 26 日下发了《企业会计准则第 39 号——公允价值计量》。② 2017 年通过的《中华人民共和国民法总则》"采取'提取公因式'的方式，确立了民商事活动所共同遵循的基本规则，完善了民事主体、民事权利、民事法律行为、代理、民事责任、时效等制度，极大地推进了我国民事立法体系化进程"。③ 这些法律法规的颁布为市场经济体制改革的深化提供了法律基础。

三、更好发挥政府作用

（一）深化政府职能改革

步入"十二五"规划时期后，我国的政府职能改革力度明显加强。2013 年开始，我国经济步入新常态，新一轮宏观调控启动。2013 年，党的十八届三中全会将市场在资源配置中的作用从基础性作用改为决定性作用，同时指出需将宏观调控目标的制定和政策手段的运用机制化，新加入价格政策这一调控工具。区间调控、定向调控、精准调控、区域调控等调控理念的提出，表明我国的调控手段更为灵活和创新。同时，我国经济进入"三期叠加时期"，由于新一轮经济下行压力主要来自供给侧，长期从需求侧进行政策调控已经无法进一步优化资源配置，因此，我国宏观调控的主要任务从总需求管理转向供给侧改革。在新常态背景下，需要通过产业升级、生产力创新以及制度创新等因素

---

① 中国共产党新闻网：习近平谈法治政府：坚决克服政府职能错位、越位、缺位［EB/OL］，（2015—05—13）［2025—01—09］，http://cpc.people.com.cn/xuexi/n/2015/0513/c385475-26993298. html。

② 马立民：《论中国特色经济法律制度体系的演化》，《现代管理科学》，2014 年第 11 期，第 75~77 页。

③ 王利明：《回顾与展望：中国民法立法四十年》，《法学》，2018 年第 6 期，第 34~49 页。

来扩大生产可能性边界，实现经济长期增长。2015 年 11 月，中央财经领导小组第十一次会议明确提出："在适度扩大总需求的同时，着力加强供给侧结构性改革"，这是对我国经济发展思路和工作着力点的重大部署，是新时代中国宏观调控的工作主线。

步入"十三五"规划时期后，随着我国经济下行压力的增加，"三升""三降""三平衡"的提出为经济转型提供了支撑。2017 年，党的十九大报告指出了我国主要矛盾的变化：我国社会主要矛盾已经转化为人民日益增长的美好生活需要和不平衡不充分发展之间的矛盾。基于此，我国初步构建了具有中国特色的、以供给侧结构性改革为主线的宏观调控新体制。2018 年中美贸易战爆发，经济下行压力持续增加，央行一年内四次降准，首次开展定向中期借贷便利操作并配合支持民营经济的"三支箭"政策。中央大规模减轻企业赋税并降低企业社保负担，提高对民营、小微企业贷款支持力度。2019 年的财政、货币政策除了基本延续 2018 年的政策方向以外，还提出了要努力解决企业融资难的问题，并在政府工作报告中首次将就业政策与财政政策、货币政策置于同等地位，积极扩大就业，综合发挥宏观政策逆周期调节作用，努力为国民经济平稳运行创造条件。[①] 党的十九届三中全会也对政府职能的转变提出了新的要求：转变政府职能，优化政府机构设置和职能配置，是深化党和国家机构改革的重要任务。要坚决破除制约使市场在资源配置中起决定性作用、更好发挥政府作用的体制机制弊端，围绕推动高质量发展，建设现代化经济体系，调整优化政府机构职能，合理配置宏观管理部门职能，深入推进简政放权，完善市场监管和执法体制，改革自然资源和生态环境管理体制，完善公共服务管理体制，强化事中事后监管，提高行政效率，全面提高政府效能，建设人民满意的服务型政府。

财税体制改革是完善宏观调控的重要内容。2013 年，党的十八届三中全会对财税体制改革做出了具体安排：一是，必须完善立法、明确事权、改革税制、稳定税负、透明预算、提高效率，建立现代财政制度，发挥中央和地方的两个积极性。二是，要改进预算管理制度，实施全面规范、公开透明的预算制度。三是，完善税收制度，深化税收制度改革，完善地方税体系，逐步提高直接税比重。按照统一税制、公平税负、促进公平竞争的原则，加强对税收优惠特别是区域税收优惠政策的规范管理。税收优惠政策统一由专门税收法律法规

① 杨飞虎，杨洋：《新中国 70 年宏观调控政策的回顾及展望》，《当代财经》，2020 年第 5 期，第 13～25 页。

规定，清理规范税收优惠政策。完善国税、地税征管体制。四是，建立事权和
支出责任相适应的制度。五是，保持现有中央和地方财力格局总体稳定，结合
税制改革，考虑税种属性，进一步理顺中央和地方收入划分。2020 年，《中共
中央 国务院关于新时代加快完善社会主义市场经济体制的意见》提出了一些
新的改革方向：一是，优化政府间事权和财权划分，建立权责清晰、财力协
调、区域均衡的中央和地方财政关系，形成稳定的各级政府事权、支出责任和
财力相适应的制度。二是，适当加强中央在知识产权保护、养老保险、跨区域
生态环境保护等方面事权，减少并规范中央和地方共同事权。三是，完善标准
科学、规范透明、约束有力的预算制度，全面实施预算绩效管理，提高财政资
金使用效率。四是，依法构建管理规范、责任清晰、公开透明、风险可控的政
府举债融资机制，强化监督问责。五是，清理规范地方融资平台公司，剥离政
府融资职能。六是，深化税收制度改革，完善直接税制度并逐步提高其比重。
建立和完善综合与分类相结合的个人所得税制度。稳妥推进房地产税立法。健
全地方税体系，调整完善地方税税制，培育壮大地方税税源，稳步扩大地方税
管理权。经过党和国家的努力，我国在财税体制改革方面取得了一些成果。例
如，2014 年 8 月，全国人大修订了《中华人民共和国预算法》，为深化财税体
制改革全局奠定了法律基础。新修订的《中华人民共和国预算法》有四大亮
点：建立全口径预算体系、健全闭环式地方政府债务管理制度、系统规范财政
转移支付、将预算管理公开透明正式纳入法制化轨道。税收制度改革也为深化
财税体制改革做出了贡献。党的十八大以来，税制改革从具体税种的改革和税
收征管体制改革两个方向共同发力，一方面自身改革成效显著，另一方面也有
力支持了供给侧结构性改革。中央与地方财政事权与支出责任划分改革针对的
是财税体制改革中的难点，《国务院关于推进中央与地方财政事权和支出责任
划分改革的指导意见》的出台直指财税体制改革的顽瘴痼疾，标志着一直偏重
收入侧的财政体制改革终于在支出侧取得实质性进展。财政体制改革方面的成
就意味着我国宏观调控进一步完善，政府职能改革持续深化。

（二）推进国有企业改革与国有资产管理体系优化

党的十八大以后，国有企业改革在经济新常态下进入"全面深化"阶段。
2013 年 11 月，党的十八届三中全会通过的《中共中央关于全面深化改革若干
重大问题的决定》，是新时期全面深化改革的纲领性文件。2015 年 8 月，《中
共中央 国务院关于深化国有企业改革的指导意见》发布，全面提出了国有企
业改革的目标任务和重大举措，成为新时期全面深化国有企业改革的系统的设
计方案。之后，又陆续出台了 22 个配套文件，形成了"1＋N"政策体系。这

些文件在政策取向上相互配合，在实施过程中相互促进，在实际成效上相得益彰，对推动基层的改革实践发挥了很好的引领、促进和指导作用。同时，国资委分别于 2014 年 7 月、2016 年 1 月在中央企业启动了"四项改革试点"和"十项改革试点"。中央企业和各地国有企业坚持问题导向，结合各地方、各行业和各企业的实际情况，制定了很多实施方案和操作细则，相继推进改革。国有企业改革的深度和广度远超以往时期，改革的系统性、整体性、协同性不断增强。国企改革的主要举措包含以下几点。

第一，调整国有经济的布局和结构。党的十八届三中全会提出，要"完善国有资产管理体制，以管资本为主加强国有资产监管，改革国有资本授权经营体制，组建若干国有资本运营公司，支持有条件的国有企业改组为国有资本投资公司。国有资本投资运营要服务于国家战略目标，更多投向关系国家安全、国民经济命脉的重要行业和关键领域，重点提供公共服务、发展重要前瞻性战略性产业、保护生态环境、支持科技进步、保障国家安全"[1]。按照中共中央、国务院关于深化国有企业改革的决策部署，国有资本要加大对提供公共服务的公益性企业的投入，向服务国家战略目标、具有重要前瞻性战略性产业和核心竞争力的优势企业集中，国有资本对国民经济的主导作用得到增强。党的十九大报告进一步明确提出，要"完善各类国有资产管理体制，改革国有资本授权经营体制，加快国有经济布局优化、结构调整、战略性重组，促进国有资产保值增值，推动国有资本做强做优做大，有效防止国有资产流失"[2]。国务院国资委根据"管资本"为主的监管思路，调整了自身的部分职能设置，建立了新的国有资本监管机制，改组组建了国有资本投资运营公司，保留了一批产业集团，先后确定两批共 10 家企业开展试点工作，其中国有资本投资公司 8 家，国有资本运营公司 2 家。[3] 同时，加强推动出资人监管、外派监事会监管、审计和巡视等协同配合，形成监管合力，防止国有资本流失。

第二，国有企业的混合所有制改革有序推进。2013 年以后，国有企业改革步入新时期。由于我国经济由高速增长转为中高速增长，步入了经济发展的新常态，国家开始大力推进供给侧结构性改革，重要任务是处置"僵尸企业"，除了清除钢铁、煤炭行业过剩产能之外，水泥、平板玻璃、电解铝、船舶等行

---

① 中共中央文献研究室：《十八大以来重要文献选编（上）》，中央文献出版社，第 515～516 页。
② 中共中央党史和文献研究院：《十九大以来重要文献选编（上）》，中央文献出版社，第 24 页。
③ 中华人民共和国中央人民政府网：新一批 11 家中央企业国有资本投资公司试点启动 [EB/OL]，（2019-01-08）[2023-03-03]，http://www.gov.cn/xinwen/2019/01/08/content_5355718.htm。

业的过剩产能也在逐步清除。此外，国有企业混合所有制改革也在有序推进。党的十八大报告指出，"深化改革是加快转变经济发展方式的关键"①，要求改革发展必须处理好政府与市场的关系，国有企业发展应尊重市场经济规律，鼓励多种所有制经济成分的发展。2013 年，党的十八届三中全会通过的《中共中央关于全面深化改革若干重大问题的决定》指出："允许更多国有经济和其他所有制经济发展成为混合所有制经济。国有资本投资项目允许非国有资本参股。允许混合所有制经济实行企业员工持股，形成资本所有者和劳动者利益共同体。"② 这标志着混合所有制改革在我国的全面启动。党的十九大报告将发展混合所有制经济与国企改革紧密联系起来，提出继续深化国有企业改革，发展混合所有制经济，培育具有全球竞争力的世界一流企业。党的十九届四中全会进一步提出，探索公有制多种实现形式，推进国有经济布局优化和结构调整，发展混合所有制经济，增强国有经济竞争力、创新力、控制力、影响力、抗风险能力，做强做优做大国有资本。深化国有企业改革，完善中国特色现代企业制度。形成以管资本为主的国有资产监管体制，有效发挥国有资本投资、运营公司的功能作用。

第三，国有企业现代企业制度不断健全。党的十八届三中全会指出，要推动完善国有企业现代企业制度。国有企业属于全民所有，是推进国家现代化、保障人民共同利益的重要力量。国有企业总体上已经同市场经济相融合，必须适应市场化、国际化的新形势，以规范经营决策、资产保值增值、公平参与竞争、提高企业效率、增强企业活力、承担社会责任为重点，进一步深化国有企业改革。为此，国有企业普遍实行了公司制、股份制、混合所有制改革；绝大部分中央企业陆续建立了规范的董事会制度以及适应市场竞争要求的决策、执行、监督机制；国有企业负责人薪酬、履职待遇、业务支出管理进一步规范，考核与薪酬挂钩的激励约束机制不断强化，逐渐建立起了产权清晰、权责明确、政企分开、管理科学的现代企业制度，成为自主经营、自负盈亏、自担风险的市场主体和法人实体。

第四，垄断行业改革提速。2020 年 5 月 18 日，《中共中央 国务院关于新时代加快完善社会主义市场经济体制的意见》指出，要稳步推进自然垄断行业改革。深化以政企分开、政资分开、特许经营、政府监管为主要内容的改革，提高自然垄断行业基础设施供给质量，严格监管自然垄断环节，加快实现竞争

---

① 中共中央文献研究室：《十八大以来重要文献选编（上）》，中央文献出版社，第 16 页。
② 中共中央文献研究室：《十八大以来重要文献选编（上）》，中央文献出版社，第 515 页。

性环节市场化，切实打破行政性垄断，防止市场垄断。构建有效竞争的电力市场，有序放开发用电计划和竞争性环节电价，提高电力交易市场化程度。推进油气管网对市场主体公平开放，适时放开天然气气源和销售价格，健全竞争性油气流通市场。深化铁路行业改革，促进铁路运输业务市场主体多元化和适度竞争。实现邮政的普遍服务业务与竞争性业务分业经营。完善烟草专卖专营体制，构建适度竞争新机制。①

这些举措充分展现了在社会主义市场经济下，"更好发挥政府作用"的内涵，促进我国经济更好更快地发展。

四、推动"有效市场"和"有为政府"的有机结合

有效的市场，就是要充分发挥市场在资源配置中的决定性作用，充分发挥市场在信息传递、激励创新、调节供求等方面的优势，围绕更加尊重市场规律和增强市场活力推进相关领域的改革，进一步简政放权，大幅度减少政府对资源的直接配置，激发各类市场主体活力，建设高标准的市场体系。有为的政府，就是要更好发挥政府作用，坚持党对经济工作的集中统一领导，不断提高驾驭社会主义市场经济的能力和水平；坚持完善政府经济调节市场监管、社会管理、公共服务、生态环境保护等职能；创新和完善宏观调控，进一步提高宏观经济治理能力，使市场经济的发展更好地服务于全体人民的共同利益。② 政府与市场是相辅相成的，政府有为，市场才能有效。我们可以看到，许多发展中国家市场经济的落后不仅表现为市场作用比较弱、市场体系不全、市场秩序混乱、价格信号扭曲等，也表现为政府作用比较弱、能力不足、效率低下、缺乏权威等。因此，离开有效的政府调节，就不可能形成有效的市场调节；反过来，离开了有效的市场调节，也难以做到有效的政府调节。我国是社会主义国家，有效发挥政府的作用，是中国特色社会主义制度的必然要求。在私有制为基础的资本主义经济中，国家的作用是有根本局限的。正如马克思指出的那样，"资产阶级社会的症结正是在于，对生产自始就不存在有意识的社会调节"③，对社会生产过程的任何有意识的社会监督和调节，都被说成侵犯资本

---

① 《中共中央国务院关于新时代加快完善社会主义市场经济体制的意见》，人民出版社，第6~7页。

② 《马克思主义政治经济学概论》编写组：《马克思主义政治经济学概论》（第二版），人民出版社，第299页。

③ 中共中央马克思恩格斯列宁斯大林著作编译局：《马克思恩格斯文集》（第10卷），人民出版社，第290页。

家的财产权，以及自由和自决的"独创性"。与此不同的是，社会主义国家是以公有制为基础的，国家对经济的调控源自社会主义生产关系内在的要求。

在政府与市场的关系上，目前还存在不少问题需要解决，主要包含两个方面：一方面是政府对微观经济活动管得过多、市场机制的作用不够充分。例如，政府行政审批的范围过大、权力过分集中，一些重要资源的价格还未理顺，国有企事业单位经营管理中行政化倾向严重，城乡体制分割，生产要素市场不完善等。另一方面是一些该管的事情没管好，政府的作用没有得到更好的发挥。例如，政府宏观调控的计划性、有效性、权威性有待提高，环境污染和食品药品安全等问题突出，市场监管不到位，对贫富差距扩大的收入分配调节乏力，民生建设和社会保障不完善，腐败现象严重等。这两个方面的问题都比较突出，不能只强调一个方面而忽视另一个方面。[①]

为使"有效市场"与"有为政府"有机结合，既要更有效地激发市场在资源配置中的活力，又要政府有的放矢地作为。具体来看，一是，要构建更高水平的有效市场，以深化要素市场化改革提高全要素生产率；二是，在百年未有之大变局下，政府应当积极协助企业应对外部非公平市场竞争所带来的风险冲击，保护有创新能力的企业；三是，把握好高水平社会主义市场经济体制建设中政府的进退，加快建设统一开放、竞争有序的市场体系，积极促进市场活力的释放；四是，在更高目标上体现政府有为的着力点与市场有效的决定性。进入全面建设社会主义现代化国家新征程，政府有为的着力点应放在宏观经济治理能力的提升上，通过创新货币政策、财政政策以更好地调节宏观经济；市场有效的决定性则体现在统一开放、竞争有序的现代化经济体系建设中，各种要素资源通过市场机制向先进制造业、人工智能等创新领域聚集，使有为政府和有效市场两种作用在融合发展中成为推动中国经济高质量发展的强大力量。[②]

---

① 谢地：《政治经济学》，高等教育出版社，第 166 页。

② 任晓伟，赵娜：《推动有效市场和有为政府更好结合研究》，《中国高校社会科学》，2021 年第 3 期，第 91～98 页。

第四节　社会主义市场经济的对外开放

一、对外开放的政策及措施

（一）高水平开放政策保障机制

1982 年 9 月 1 日，中国共产党召开了第十二次全国代表大会。大会报告全面阐述了我国对外开放政策的内容，报告指出："实行对外开放，按照平等互利的原则扩大对外经济技术交流，是我国坚定不移的战略方针。"[1] "我们进行社会主义现代化建设，必须立足于自力更生，主要靠自己艰苦奋斗。这是绝对不能动摇的。扩大对外经济技术交流，目的是增强自力更生的能力，促进民族经济的发展，而决不能损害民族经济。"[2] "我们在坚持实行对外开放政策的过程中，一定要坚决警惕和抵制资本主义思想的侵蚀，反对任何崇洋媚外的意识和行为。"[3]

为了加快改革开放的步伐，1984 年 12 月 20 日，中共十二届三中全会做出了《中共中央关于经济体制改革的决定》（以下简称《决定》）。关于对外开放问题，其指出："把对外开放作为长期的基本国策""对外要开放，国内各地区之间更要互相开放，经济比较发达地区和比较不发达地区，沿海、内地和边疆，城市和农村，以及各行业各企业之间，都要打破封锁、打开门户，按照扬长避短、形式多样、互利互惠、共同发展的原则，大力促进横向经济联系，促进资金、设备、技术和人才的合理交流，发展各种经济技术合作，联合举办各种经济事业，促进经济结构和地区布局的合理化，加速我国现代化建设的进程。"[4] 基于对闭关自守是不可能实现现代化的认识，中共十三大召开前后，中共中央、国务院决定办好经济特区的同时开放沿海港口城市。实行对外开放的沿海港口城市，享受对外开放的某些特殊政策，并在对外经济活动方面享有

---

① 中共中央文献研究室：《十二大以来重要文献选编（上）》，中央文献出版社，第 20 页。
② 中共中央文献研究室：《十二大以来重要文献选编（上）》，中央文献出版社，第 20 页。
③ 中共中央文献研究室：《十二大以来重要文献选编（上）》，中央文献出版社，第 21 页。
④ 中共中央文献研究室：《十二大以来重要文献选编（中）》，中央文献出版社，第 66~67 页。

更多的自主权。这一时期的沿海开放城市有：大连、天津、秦皇岛、烟台（含已设立的威海）、青岛、连云港、南通、上海、宁波、温州、福州、广州、湛口、北海（含防城港）14 个城市。随后，为进一步发挥沿海港口城市在对外开放中的作用，党中央、国务院决定在这些城市划定一个有明确地域的区域，兴办新的经济技术开发区。兴办经济技术开发区的目的在于，通过进一步改善外商投资环境，引进我国急需的先进技术；兴办"三资"企业；加快开放城市老城区的改造和促进经济结构合理化；向内地转移先进技术和管理经验；有条件的经济技术开发区还可以发展成为国际转口贸易的基地。至此，我国对外开放政策的基本内容可以做如下的表述：以自力更生为基础；为国民经济现代化服务；积极引进国外资金、先进技术和先进经济管理经验；充分利用国内、国际两种资源，开拓国内、国际两个市场，学会组织国内经济建设和发展对外经济关系两套本领；国内地区、部门、行业、企业间要互相开放。[①]

进入新时代，我国对外开放的步伐不断加快，习近平总书记指出："过去40 年中国经济发展是在开放条件下取得的，未来中国经济实现高质量发展也必须在更加开放条件下进行""改革不停顿、开放不止步""中国开放的大门不会关闭，只会越开越大"，并亲自谋划、亲自部署了一系列引领人类发展进步的新理念、新主张、新倡议。[②] 2013 年，习近平主席统筹国内国际两个大局，着眼人类发展未来，提出共建"一带一路"倡议，开启了世界共同繁荣发展的崭新征程。在上海设立了第一个自贸试验区，到如今一共设立了 21 个自贸试验区，向全国复制推广了 278 项制度创新成果。中国推出自贸试验区第一张外商投资准入负面清单，限制措施从最初的 190 项缩减至如今的 27 项。中国提出建设孟中印缅经济走廊和中巴经济走廊的倡议，成为我国巩固睦邻友好、深化互利合作、扩大全方位对外开放的重要举措。

（二）自由贸易试验区、贸易港等对外开放高地建设

2019 年 10 月 31 日，党的十九届四中全会通过了《中共中央关于坚持和完善中国特色社会主义制度 推进国家治理体系和治理能力现代化若干重大问题的决定》，文件指出，应加快自由贸易试验区、自由贸易港等对外开放高地建设。从 2013 年到 2019 年，我国自贸试验区数量从 1 家扩容到 18 家。2019年，18 个自贸试验区进出口和实际利用外资情况均表现亮眼，稳外贸稳外资

---

① 宋长锁：《中国对外开放政策的发展与对外开放前景展望》，《经济理论与经济管理》，1994 年第 1 期，第 53～56 页。

② 习近平：《习近平谈治国理政》（第三卷），外文出版社，第 27+194+399 页。

作用明显。当前，我国自由贸易试验区、贸易港等对外开放高地的建设取得了新进展，进入了新阶段。

2019年，我国在原有12个自贸试验区的基础上，新设山东、江苏、广西、河北、云南、黑龙江6个自贸试验区，增设上海自贸试验区临港新片区。截至2019年底，全国共设立18个自贸试验区，形成了覆盖东西南北中的改革开放创新格局。作为改革开放新高地，自贸试验区成为稳住外贸外资基本盘的重要阵地。2019年，18个自贸试验区累计新设企业约31.9万家，其中外资企业6242家，进出口总额4.6万亿元，实际利用外资1435.5亿元，以不到全国千分之四的国土面积，实现了全国14.6%的进出口和15.2%的外商投资。自贸试验区试行以准入前国民待遇加负面清单为核心的管理模式，改变了长期以来对外商投资逐案审批的管理方式。2019年，自贸试验区出台了第六版负面清单，与2013版相比，缩减比例达80.5%。其中限制类措施从2013版的152项管理措施缩减到2019版的17项，缩减比例达到88.8%，禁止类措施从2013版的38项管理措施缩减到2019版的20项，缩减比例达到47.4%。[①]

二、积极参与全球经济治理

（一）"一带一路"与对外开放新格局

2013年9月、10月，习近平主席在外访问期间，先后提出了两大经济战略构想，即"丝绸之路经济带"与"21世纪海上丝绸之路经济带"，二者合称"一带一路"倡议。"一带一路"倡议是我国在新时期面临国际国内环境的新情形下提出的，是我国对外开放制度体系中光辉亮眼的一环。"一带一路"倡议不仅有利于我国化解过剩产能，调整经济结构，更有利于我国地缘政治格局的调整和重构。我国正以"一带一路"为重点，构建全方位的对外开放的格局。其内涵包括：扩大内陆沿边开放，建立边境城市和内地开放型的经济示范区；推动内陆产业集群发展，使东部地区的产业链能够逐步转移到中西部地区，形成东西互济；深入实施"一带一路"倡议，推进与周边国家的基础设施互联互通，构建网络化的对外经济走廊，并建立开发性金融机构。[②]

① 中国经济网：《中国自由贸易试验区发展报告（2020）》发布［EB/OL］，（2020-12-14）［2023-03-06］，https://baijiahao.baidu.com/s?id=1686061573833538679&wfr=spider&for=pc。

② 盛斌，黎峰：《中国开放型经济新体制"新"在哪里？》，《国际经济评论》，2017年第1期，第129～140页。

截至 2021 年 4 月 22 日，中国已与 171 个国家和国际组织，签署了 205 份共建"一带一路"合作文件；2020 年全年与沿线国家货物贸易额达到 1.35 万亿美元，同比增长 0.7%，占我国总体外贸的比重达到 29.1%；中欧班列的贸易大通道作用更加突显，全年开行超过 1.2 万列，同比上升 50%，通达境外 21 个国家的 92 个城市，比 2019 年底增加了 37 个；国际陆海贸易新通道建设加快，合作规划编制等相关工作扎实推进；投资合作不断深化，2020 年对"一带一路"沿线国家非金融类直接投资 177.9 亿美元，增长 18.3%，占全国对外投资的比重上升到 16.2%；在沿线国家承包工程完成营业额 911.2 亿美元，占全国对外承包工程的 58.4%。[①]

（二）全球经济治理与人类命运共同体

全球化使每一个国家都能参与到世界经济活动之中，享受全球化带给各国的利益，但同时也要担负起全球经济治理的责任。尤其是进入 21 世纪之后，虽然和平与发展依然是时代的主题，但是全球局部武装冲突每年都在发生，国际恐怖主义扩散至更多地区和国家；全球的国家之间、地区之间、国家的内部之间，贫富两极分化日益严重；地球环境破坏严重、生态灾难愈益频繁、极端天气频现，人类生存环境恶化、多种灾难性疾病流行等。这些问题都不是一个国家或者几个国家能够解决的，需要大家共同面对。[②] 基于此，2013 年 3 月，习近平总书记提出了"命运共同体"的概念：这个世界，各国相互联系、相互依存的程度空前加深，人类生活在同一个地球村里，生活在历史和现实交汇的同一个时空里，越来越成为你中有我、我中有你的命运共同体。[③] "命运共同体"这一概念的提出为全球经济治理提供了方向，贡献了中国智慧。

人类命运共同体的核心内涵是"建设持久和平、普遍安全、共同繁荣、开放包容、清洁美丽的世界"[④]。具体来看，一是坚持对话协商，建设一个持久和平的世界；二是坚持共建共享，建设一个普遍安全的世界；三是坚持合作共赢，建设一个共同繁荣的世界；四是坚持交流互鉴，建设一个开放包容的世

---

① 中华人民共和国商务部：2020 年中国对外投资合作情况［EB/OL］，（2021—02—10）［2023—03—06］，http://www.mofcom.gov.cn/article/zwjg/zwxw/zwxwmd/202102/20210203038250.shtml.

② 潘俊杰，李季鸽：《"人类命运共同体"是马克思主义中国化理论的重大创新》，《广西社会科学》，2018 年第 7 期，第 1~5 页。

③ 习近平：《习近平谈治国理政》（第一卷），外文出版社，第 272 页。

④ 习近平：《决胜全面建成小康社会夺取新时代中国特色社会主义伟大胜利——在中国共产党第十九次全国代表大会上的报告》，人民出版社，第 58~59 页。

界；五是坚持绿色低碳，建设一个清洁美丽的世界。① 推动共建人类命运共同体需要每个国家遵循以下原则：一是主权平等原则。互不干涉内政，各国平等决策，推动权力平等、机会平等、规则平等；二是协商谈判原则。反对独断专行，主张通过协商的方式解决国家间的分歧；三是共商共建共享原则。共同协商，共同建设，共享成果；四是法治权威原则。各国应依法行使权力、履行义务。只有这样，才能推动共建人类命运共同体，完善全球经济治理体系。

（三）参与全球经济治理的实践路径

党的十八大以来，中国始终积极参与全球治理、推进全球治理体制变革，推动全球治理体系朝着更加公正合理的方向发展。特别是在推动全球经济治理体系改革方面，作为世界第二大经济体，我国坚持走开放发展、互利共赢之路，共同做大世界经济的蛋糕。早在 2015 年，党的十八届五中全会就提出"积极参与全球经济治理和公共产品供给，提高我国在全球经济治理中的制度性话语权，构建广泛的利益共同体"；2020 年 10 月 29 日，党的十九届五中全会再次提出要"推动共建'一带一路'高质量发展，积极参与全球经济治理体系改革"。

"十三五"期间，我国积极参与全球经济治理体系改革的具体实践包括：一是，积极参与和引领 G20 议程，将绿色金融引入议程，推动 G20 相关国际规则磋商和制定；二是，积极参与国际货币基金组织、世界银行、国际贸易组织以及巴塞尔银行监管委员会等机构活动进行国际经济金融政策协调，稳步推动与经合组织磋商合作；三是，人民币加入特别提款权货币篮子，开创性发行 SDR 债券，改变了全球储备货币构成；四是，共建成立金砖国家新开发银行、"一带一路"丝路基金和亚洲基础设施投资银行等，有力补充了国际货币体系；五是，支持国际贸易组织继续加强贸易政策监督机制、完善争端解决机制，反对保护主义，促进多边贸易体制包容性发展；六是，与 25 个国家和地区签署了 17 个自贸区协定。

"十四五"期间，基于 2021 年 3 月公布的《中华人民共和国国民经济和社会发展第十四个五年规划和 2035 年远景目标纲要》，我国在积极参与全球治理体系改革过程中的实践目标包括维护和完善多边经济治理机制、构建高标准自由贸易区网络、积极营造良好外部环境。4 月 20 日在博鳌亚洲论坛上，习近平主席进一步呼吁各国共建四个"未来"，即"要平等协商，开创共赢共

---

① 《马克思主义政治经济学概论》编写组：《马克思主义政治经济学概论》（第二版），人民出版社，第 438～439 页。

享的未来""要开放创新，开创发展繁荣的未来""要同舟共济，开创健康安全的未来""要坚守正义，开创互尊互鉴的未来"，强调"中国将积极参与贸易和投资领域多边合作，全面实施《中华人民共和国外商投资法》和相关配套法规，继续缩减外资准入负面清单，推进海南自由贸易港建设，推动建设更高水平开放型经济新体制"①，为"十四五"期间我国参与全球经济治理体系改革擘画了蓝图、指明了方向。

---

① 中华人民共和国中央人民政府网：习近平在博鳌亚洲论坛 2021 年年会开幕式上的视频主旨演讲（全文）[EB/OL]，（2021-04-20）[2025-01-09]，https://www.gov.cn/xinwen/2021-04/20/content_5600764.htm。

参考文献

[1] 郑有贵. 中华人民共和国经济史（1949—2012）［M］. 北京：当代中国出版社，2016.

[2] 刘日新. 新中国经济建设简史［M］. 北京：中央文献出版社，2006.

[3] 董志凯，吴江. 新中国工业的奠基石——156 项建设研究［M］. 广州：广东经济出版社. 2004.

[4] 中华人民共和国国家经济贸易委员会. 中国工业五十年（1949. 10－1952）［M］. 北京：中国经济出版社，2000.

[5] 中华人民共和国国家统计局. 中国统计年鉴（1983）［M］. 北京：中国统计出版社，1983.

[6] 吴承明，董志凯. 中华人民共和国经济史（1949—1952）［M］. 北京：社会科学文献出版社，2010.

[7] 中华人民共和国国家统计局. 伟大的十年——中华人民共和国经济和文化建设成就的统计［M］. 北京：人民出版社，1959.

[8] 中华人民共和国国家统计局. 中国统计年鉴（1981）［M］. 北京：中国统计出版社，1981.

[9] 中共中央文献研究室. 中华人民共和国开国文选［M］. 北京：中央文献出版社，1999.

[10] 中国社会科学院，中央档案馆. 中华人民共和国经济档案资料选编（1949－1952 商业卷）［M］. 北京：中国物资出版社，1995.

[11] 白永秀. 中国共产党经济思想 90 年［M］. 北京：人民出版社，2011.

[12] 中共中央党校教材审定委员会. 中共中央文件选编（第十六册）［M］. 北京：中共中央党校出版社，1991.

［13］武力. 中华人民共和国经济简史［M］. 北京：中国社会科学出版社，2008.

［14］中国社会科学院，中央档案馆. 中华人民共和国经济档案资料选编（1949—1952综合卷）［M］. 北京：中国城市经济社会出版社，1990.

［15］苏星，杨秋宝. 新中国经济史资料选编［M］. 北京：中共中央党校出版社，2000.

［16］赵德馨. 中华人民共和国经济专题大事记 1949—1966［M］. 郑州：河南人民出版社，1989.

［17］中共中央文献研究室. 建国以来重要文献选编（第 9 册）［M］. 北京：中央文献出版社，1994.

［18］董志凯，吴江. 新中国工业的奠基石——156 项建设研究：1950−2000［M］. 广州：广东经济出版社，2004.

［19］张开. 国外马克思主义政治经济学人物谱系［M］. 北京：人民出版社，2018.

［20］孙健. 中华人民共和国经济史（1949—90 年代初）［M］. 北京：中国人民大学出版社，1992.

［21］史敬棠. 中国农业合作化运动史料（下册）［M］. 北京：生活・读书・新知三联书店，1957.

［22］曾壁钧，林木西，等. 新中国经济史：1949—1989［M］. 北京：经济日报出版社，1990.

［23］罗隽，熊大达. 宏观经济计划管理学［M］. 北京：海洋出版社，1991.

［24］刘日新. 新中国前三十年的经济：1950—1980 年的国民经济计划［M］. 北京：中国经济出版社，2016.

［25］格鲁奇. 比较经济制度［M］. 徐节文，王连生，刘泽曾，译. 北京：中国社会科学出版社，1985.

［26］张建勤. 中苏传统计划经济体制比较研究［M］. 武汉：湖北人民出版社，2004.

［27］康托罗维奇. 最优化规划论文集［M］. 王铁生，译. 北京：商务印书馆，1984.

［28］中国经济年鉴编辑委员会. 中国经济年鉴（1981）［M］. 北京：经济管理杂志社，1981.

［29］中国共产党中央委员会关于建国以来党的若干历史问题的决议［M］. 北京：人民出版社，1981.

［30］赵德馨. 中华人民共和国经济史：1967—1984［M］. 郑州：河南人民出版社，1989.

［31］杨瑞龙. 社会主义经济理论（第二版）［M］. 北京：中国人民大学出版社，2008.

［32］《经济研究》编辑部. 建国以来社会主义经济理论问题争鸣（上）［M］. 北京：中国财政经济出版社，1985.

［33］中科院经济研究所. 关于社会主义制度下商品生产和价值规律问题——1959 年 4 月讨论会论文、资料汇编［M］. 北京：科学出版社，1959.

［34］胡光宇. 中国发展成本论［M］. 北京：人民出版社，2014.

［35］国家统计局工业交通物资统计司. 中国工业经济统计年鉴（1949—1984）［M］. 北京：中国统计出版社，1985.

［36］董辅礽. 中华人民共和国经济史（上卷）［M］. 北京：经济科学出版社，1999.

［37］中华人民共和国国家统计局. 中国统计年鉴（1984）［M］. 北京：中国统计出版社，1984.

［38］改革开放简史编写组. 改革开放简史［M］. 北京：人民出版社，中国社会科学出版社，2021.

［39］武力. 中华人民共和国经济史［M］. 北京：中国经济出版社，1999.

［40］李忠杰. 改革开放关键词——中国改革开放历史通览［M］. 北京：人民出版社，2018.

［41］《马克思主义政治经济学概论》编写组. 马克思主义政治经济学概论（第二版）［M］. 北京：人民出版社，2021.

［42］刘国光. 改革开放的新起点——建立社会主义市场经济体制纵横谈［M］. 长春：吉林人民出版社，1993.

［43］中共中央党史和文献研究院. 全面建成小康社会重要文献选编（上）［M］. 北京：人民出版社，2022.

［44］中国共产党第十二次全国代表大会文件汇编［M］. 北京：人民出版社，1982.

［45］中国共产党第十三次全国代表大会文件汇编［M］. 北京：人民出版社，1987.

［46］中国共产党第十四次全国代表大会文件汇编［M］. 北京：人民出版社，1992.

［47］中华人民共和国国家统计局. 中国统计年鉴（1992）［M］. 北京：中国统计出版社，1992.

［48］中华人民共和国国家统计局. 中国统计年鉴（1997）［M］. 北京：中国统计出版社，1997.

［49］中华人民共和国国家统计局. 中国统计年鉴（1991）［M］. 北京：中国统计出版社，1991.

［50］孙尚清，陈吉元，张卓元. 我国社会主义经济的计划性与市场性的关系［M］长春：吉林人民出版社，1980.

［51］白洋，吴志辉，林廷列. 计划与市场——社会主义市场经济的思考［M］. 广州：广东高等教育出版社，1992.

［52］曾国祥. 社会主义市场经济重点疑点难点问答［M］. 北京：中国经济出版社，1992.

［53］顾海良，刘英骥. 社会主义市场经济100题［M］. 北京：北京经济学院出版社，1993.

［54］贾春峰. 著名学者论社会主义市场经济（续编）［M］北京：人民出版社，1993.

［55］中国共产党第十六次全国代表大会文件汇编［M］. 北京：人民出版社，2002.

［56］张雷声，董正平. 中国共产党经济思想史［M］. 郑州：河南人民出版社，2006.

［57］中国共产党第十五次全国代表大会文件汇编［M］. 北京：人民出版社，1997.

［58］中华人民共和国国家统计局. 中国统计年鉴（2022）［M］. 北京：中国统计出版社，2022.

［59］李青. 中国共产党对资本主义和非公有制经济的认识与政策［M］. 北京：中共党史出版社，2004.

［60］王克忠，李国荣，黄宝平. 非公经济与中国特色社会主义［M］. 上海：上海财经大学出版社，2011.

［61］秦刚. 中国特色社会主义理论体系［M］. 北京：中共中央党校出版社，2013.

［62］王振中. 政治经济学研究报告5——市场经济的分配理论研究［M］. 北京：社会科学文献出版社，2004.

［63］张宇. 中国特色社会主义政治经济学［M］. 北京：中国人民大学出版社，2016.

［64］人民出版社编辑部. 中共十一届三中全会以来大事记［M］. 北京：人民出版社，1998.

［65］中共中央文献研究室. 十二大以来重要文献选编（下）［M］. 北京：人民出版社，1988.

［66］谢地，宋冬林，孔晓. 政治经济学（第五版）［M］. 北京：高等教育出版社，2019.

［67］宋涛. 政治经济学教程（第13版）［M］. 北京：中国人民大学出版社，2021.

［68］高尚全. 市场经济条件下政府与市场的关系［J］. 改革与开放，2012（15）.

［69］连云. 市场经济下政府经济职能的力度分层探析［J］. 经济问题，2000（5）.

［70］阮成发. 适应市场经济体制　转变地方政府职能［J］. 城市发展研究，2000（5）.

［71］池元吉. 论市场与政府［J］. 经济评论，2001（6）.

［72］井敏. 政府与市场的关系：适度政府论［J］. 理论与改革，2002（3）.

［73］王玉海. 政府干预市场理论对转型条件下政府与市场关系的启示［J］. 中国流通经济，2005（4）.

［74］胡家勇. "市场经济中的政府职能"研讨会综述［J］. 经济研究，2005（8）.

［75］曾培炎. 伟大的历程　辉煌的成就　宝贵的经验——写在社会主义市场经济体制改革目标确立20周年之际［J］. 求是，2012（11）.

［76］李伟伟，张云华. 农民家庭土地承包经营权及其政策界定［J］. 改革，2012（8）.

［77］邓朝春，辜秋琴. 我国农村土地承包经营制度的演进逻辑与改革取向［J］. 改革，2022（5）.

［78］孟颖颖. 改革与跃变：社会保障制度公平可持续发展的中国实践［J］. 社会保障研究，2014（6）.

［79］保建云. 百年变局下的俄乌冲突与世界格局演变——马克思主义国际政治经济学视角的分析［J］. 当代世界与社会主义，2022（4）.

［80］刘尚希. 经济体制改革的总体态势及其着力点［J］. 重庆社会科学，2012（4）.

［81］刘进军. 全面深化经济体制改革若干实质问题探讨［J］. 甘肃社会科学，2014（6）.

［82］任保平，李梦欣. 中国经济新阶段质量型增长的动力转换难点与破解思路［J］. 经济纵横，2016（9）.

［83］李章忠. 我国经济体制改革 40 年的主要特点［J］. 理论与改革，2018（6）.

［84］刘元春. 新时期中国经济改革的新思路和新框架［J］. 政治经济学评论，2018（1）.

［85］任保平，段雨晨. 关于经济新常态研究的评述［J］. 政治经济学评论，2016（2）.

［86］逄锦聚. 加快完善社会主义市场经济体制［J］. 政治经济学评论，2018（6）.

［87］常荆莎，易又群. 认识经济体制改革性质与目标必须厘清的几个问题［J］. 当代经济研究，2018（12）.

［88］张宇. 全面深化经济体制改革若干重大问题的思考［J］. 红旗文稿，2013（5）.

［89］孙蚌珠. 中国经济体制改革核心问题的演变［J］. 求索，2018（4）.

［90］宁阳. 高水平社会主义市场经济体制的内在本质与构建［J］. 人民论坛，2022（24）.

［91］汪仕凯. 全面深化改革、市场经济与国家治理的逻辑［J］. 南京社会科学，2018（10）.

［92］刘国光，王佳宁. 中国经济体制改革的方向、目标和核心议题［J］. 改革，2018（1）.

［93］王维平，牛新星. 中国共产党对社会主义市场经济体制的认识过程、理论创新与实践指向［J］. 上海经济研究，2021（2）.

［94］李兴山. 坚持社会主义市场经济改革方向　进一步加快政府职能转变［J］. 中国行政管理，2014（6）.

［95］谢京辉. 全面深化改革背景下市场与计划关系的解读［J］. 社会科学，2014（4）.

［96］陈雪娟. 2012 年以来政治经济学重大问题研究综述——党的十八大与十八届三中全会有关经济领域改革问题的理论探索［J］. 河北经贸大学学报，2014（6）.

［97］孙卫星. 深化党和国家机构改革是一场深刻变革［J］. 求知，2018（6）.

［98］宋世明. 深化党和国家机构改革推进国家治理体系和治理能力现代化［J］. 行政管理改革，2018（5）.

［99］朱维究. 深化党和国家机构改革与推进法治中国建设［J］. 中国机构改革与管理，2018（6）.

[100] 韩强. 论改革开放以来党的领导体制改革 [J]. 党政研究，2018 (3).

[101] 王海兵，杨蕙馨. 中国民营经济改革与发展 40 年：回顾与展望 [J]. 经济与管理研究，2018 (4).

[102] 李红娟. 我国产权制度改革历史沿革、问题及对策 [J]. 经济纵横，2018 (11).

[103] 周文，程广明. 新中国 70 年中国政治经济学的理论演进与实践发展 [J]. 经济学家，2020 (2).

[104] 龙玉其. 社会保障收入再分配作用的理论思辨 [J]. 理论月刊，2013 (11).

[105] 汪连杰. 马克思的社会保障思想及其中国化研究 [J]. 经济学家，2018 (6).

[106] 陈旭辉. 促进共同富裕的社会保障制度改革研究 [J]. 南方金融，2023 (1).

[107] 洪银兴. 关于市场决定资源配置和更好发挥政府作用的理论说明 [J]. 经济理论与经济管理，2014 (10).

[108] 马立民. 论中国特色经济法律制度体系的演化 [J]. 现代管理科学，2014 (11).

[109] 杨飞虎，杨洋. 新中国 70 年宏观调控政策的回顾及展望 [J]. 当代财经，2020 (5).

[110] 宋长锁. 中国对外开放政策的发展与对外开放前景展望 [J]. 经济理论与经济管理，1994 (1).

[111] 盛斌，黎峰. 中国开放型经济新体制"新"在哪里？ [J]. 国际经济评论，2017 (1).

[112] 赵士刚. 新民主主义向社会主义提前过渡原因研究述评 [J]. 中共党史资料，2007 (4).

[113] 王学军，程恩富. 正确认识社会主义计划经济时期的历史价值和现实作用 [J]. 毛泽东邓小平理论研究，2019 (10).

[114] 荣兆梓. 公有制为主体的基本经济制度：基于中国特色社会主义实践的理论诠释 [J]. 人文杂志，2019 (3).

[115] 肖旺. 苏联的价格管理 [J]. 苏联东欧问题，1986 (1).

[116] 骆耕漠. 论社会主义商品生产的必要性和它的"消亡"过程——关于斯大林论社会主义商品生产问题的研究 [J]. 经济研究，1956 (5).

[117] 张朝尊. 社会主义全民所有制内部商品生产的必要性及其特点 [J]. 教学与研究，1959 (6).

[118] 卫兴华. 社会主义制度下为什么存在商品生产？ [J]. 经济研究，1959 (2).

[119] 郑星垣. 社会主义制度下的商品生产与价值规律 [J]. 财经科学，1959 (4).

[120] 林铮. 社会主义经济内部的矛盾与商品生产的关系 [J]. 经济研究，1957 (3).

[121] 王学文. 社会主义制度下的商品关系与价值规律 [J]. 经济研究，1959 (5).

[122] 何建章. 我国全面地实现社会主义全民所有制后的商品命运问题 [J]. 经济研

究，1959（3）.

[123] 南冰，索真. 论社会主义制度下生产资料的价值和价值规律的作用问题 [J]. 经济研究，1959（1）.

[124] 吴敬琏. 社会主义制度下的两类交换 [J]. 经济研究，1959（1）.

[125] 于光远. 关于社会主义制度下商品生产问题的讨论 [J]. 经济研究，1959（7）.

[126] 王思华. 我对社会主义制度下商品生产和价值法则的几个问题的一些看法 [J]. 经济研究，1959（1）.

[127] 张翼飞. 社会主义阶段商品的发展和消亡问题 [J]. 经济研究，1959（1）.

[128] 张翼飞. 全民所有制内部商品关系的发展和消亡问题 [J]. 经济研究，1959（3）.

[129] 漆琪生. 论社会主义制度下商品的实质和特征 [J]. 经济研究，1959（5）.

[130] 顾准. 试论社会主义制度下的商品生产和价值规律 [J]. 经济研究，1957（3）.

[131] 樊弘. 关于社会主义制度下商品生产和价值规律问题 [J]. 经济研究，1959（2）.

[132] 朱剑农. 论我国的商品生产及其性质问题 [J]. 理论战线，1959：（1）.

[133] 关梦觉. 关于社会主义制度下商品生产的几个争论问题 [J]. 经济研究，1959（8）.

[134] 汪旭庄，章时鸣. 评骆耕漠同志的商品消亡论 [J]. 学术月刊，1964（11）.

[135] 丁植柏. 社会分工不是商品经济存在的唯一原因——与于凤村同志商榷 [J]. 经济研究，1963（2）.

[136] 孙冶方. 把计划和统计放在价值规律的基础上 [J]. 经济研究，1956（6）.

[137] 重进. 社会主义制度下价值规律是与社会主义经济规律共同起作用的 [J]. 经济研究，1963（4）.

[138] 孙冶方. 从"总产值"谈起 [J]. 统计工作，1957（13）.

[139] 吴树青. 一本关于价值规律的著作——评介"价值规律在资本主义各个阶段中的作用及其表现形式" [J]. 读书月报，1956（10）.

[140] 王章耀，萨公强. 关于"社会必要劳动时间"问题——与魏埙、谷书堂、吴树青诸同志讨论 [J]. 学术月刊，1958（2）.

[141] 魏埙，谷书堂. 答王章耀、萨公强两同志 [J]. 学术月刊，1958（2）.

[142] 宋承先. 关于"社会必要劳动时间"问题——也与魏埙、谷书堂两同志商榷 [J]. 学术月刊，1958（4）.

[143] 曾启贤. 劳动的社会形式及其计算，比较和分配的问题 [J]. 江汉学报，1962（9）.

[144] 孙膂武. 再论价值量的计算问题 [J]. 江汉学报，1962（12）.

[145] 卫兴华. 商品价值量的决定问题 [J]. 经济研究，1962（12）.

[146] 韦奇. 关于两种意义的社会必要劳动统一决定价值的问题 [J]. 经济研究，

1963（3）.

[147] 邓翰维. 关于商品价值决定的几个问题 [J]. 经济研究，1963（6）.

[148] 骆耕漠. "价值决定"在量上的诸种规定性——马克思的商品价值学说研究之六 [J]. 经济研究，1964（4）.

[149] 作沅. 关于社会必要劳动的几个问题 [J]. 江汉学报，1963（4）.

[150] 彭学诗. 关于经济全球化的几点思考 [J]. 理论前沿，1999（5）.

[151] 云涛. 对社会主义制度下商品生产问题的看法 [J]. 理论战线，1959（3）.

[152] 关梦觉. 关于当前的商品生产和价值规律的若干问题 [J]. 经济研究，1959（2）.

[153] 何炼成. 论社会主义社会的商品制度 [J]. 经济研究，1978（6）.

[154] 孙冶方. 价值规律的内因论和外因论——兼论政治经济学的方法 [J]. 中国社会科学，1980（4）.

[155] 卫兴华. 社会主义商品经济存在的原因 [J]. 经济研究，1985（6）.

[156] 陈飞龙. 试论全民所有制内部商品关系存在的原因 [J]. 江西社会科学，1987（1）.

[157] 童本道，路平. 对社会主义商品生产存在原因的再思考 [J]. 江淮论坛，1987（1）.

[158] 卓炯. 我也谈谈社会主义的商品制度 [J]. 经济研究，1979（6）.

[159] 黄传新. 社会主义商品经济科学理论的发展 [J]. 安徽大学学报，1988（4）.

[160] 熊映梧. 对商品经济的再认识 对资本主义的再认识 对社会主义的再认识——政治经济学再批判（大纲）[J]. 求是学刊，1988（5）.

[161] 刘国光. 关于发展社会主义商品经济问题 [J]. 中国社会科学，1986（6）.

[162] 白永秀，吴丰华. 新中国60年社会主义市场经济理论发展阶段研究 [J]. 当代经济研究，2009（12）.

[163] 方秉铸，林宏桥. 变产品模式为有计划商品经济模式的若干思考 [J]. 社会科学辑刊，1989（1）.

[164] 刘光第. 社会主义初级阶段的经济首先是商品经济 [J]. 经济学动态，1988（1）.

[165] 厉以宁. 第二次调节论 [J]. 财贸经济，1987（1）.

[166] 王珏. 计划与市场是内在统一的两种调节方式 [J]. 经济理论与经济管理，1988（1）.

[167] 关其学. 关于建立有计划商品经济体制的思考 [J]. 南方经济，1988（2）.

[168] 陶增骥. 社会主义有计划的商品经济与宏观控制 [J]. 财政研究，1985（5）.

[169] 卫兴华，洪银兴，魏杰. 计划调节导向和约束的市场调节 [J]. 经济研究，1987（1）.

[170] 王珏，庞永洁. 论国家计划指导下的市场调节 [J]. 赣江经济，1981（9）.

[171] 杨坚白. 关于有计划的商品经济和市场实现问题 [J]. 天津社会科学, 1986 (2).

[172] 蒋学模. 再论公有制基础上的有计划的商品经济 [J]. 学术月刊, 1986 (2).

[173] 白永秀. "计划——市场" 一体论 [J]. 财经科学, 1988 (6).

[174] 谷书堂, 常修泽. 社会主义与商品经济论纲 [J]. 经济研究, 1990 (6).

[175] 吴俊扬. 指导性计划探讨 [J]. 经济研究, 1985 (2).

[176] 董辅礽. 经济运行机制的改革和所有制的改革 [J]. 经济研究, 1988 (7).

[177] 刘成瑞. 论计划与市场结合 [J]. 中国人民大学学报, 1987 (6).

[178] 刘诗白. 论计划与市场相结合 [J]. 经济纵横, 1991 (5).

[179] 陈耀庭. 90 年代中国经济开放度和国际化研究 [J]. 世界经济与政治, 2000 (8).

[180] 刘学文. 中国如何面对 21 世纪的世界历史大调整——于光远访谈录 [J]. 当代经济科学, 2000 (1).

[181] 黄范章. 论公有制与市场经济的结合 [J]. 经济学家, 1998 (5).

[182] 卫兴华. 再论究竟怎样正确认识社会主义经济 [J]. 当代经济研究, 1999 (11).

[183] 胡培兆. 也谈社会主义经济 [J]. 理论前沿, 1999 (18).

[184] 厉有为. 对社会主义公有制实现形式问题的几点认识 [J]. 理论学刊, 1998 (5).

[185] 刘国光. 关于社会主义市场经济理论的几个问题 [J]. 经济研究, 1992 (10).

[186] 张朝尊, 文力. 论社会主义市场经济 [J]. 中国社会科学, 1992 (4):.

[187] 胡培兆. 市场经济与社会主义 [J]. 经济研究, 1992 (11).

[188] 卫兴华. 究竟怎样正确认识社会主义经济 (上) [J]. 理论前沿, 1999 (9).

[189] 曲春郊. 也谈非公有制经济的社会性质问题 [J]. 理论前沿, 1999 (6).

[190] 李钧泽. 社会主义市场经济的几个基本关系问题 [J]. 理论视野, 1999 (3).

[191] 杨瑞龙. 国有企业改革逻辑与实践的演变及反思 [J]. 中国人民大学学报, 2018 (5).

[192] 沈立人. 实践选择了社会主义市场经济——我国经济体制改革面临的机遇和挑战 [J]. 经济体制改革, 1992 (5).

[193] 董辅礽. 重新认识社会主义经济 [J]. 集团经济研究, 1998 (8).

[194] 张朝尊. 怎样认识社会主义市场经济——与董辅礽同志商榷 [J]. 理论前沿, 1999 (7).

[195] 林凌. 关于计划与市场的 "中性" 分析——兼论社会主义市场经济 [J]. 经济体制改革, 1992 (4).

[196] 王积业. 社会主义市场经济与宏观计划调控 [J]. 财贸经济, 1993 (2).

[197] 厉以宁. 市场调节经济, 政府管理市场 [J]. 经济研究, 1992 (11).

[198] 尹文书. 社会主义市场经济及其运行模式研究 [J]. 经济纵横，1992 (11).

[199] 陈东琪. 现代市场经济为什么需要政府——对经济学中老问题的新思考 [J]. 财贸经济，1999 (6).

[200] 程恩富. 重构和完善社会主义初级阶段的基本经济形态 [J]. 经济学家，1998 (5).

[201] 刘诗白. 社会主义市场经济与主体产权制度的构建 [J]. 经济学家，1999 (1).

[202] 李志强. 现代市场经济理论和社会主义市场经济体制的建设——访著名经济学家、南京大学副校长洪银兴教授 [J]. 经济师，1999 (1).

[203] 程霖，陈旭东. 改革开放 40 年中国特色社会主义市场经济理论的发展与创新 [J]. 经济学动态，2018 (12).

[204] 白永秀，宁启. 改革开放 40 年中国非公有制经济发展经验与趋势研判 [J]. 改革，2018 (11).

[205] 王益. 中国资本市场的全面分析（上）[J]. 管理现代化，2001 (3).

[206] 白永秀. 改革与发展中的若干深层问题及解决办法 [J]. 经济学家，1999 (3).

[207] 王允贵. 21 世纪初期中国开放型经济发展战略研究 [J]. 改革，2000 (2).

[208] 顾颖，房路生. 中德装备制造业的优劣势分析及其启示 [J]. 经济管理，2005 (18).

[209] 晓亮. 非公有制经济与中国特色社会主义 [J]. 理论学刊，2007 (7).

[210] 方生. 有中国特色社会主义经济理论的若干认识问题 [J]. 中共中央党校学报，2000 (2).

[211] 周新城. 关于私营经济若干问题的理论思考 [J]. 山西财经大学学报，2007 (1).

[212] 曲澎. 论非公有制经济在构建社会主义和谐社会中的地位 [J]. 商业研究，2006 (19).

[213] 查朱和. 关于发展非公有制经济若干问题的思考 [J]. 思想理论教育导刊，2011 (7).

[214] 毛程连. 公共产品理论与国有资产管理体制改革 [J]. 当代财经，2002 (9).

[215] 谷书堂. "新经济"浪潮与中国经济 [J]. 南开经济研究，2001 (4).

[216] 宗寒. 正确认识国有经济的地位和作用——与袁志刚、邵挺商榷 [J]. 学术月刊，2010 (8).

[217] 荣兆梓. 国有资产管理体制进一步改革的总体思路 [J]. 中国工业经济，2012 (1).

[218] 申琳. 市场经济、收入分配与贫富分化 [J]. 税务与经济，2009 (5).

[219] 顾钰民. 社会主义市场经济理论、道路、体制的创新与发展 [J]. 思想理论教育，2012 (21).

[220] 唐小果. 完善市场经济条件下更趋公平的收入分配机制 [J]. 生产力研究，

2006（4）.

　　［221］吴敬琏. 重启改革议程 ［J］. 读书，2012（12）.

　　［222］中国共产党中央委员会发布　告前线将士和全国同胞书　欢庆一九四九年所获得的伟大历史胜利　提出一九五零年光荣的战斗与生产任务 ［N］. 人民日报，1950－01－01.

　　［223］卫兴华. 计划经济与经济计划 ［N］. 光明日报，1986－06－14.

　　［224］胡乃武，袁振宇. 建立计划经济与市场调节相结合的运行机制 ［N］. 人民日报，1989－11－27.

　　［225］尹蔚民. 建立更加公平可持续的社会保障制度（学习贯彻十八届三中全会精神）［N］. 人民日报理论版，2013－12－20.

　　［226］乔惠波. 所有制结构演变与完善基本经济制度研究 ［D］. 北京：清华大学，2015.

　　［227］刘亚男. 新中国成立以来中国共产党国际战略演变研究 ［D］. 南京：南京师范大学，2021.

中国特色社会主义市场经济体制构建之路

探索与前行：

CHINA